OEUVRES

COMPLÈTES

DE MOLIÈRE.

TOME PREMIER.

NANCY, IMPRIMERIE D'HÆNER.

OEUVRES
COMPLÈTES
DE MOLIÈRE,

AVEC

DES COMMENTAIRES HISTORIQUES ET LITTÉRAIRES,

PRÉCÉDÉES

DU TABLEAU DES MOEURS DU XVIIe SIÈCLE,

ET ORNÉES DE 33 GRAVURES.

TOME PREMIER.

PARIS,
J. N. BARBA,
COURS DES FONTAINES, n° 7.

1828.

AVERTISSEMENT

SUR

LA NOUVELLE ÉDITION
DES OEUVRES DE MOLIÈRE.

Les comédies de Molière ont été plusieurs fois commentées. En 1713, Brossette, qui avoit donné avec succès une édition de Boileau, s'occupa d'une édition de Molière, sur laquelle il consulta souvent J.-B. Rousseau : mais il mourut avant d'avoir achevé ce travail, dont il ne reste aucune trace. Riccoboni fit des réflexions sur quelques comédies : il se borna à les juger d'après les règles de l'art et le but moral : son travail est incomplet, mais estimable. M. de Voltaire composa une vie de l'auteur, et de courtes réflexions sur chacune de ses comédies : on y trouve son esprit et sa sagacité ordinaires; ses jugements offrent cette justesse et cette mesure qu'il portoit dans ses écrits littéraires, lorsqu'il n'était point passionné; et l'on n'auroit jamais eu l'idée d'entreprendre après lui un travail de ce genre, si cet homme célèbre avoit donné à ses réflexions tous les développements que les amis des lettres pouvoient désirer. Enfin M. Bret fit paroître, à la fin du dix-huitième siècle, un commentaire plus étendu et plus complet.

En publiant cette nouvelle édition, on n'a pas eu la prétention de faire oublier les travaux dont on vient de parler; au contraire, on en a profité, et l'on a remarqué tout ce qu'on a emprunté à ceux qui ont aplani la route qu'il falloit parcourir. Les commentaires de ce genre peuvent être comparés aux dictionnaires et aux traductions : les premiers qui s'en sont occupés ont eu plus de difficultés à surmonter, et méritent souvent plus d'estime que ceux qui, en réparant quelques omissions, en redressant quelques erreurs, ont pu parvenir, avec les secours de leurs devanciers, à mettre plus d'ordre et d'exactitude dans leur travail.

AVERTISSEMENT.

Voici le plan de l'édition qu'on offre au public :

On a cru que les diverses parties de ce commentaire devoient tendre à retracer l'état de la société pendant le dix-septième siècle, et qu'il falloit présenter dans tout son jour ce point de vue, sans lequel il est impossible de bien juger et de bien apprécier le génie de Molière. C'est aussi à cette idée principale que tout se rattache. Les moindres détails sur la vie de l'auteur ont paru précieux ; on les a recueillis avec soin dans une multitude de sources différentes ; et l'on a rejeté toutes les anecdotes suspectes. Molière a beaucoup emprunté aux anciens et aux modernes : on a cité les imitations, soit de Plaute et de Térence, soit des Espagnols et des Italiens, soit de nos vieux auteurs français.

L'indication des trois parties qui composent ce travail va montrer l'ordre qu'on a suivi.

1° Le *Discours préliminaire* est entièrement consacré au tableau de la société pendant le dix-septième siècle : tous les états, toutes les professions sont passés en revue : on expose les mœurs et les préjugés de chaque classe, et l'on montre quel parti Molière en a tiré.

2° La *Vie de Molière* offre les principaux rapports sous lesquels ce grand homme peut être considéré : les événements qui accompagnèrent les premières représentations de chacune de ses pièces y sont retracés ; les critiques dont elles furent l'objet y sont rappelées ; et les détails de sa vie privée, qui eut beaucoup d'influence sur son talent, trouvent leur place au milieu des particularités de son existence littéraire, auxquelles ils se lient. Ce morceau d'ailleurs contribue à compléter le tableau de la société du dix-septième siècle, qui fait le sujet du Discours préliminaire.

3° Les *Réflexions sur chaque pièce* sont dans le même sens : leur objet principal est de développer les idées du Discours préliminaire, et d'en faire l'application particulière aux comédies de Molière. On a eu soin d'y joindre toutes les imitations des auteurs latins, espagnols, italiens et français, en montrant la manière dont Molière savoit s'approprier leurs conceptions et leurs tableaux. Les traductions des auteurs latins et étrangers sont dans le texte, afin que les personnes qui ne sont pas familières avec ces langues ne soient pas arrêtées dans leur lecture; les morceaux originaux sont en note au bas des pages afin que les gens instruits puissent les mieux juger.

Il a paru qu'un commentaire grammatical seroit superflu. Molière, malgré tout son génie, ne peut être proposé pour un modèle de style. Ses fréquentes incorrections doivent être attribuées à deux causes. L'obligation de multiplier les nouveautés le forçoit à travailler rapidement, et l'empêchoit de soigner sa diction. Il avoit en outre le désir de faire parler ses personnages comme ils se seroient exprimés eux-mêmes dans les circonstances où il les plaçoit; et cette intention, qui tenoit à son génie, le porte à employer souvent des tournures très-conformes au caractère des personnages, mais contraires au bon usage et aux règles de la langue.

Un commentaire où l'on relèveroit toutes ces fautes, non-seulement donneroit une fausse idée de Molière, puisque c'est souvent à dessein qu'il les met dans la bouche des personnages, mais deviendroit trop volumineux, s'il étoit exact et complet : telle pièce seroit moins longue que les réflexions qu'elle feroit naître.

On s'est donc borné à donner, au bas des pages, l'étymologie et l'explication des termes et des façons de parler populaires qui ne sont plus d'usage aujourd'hui ; et l'on a pensé que ces notes courtes et peu nombreuses, sans présenter l'inconvénient d'interrompre des scènes dont le plus grand charme consiste dans la vivacité du dialogue, suffiroient pour éclaircir le texte, et pour épargner au lecteur des recherches sur notre ancien langage.

DISCOURS PRÉLIMINAIRE.

Molière est admiré, sans qu'on apprécie bien toutes ses beautés. Plusieurs traits comiques nous échappent, parce que les ridicules qu'ils attaquent ont disparu. Nous ne sommes frappés que de ceux qui peignent les hommes en général, et qui sont de tous les temps. Heureusement c'est le plus grand nombre; et rien ne donne une plus haute idée du génie de Molière.

Cependant il est à regretter que nous ne sentions pas toutes les beautés qui tiennent aux mœurs du temps. Que d'applications heureuses ne trouverions-nous pas! que de justesse et de raison ne serions-nous pas à portée de remarquer dans les critiques qui ont pour objet les bienséances et les usages du monde! Nous verrions l'ascendant qu'un poëte comique peut acquérir sur une nation, puisque non-seulement il parvint à changer, sous plusieurs rapports, la face de la société, mais qu'il contribua, autant que

Boileau, à rétablir le bon goût dans la littérature.

Il faudroit, pour obtenir ce résultat, sans lequel il est impossible de bien apprécier Molière, faire en quelque sorte revivre la société du dix-septième siècle : mais cette entreprise est de la plus grande difficulté. Les travers du monde varient souvent, et ne laissent qu'une trace fugitive. Comment ressaisir, après plus d'un siècle, ces traits caractéristiques? Molière, il est vrai, peint les hommes de tous les temps, et c'est là son plus beau titre de gloire : mais il les a entourés d'accessoires qui nous sont presque inconnus ; et c'est de ces accessoires qu'il tire souvent les idées les plus comiques. Les mémoires du temps, les ouvrages des moralistes donnent quelques notions sur le ton de la société : mais comme ce n'est pas ordinairement leur but principal, ces notions sont presque toujours incomplètes. Ce sont cependant les uniques matériaux qui nous restent. Quel dommage qu'au commencement du dix-huitième siècle, un observateur du dix-septième n'ait pas conservé ces traditions, qui auroient été le meilleur commentaire sur les œuvres de Molière ! Un ouvrage de ce genre eût été plus utile et plus curieux que les détails trop étendus sur les intrigues de cour, et sur des tracasseries qui n'ont aucun intérêt général. J'ai cherché à suppléer à ce défaut, qui m'a toujours frappé lorsque j'ai lu Molière, et lorsque j'ai vu représenter ses pièces.

Mon dessein est de donner une idée des différentes classes de la société depuis le commencement du ministère du cardinal de Richelieu jusqu'au temps de Molière : je parlerai des ridicules qui les distinguoient, et dont Molière a profité : je terminerai ce tableau par quelques détails sur l'hôtel de Rambouillet, dont je peindrai le ton, l'étiquette et les principaux personnages. Les différents arts étoient distingués par le langage et la manière de vivre. Ils ne se confondoient jamais : on n'avoit pas, comme à présent, un costume commun à toutes les classes ; et la politesse n'étoit connue qu'à la cour. Les sciences n'étoient pas aussi répandues qu'aujourd'hui : elles se concentroient dans les cabinets de quelques savants, et la langue dont elles se servoient étoit inintelligible pour les profanes. La littérature se bornoit de même à ceux qui faisoient profession de la cultiver. On ne voyoit pas des marchands et des bourgeois en discourir ;

et ces sortes de conversations n'avoient lieu qu'à l'hôtel de Rambouillet, et dans les sociétés qui cherchoient à l'imiter. Les spectacles, quoique le prix en fût très-modique, n'étoient suivis que par les gens riches : les salles étoient en petit nombre, très-resserrées, et ne pouvoient contenir beaucoup de spectateurs : un magistrat, un médecin, n'auroient osé y paroître : et tel bourgeois aisé n'avoit vu qu'une fois les comédiens de l'hôtel de Bourgogne : ce qui lui fournissoit un texte de conversation pour toute sa vie.

Le peuple, à peine sorti des fureurs de la Ligue, dont il avoit été témoin dans ses premières années, ou qui avoient fait l'entretien de son enfance, étoit en général dur et grossier ; mais il avoit une franchise d'expression qui prêtoit aux traits comiques. Ses mœurs étoient brutales, sans être débordées ; les femmes étoient aimées et battues par leurs maris. La jalousie ne se cachoit pas sous des couleurs décentes : le mot expressif étoit sans cesse dans la bouche des hommes ; et l'on ne doit pas s'étonner que Molière l'ait souvent employé. Le peuple, surtout à Paris, fuyoit le travail, et se livroit à la débauche des cabarets. Dans l'habitude de leur vie, ces hommes avoient la parole haute, se mêloient dans toutes les disputes, et cherchoient à prendre une certaine autorité dans leur quartier. Un d'entre eux fut surtout remarqué par Boileau: il demeuroit dans la cour du Palais, et sa boutique étoit sous l'escalier de la Sainte-Chapelle: il étoit perruquier, et s'appeloit *Didier Lamour*. Cet homme, d'une taille gigantesque, se faisoit redouter de ses voisins; il intervenoit dans toutes les rixes, et ses arrêts étoient respectés. Lamour avoit été marié deux fois: sa première femme, vive et emportée, s'étoit souvent attiré des corrections: la seconde, plus douce, et surtout plus jeune et plus jolie, avoit entièrement soumis ce caractère altier. Boileau parla de cet homme à Molière, et tous les deux en tirèrent parti d'une manière différente. L'un peignit dans le *Médecin malgré lui* ces disputes de ménage dont son ami avoit été témoin; l'autre fit du *perruquier Lamour* un des héros du *Lutrin*.

Les valets, pris dans la classe du peuple, ne ressembloient pas à ceux d'aujourd'hui. Il étoit rare que les jeunes gens n'eussent pas quelque inclination secrète: alors ils gagnoient un domestique pour faire leurs messages. Les hommes plus âgés, pendant les intrigues du ministère du cardinal de Richelieu, et surtout lorsque les troubles de la Fronde éclatèrent, prenoient parti dans les cabales ; et c'étoient encore les valets qui leur servoient d'agents et de confidents. Ces différents rapports doivent nécessairement introduire une grande familiarité entre les maîtres et les domestiques ; l'amour et le danger sont les liens qui rapprochent le plus les hommes. D'ailleurs, à cette époque, on s'attachoit plus qu'aujourd'hui à ses valets : on les battoit, on les maltraitoit, on en étoit souvent volé, mais on ne les chassoit pas.

Il ne faut donc pas s'étonner que Molière ait rendu, dans quelques-unes de ses comédies, les maîtres très-familiers avec leurs domestiques : s'il eût fait autrement, il n'auroit pas tracé un tableau fidèle des mœurs de son temps. Ce sont ses successeurs qu'il faut blâmer, parce qu'ils ont employé ce ressort dans le dix-huitième siècle, où il ne devoit plus être d'usage, et surtout parce qu'ils ont donné la même physionomie à leurs *Frontin* et à leurs *Lisette*, tandis que les valets et les soubrettes de Molière ont tous des caractères différents.

La classe des marchands s'élevoit immédiatement au-dessus de celle du bas peuple. Le commerce jouissant de peu de considération, cette classe vivoit dans la plus profonde obscurité. Elle ne se permettoit aucune distraction, aucun plaisir; les jours de repos étoient employés à suivre les offices de la paroisse; et c'étoit un délassement nécessaire pour des hommes occupés toute la semaine. Les marchands n'employoient pas comme aujourd'hui la politesse et les prévenances pour attirer les acheteurs. Leurs répliques étoient brusques, et leur abord n'avoit rien d'agréable. Mais s'ils étoient privés de quelques avantages extérieurs, on n'avoit pas, du moins généralement, à leur reprocher ces petites ruses peu éloignées de la mauvaise foi, qui se concilient si bien avec des dehors aimables et polis. Ils portoient la bonhomie très-loin: un homme ayant l'apparence de l'aisance et de la considération obtenoit chez eux toute espèce de crédit; et, lorsqu'ils avoient attendu long-temps, si l'on daignoit leur dire quelques paroles flatteuses, ils prenoient patience. M. Dimanche, si bien peint par Molière dans le *Festin de Pierre*, est une copie aussi exacte que comique des marchands du dix-septième siècle.

Quelques-uns de ces marchands s'enrichissoient ; et c'étoit alors qu'ils devenoient d'autant plus ridicules en prenant un état brillant, qu'ils avoient été simples et modestes avant de faire fortune. S'ils s'allioient avec des demoiselles de qualité ruinées, ils s'entendoient continuellement reprocher la bassesse de leur naissance : la famille de leurs femmes ne négligeoit rien pour les humilier : ils étoient obligés de voir dissiper leur fortune dans des plaisirs pour lesquels ils n'avoient aucun goût. Mais des chagrins plus réels les tourmentoient encore : leur noble épouse étoit-elle sensible aux soins des jeunes gens, il falloit se taire ; et s'ils éclatoient, le tort étoit de leur côté : enfin c'étoient de véritables *George Dandin*. Si un marchand enrichi vouloit trancher du gentilhomme, il devenoit encore plus ridicule. Quel contraste entre le faste qu'il affectoit et la parcimonie à laquelle il s'étoit autrefois condamné ! C'est là le comique du *Bourgeois gentilhomme*, qui nous paroît aujourd'hui chargé, et qui alors n'atteignoit pas même la vérité. Un chapelier appelé *Gaudoin* passe pour avoir été le modèle du principal personnage de cette comédie : il dépensa plus de cinquante mille écus avec des gentilshommes qui, ainsi que Dorante, profitoient de sa manie et le traitoient comme leur égal : une prétendue grande dame reçut ses hommages, comme Dorimène, et il lui acheta une superbe maison à Meudon. Sa famille, ne pouvant arrêter ces désordres, obtint enfin qu'il fût enfermé à Charenton avec les fous.

L'habit de cérémonie des marchands étoit une petite robe noire, qui descendoit à peine au genou : ils le portoient à l'église, à leurs assemblées, et lorsqu'ils avoient quelque chose à demander aux ministres.

Les bourgeois vivant de leur revenu avoient à peu près les mêmes mœurs que les marchands. Ils étoient très-retirés, ne recevoient pas de société et ne jouoient point. Ils attachoient une grande importance à être des confréries de leur paroisse ; ils y figuroient exactement ; et leurs vœux étoient comblés s'ils pouvoient parvenir à une place de marguillier. Ces hommes, n'ayant la plupart reçu aucune instruction, étoient d'une grande simplicité : les fripons les moins adroits les dupoient souvent. C'est chez eux que Molière a pris ses pères crédules ; et ceux qui veulent aujourd'hui les juger d'après les progrès de la société, tombent dans une grande erreur. Molière ne les a nullement chargés ; ils étoient tels qu'il les a peints ; seulement il les fait toujours tromper avec esprit : les poëtes comiques blâmables sont ceux qui, dans le siècle suivant, ont encore introduit des *Géronte*, quoiqu'il n'y en eût presque plus.

L'ameublement des bourgeois riches étoit plus modeste que celui qu'on remarque aujourd'hui dans les maisons les moins aisées. Il n'y avoit pas d'appartement séparé : une seule chambre contenoit toute la famille, quelque nombreuse qu'elle fût. Les grands fauteuils du père et de la mère étoient fixés dans une place, et ne pouvoient être dérangés ; des chaises et des bancs de bois servoient aux enfants et aux étrangers. Le costume des bourgeois, lorsqu'ils affectoient quelque gravité, étoient le justaucorps noir avec un manteau de la même couleur. Une grande calotte couvroit leur tête et ne les empêchoit pas de porter un chapeau.

Les avocats, les procureurs et les notaires différoient peu des bourgeois aisés : seulement l'habitude du palais et des affaires les rendoit moins faciles à tromper. Les avocats, jusqu'à l'époque de Patru, faisoient des plaidoyers fort ridicules : ils étaloient une érudition indigeste, citoient à tort et à travers la Bible, les Pères de l'Église et le Droit romain : Le Maître lui-même ne fut pas exempt de ce défaut, que Gaulthier, dont Boileau parle dans ses satires, porta jusqu'à l'excès. Le seul Martinet se distingua, dans un procès célèbre (celui de Tancrède, prétendu fils de la duchesse de Rohan), par une éloquence simple et une excellente dialectique. Il est probable que Molière n'auroit pas plus épargné les mauvais avocats que les médecins, s'il n'eût été prévenu par Racine, qui enleva toute la fleur de ce sujet dans sa comédie des *Plaideurs*. Par la même raison, il n'a jamais mis en scène les procureurs ; et les notaires, si l'on excepte celui du *Malade imaginaire*, ne sont ordinairement, dans ses comédies, que des personnages accessoires.

Les médecins, par rapport aux mœurs et à la manière de vivre, peuvent être placés dans la même classe que ceux dont on vient de parler. Mais leurs ridicules étoient plus propres au théâtre ; et Molière, dans plusieurs pièces, a épuisé ce sujet. Ils sortoient presque toujours en robe ; et s'ils avoient quelque réputation, une mule ou un mauvais cheval les portoit dans les différents

quartiers. A un extérieur grotesque ils joignoient un langage plus singulier, et s'exprimoient le plus souvent en mauvais latin. S'ils daignoient parler français à leurs malades, ils affectoient de se servir de termes scientifiques, faisoient de grandes et inutiles discussions sur toutes les parties du corps, et avoient l'absurde prétention de vouloir rendre compte de toutes les espèces de maux et de remèdes. Des tournures scolastiques s'unissoient à ce jargon, et tout porte à croire que Molière n'a rien exagéré dans la consultation des deux médecins de *Pourceaugnac*. Ces docteurs prodiguoient les remèdes, et pour la moindre indisposition donnoient de longues ordonnances : ils attachoient un certain amour-propre à employer un grand nombre de drogues. Au moindre accès de fièvre, la saignée étoit prescrite. Il y avoit alors un médecin fameux, appelé *Sanguin*, dont parle madame de Sévigné. Une de ses amies étoit malade; ce médecin vint la voir avec un de ses confrères, et ils consultoient ensemble. « Il n'y a qu'à voir
» ces messieurs, dit madame de Sévigné,
» pour ne vouloir jamais les mettre en
» possession de son corps. J'ai pensé vingt

» fois à Molière depuis que j'ai vu tout
» ceci. »

Molière corrigea les médecins, ainsi que les précieuses et les femmes beaux esprits : ce ridicule étoit parfaitement du ressort de la comédie. Il leur fit abandonner le jargon scientifique et les fausses théories : il les rendit plus modestes, et par conséquent plus véritablement savants.

Quoique l'université de Paris fût un corps aussi respectable par son goût que par sa doctrine, cependant elle avoit dans son sein quelques docteurs que la comédie pouvoit attaquer. C'étoient ou des raisonneurs pointilleux, armés sans cesse du syllogisme, soutenant avec fureur des systèmes vagues ; ou des savants qui avoient la foiblesse de vouloir être aimables et galants. Leurs compliments aux dames, quoique puisés dans les Grecs et les Latins, étoient des modèles de ridicule. Molière joua les premiers dans *le Mariage forcé*, et les autres ne pouvoient être mieux désignés que dans la thèse de Thomas Diafoirus. Cette thèse paroît aujourd'hui une charge ; cependant il y avoit des hommes au moins aussi ridicules. Balzac, dans une de ses lettres, fait mention d'un savant de ce genre.

« Il vient de mourir, dit-il, un vieux
» poëte de l'université, connu par sa mau-
» vaise mine et par ses mauvaises chausses,
» disciple de Jodelle, et proche parent
» d'Amadis Jamin, grand faiseur de ma-
» drigaux et de villanelles. Depuis trente
» ans, il n'étoit descendu qu'une fois du
» mont Saint-Hilaire pour passer les ponts.
» Il chômoit la fête de saint Jean-Porte-
» Latine plus religieusement que celle de
» Pâques. En français il ne disoit que *Jupin*:
» il n'appeloit jamais le ciel que la *calotte*
» *du ciel* : il rimoit toujours *trope* avec
» *Calliope* : il n'eût jamais voulu changer
» *cil* pour *celui*, quand même la mesure
» du vers le lui eût permis : il tenoit bon
» pour *pièça*, pour *moult* et pour *ainçois*
» contre les autres adverbes, à ce qu'il di-
» soit, plus jeunes et plus efféminés. La
» nouvelle fut apportée de sa mort au lieu
» où j'étois par un pédant son admirateur,
» avec cette redite perpétuelle : *le grand*
» *dommage que c'est!* et pensa me faire rire
» à l'heure même de très-bon cœur. ».

Le maître de philosophie du Bourgeois
gentilhomme avoit plus d'un modèle ; et ce
ridicule n'a pas été tellement anéanti par
Molière, qu'il n'ait reparu quelquefois, et

même de nos jours. Le désir de simplifier l'étude de la grammaire est estimable sans doute ; mais il a souvent entraîné les novateurs dans des systèmes très-singuliers. Les mémoires du temps donnent lieu de croire que Molière a eu en vue dans ce rôle un pédant fameux, nommé *Riche-Source*. Cet homme avoit ouvert un cours d'éloquence et de philosophie dans une chambre qu'il occupoit à la place Dauphine : il se faisoit modestement appeler *modérateur de l'académie des philosophes orateurs*. Rien ne pourroit exprimer jusqu'à quel point son cours étoit bizarre : cependant il étoit fort suivi ; chose extraordinaire ! Fléchier fut un de ses élèves ; et, pour lui témoigner sa reconnoissance, il composa à sa louange un madrigal que Riche-Source fit imprimer en tête de ses ouvrages.

Quelques personnes, et même ceux qui les premiers écrivirent la vie de Molière, ont cru que Rohaut, savant estimable, avoit été le modèle du maître de philosophie, et se sont fondés sur ce que la définition de la physique, dans *le Bourgeois gentilhomme*, est absolument la même que celle que Rohaut donne dans la table de la troisième partie de sa physique : mais il n'ont pas considéré que ce savant étoit ami de Molière, et qu'il ne publia sa physique qu'un an après la représentation du *Bourgeois gentilhomme.* Il est plus probable que Molière, ayant besoin d'une définition de la physique, la demanda à son ami, sans avoir l'intention de le tourner en ridicule.

La haute magistrature étoit la classe qui faisoit le plus d'honneur à la robe : aussi Molière ne l'attaqua-t-il jamais. Le sénateur du *Sicilien* n'est qu'un officier de police, et n'a aucun rapport avec nos anciens magistrats supérieurs. Les présidents et les conseillers, quoiqu'ils eussent pris une grande part aux troubles de la Fronde, avoient conservé l'austérité des anciennes mœurs. Ils partageoient leur temps entre l'étude des lois et celle de la littérature ancienne. Avant le jour, on les voyoit se rendre au palais ; et le reste de la journée étoit consacré à des audiences particulières, ou à des travaux sérieux. *Ils alloient à pied,* dit La Bruyère, *à la chambre ou aux enquêtes, d'aussi bonne grâce qu'Auguste autrefois alloit de son pied au Capitole.* Bons pères, bons époux, mais fort sévères, leurs maisons étoient tristes et silencieuses ; jamais les plaisirs bruyants n'y pénétroient ; c'étoit là l'école des Molé et des d'Aguesseau. Ils n'avoient pas la vanité de prendre des gouverneurs pour leurs enfants : ces magistrats pensoient que l'éducation publique est préférable ; et, comme les hommes les moins riches, ils envoyoient leurs fils au collége, afin de leur inspirer de l'émulation et de les habituer à vivre dans la société. Molière a tourné en ridicule ceux qui avoient une conduite contraire, en offrant des précepteurs pédants dans *le Dépit amoureux* et dans *la Comtesse d'Escarbagnas*. Les femmes des magistrats aimoient la retraite, et n'alloient jamais dans le grand monde : elles auroient rougi de se faire servir par d'autres personnes que par celles de leur sexe. L'ameublement étoit de la plus grande simplicité ; mais les magistrats avoient des bibliothèques précieuses. « On ne les voyoit pas, » dit encore La Bruyère, s'éclairer avec des » bougies et se chauffer à un petit feu : la » cire étoit pour l'autel et pour le Louvre : » l'étain brilloit sur les tables comme le fer » et le cuivre dans les foyers : l'argent et » l'or étoient dans les coffres. »

Les magistrats, vivant ainsi, sortant toujours en robe, même lorsqu'ils alloient à la cour, avoient peut-être un extérieur trop grave : mais n'est-il pas à regretter qu'ils aient donné depuis dans l'excès opposé? et ne dut-on pas remarquer une grande dégradation dans les mœurs, lorsque les successeurs de Molière purent mettre sur la scène des présidents et des conseillers, et les représenter avec raison comme des hommes à bonne fortune et des fats ridicules?

Voilà tout ce qu'il a été possible de recueillir d'intéressant sur les mœurs de la bourgeoisie pendant le dix-septième siècle : à cette époque, tout homme de robe, quelle que fût sa naissance, étoit réputé bourgeois. Passons à une classe qui n'appartenoit ni à la bourgeoisie, ni à la noblesse.

Les comédiens, avant le règne de Louis XIII, étoient très-peu considérés ; et on ne les regardoit que comme des baladins. Ils commencèrent à obtenir quelque estime lorsqu'ils jouèrent les bonnes pièces de Rotrou et les chefs-d'œuvre de Corneille. On peut juger de la dégradation où ils étoient par l'état de la troupe de Molière lorsqu'elle arriva à Paris. Mais le génie de cet homme extraordinaire le fit bientôt distinguer par Louis XIV. Il fut admis au service et aux conversations du roi; et cet accueil qu'il méritoit lui concilia tous les courtisans. Cependant cette faveur ne s'étendit pas sur ses camarades :

on ne vit pas, comme dans le siècle suivant, des duchesses et des femmes de magistrats contracter des liaisons intimes avec des actrices célèbres, et prendre parti pour elles: madame de Sévigné, parlant dans ses lettres de mademoiselle de Champmêlé, si fameuse de son temps, la traite avec une légèreté dont on n'auroit osé se servir de nos jours à l'égard de mademoiselle Clairon. Les comédiens n'étoient pas admis dans la haute société; ou, s'ils osoient y paroître, ils s'attiroient des humiliations. Baron, élève de Molière, et l'homme le plus séduisant de son siècle, eut des bonnes fortunes assez extraordinaires; mais ce travers se borna à un petit nombre de femmes dignes d'être célébrées par Bussy.

Lorsque le goût du théâtre se répandit davantage, les comédiens furent mieux traités: on leur accorda même des priviléges importants; mais le préjugé qui existoit ne s'effaça point. La Bruyère définit parfaitement l'idée qu'on en avoit. Il est à remarquer qu'il s'exprimoit ainsi après la mort de Molière: « La condition des co- » médiens, dit-il, étoit infâme chez les » Romains, et honorable chez les Grecs: » qu'est-elle chez nous? On pense d'eux

» comme les Romains, on vit avec eux
» comme les Grecs. »

On pourroit s'étonner que les financiers n'aient pas été joués par Molière ; car il ne faut pas compter le rôle d'Harpin de *la Comtesse d'Escarbagnas*, rôle qui n'est qu'esquissé. C'est que les financiers n'avoient pas encore les ridicules dont Le Sage se moqua si bien au commencement du siècle suivant. Ils faisoient, à la vérité, de grandes fortunes ; mais ils n'osoient en jouir ouvertement. Ils ne se distinguoient des bourgeois ni par le luxe, ni par la dépense : leur unique ambition étoit de placer leurs fils dans la robe ; et, malgré leurs richesses, ils n'y parvenoient pas toujours. Si quelques-uns avoient la folie de faire une grande alliance, ils retomboient dans le ridicule de George Dandin ; si d'autres vouloient imiter les grands seigneurs, ils se distinguoient peu du *Bourgeois gentilhomme*. Ce ne fut qu'au commencement du dix-huitième siècle que les financiers s'avisèrent, comme Turcaret, d'étaler un luxe grossier et ruineux : quelques années après, ils devinrent polis, et furent admis dans la meilleure société : les seigneurs ne méprisèrent plus leur alliance, et la finance marcha presque de pair avec la robe et l'épée.

C'étoit à la cour, et dans le petit nombre de gens de lettres qui firent renaître le bon goût, que se trouvoit le véritable esprit de société. Les hommes cherchoient à mettre du naturel et de la grâce dans leurs discours : il se mêloit à leurs plaisanteries un certain ton de noblesse et de dignité qui les rendoit plus agréables. L'hôtel de Rambouillet passoit chez eux pour la vieille cour; ils en évitoient les manières. Le modèle du courtisan aimable se trouve dans le rôle de Clitandre des *Femmes savantes*. Quelle délicatesse dans sa conduite et dans ses amours ! quelle finesse dans ses reparties ! quel contraste heureux avec les personnages de Trissotin, Vadius, Philaminte, Bélise et Armande ! La cour offroit aussi des femmes charmantes qui, par l'ascendant qu'elles obtinrent, fixèrent irrévocablement le ton de la société. On abandonna les fades galanteries et les recherches du bel esprit pour se livrer à la liberté décente et aux agrémens naturels qui distinguent la bonne compagnie.

Mais si la cour offroit des personnes si complétement aimables, elle présentoit aussi des originaux qui n'échappèrent point à la censure de Molière. Dans *le Misanthrope*, il peignit deux marquis dont les portraits nous semblent aujourd'hui exagérés, quoique alors ils fussent très-vrais. Les marquis n'avoient presque aucun rapport avec les jeunes gens que de nos jours on accuse la fatuité. Ils s'enivroient souvent, et ne craignoient pas de paroître devant les femmes dans cet état : alors elles excusoient leurs impertinences. Leurs visages étoient toujours barbouillés de tabac, et ce défaut de propreté ne révoltoit pas ; au contraire, il donnoit un air d'audace et de liberté qui plaisoit à certaines femmes. D'énormes perruques cachoient la moitié de la figure de ces jeunes étourdis ; et plus elles étoient grandes, plus elles paroissoient élégantes. Ils portoient toujours un peigne, dont ils se servoient pour rajuster leur coiffure toutes les fois qu'ils trouvoient une glace : ce peigne étoit encore employé à un usage fort singulier ; au lieu de frapper doucement à la porte de la chambre d'une femme, ils grattoient avec leur peigne ; et ce signal annonçoit la plus grande familiarité. Les marquis avoient aussi l'habitude de laisser croître l'ongle du petit doigt de la main droite ; ils en rendoient la pointe très-aiguë, et s'en servoient pour nettoyer leurs dents et leurs oreilles.

Les femmes qui avoient des liaisons avec les marquis n'étoient pas moins singulières dans leurs manières et dans leur parure. Elles donnoient à leurs bijoux et à leurs chiffons les noms les plus bizarres. Boursault, dans une comédie intitulée *les Mots à la mode*, suppose un mari parcourant un mémoire de dépense de sa femme : quel est son étonnement lorsqu'il voit une somme employée à *une culbute avec un mousquetaire !* Il se croit trahi, et ne se rassure que lorsque sa femme lui a expliqué qu'une *culbute* et un *mousquetaire* sont des noms donnés à des ajustements. Plusieurs autres noms inventés par des marchandes de modes et des bijoutiers avoient la même singularité.

Les marquis furent mis pour la première fois sur la scène par Quinault, dans *la Mère coquette*; mais on lui reprocha d'avoir outré les ridicules. Molière les peignit tels qu'ils étoient.

Quelques hommes de la cour, beaucoup plus estimables que les marquis, avoient cependant un travers qui n'échappa point à Molière. Ils montroient un empressement extrême à combler des témoignages de la plus tendre amitié les personnes qu'ils connoissoient à peine : rien n'égaloit l'ardeur de leurs démonstrations. La Bruyère, en parlant de ce ridicule, s'exprime ainsi : *Théognis embrasse un homme qu'il trouve sous sa main ; il lui presse la tête contre sa poitrine : il demande ensuite quel est celui qu'il a embrassé*; et Molière, mettant cette critique dans la bouche du Misanthrope, la rend avec plus d'énergie et de comique :

Je vous vois accabler un homme de caresses,
Et témoigner pour lui les dernières tendresses ;
De protestations, d'offres et de serments,
Vous chargez la fureur de vos embrassements ;
Et quand je vous demande après quel est cet homme,
A peine pouvez-vous dire comme il se nomme.
Votre chaleur pour lui tombe en vous séparant,
Et vous me le traitez, à moi, d'indifférent !
Morbleu !

Tous les grands seigneurs de la cour de Louis XIV ne partageoient pas le goût qu'on avoit généralement pour les lettres. Quelques-uns même portoient l'ignorance fort loin : peut-être en faisoient-ils gloire. Qui croiroit que la plaisanterie de Molière sur le Bourgeois gentilhomme, qui *faisait de la prose sans le savoir*, lui avoit été fournie par un prince aussi peu instruit que M. Jourdain ? L'anecdote est cependant très-vraie : on la trouve dans les *Lettres de madame de Sévigné*. « Comment donc, » ma fille, écrit-elle à madame de Gri- » gnan, j'ai fait un roman sans y penser ? » J'en suis aussi étonnée que M. le comte » de Soissons, quand on lui découvrit » *qu'il faisoit de la prose.* »

L'esprit chevaleresque régnoit encore parmi les grands seigneurs : une preuve frappante en fut donnée par le duc de La Feuillade, qui conduisit dans l'île de Can- die, à ses dépens, une douzaine de gen- tilshommes pour combattre les Turcs. Ce dévouement n'avoit rien de ridicule : ce- pendant Molière en fit une application ma- ligne, et qui fut sentie par tout le monde, dans *George Dandin*, où il suppose que Bertrand de Sotenville eut le crédit de vendre tout son bien pour aller à la Terre- Sainte. C'étoit pousser trop loin les droits de la comédie, qui peuvent s'exercer sur les travers de la vie civile, mais qui ne sau- roient atteindre un acte de générosité et de courage approuvé par le souverain.

Molière remplit beaucoup mieux les devoirs de poëte dramatique et de moraliste lorsqu'il s'éleva contre la fureur des duels. Ce fut en 1665, dans *les Fâcheux*, où il représente Éraste, gentilhomme très-courageux, refusant un cartel avec noblesse. Jamais on n'avoit attaqué ce travers au théâtre; au contraire, on l'avoit toujours considéré comme une espèce d'héroïsme; et le grand succès du *Cid* avoit encore servi à perpétuer ce préjugé. Pendant la minorité de Louis XIV, on se provoquoit en public, et l'on combattoit, même dans les lieux les plus fréquentés, avec des seconds. Le duel le plus fameux de cette époque eut lieu sur la Place-Royale, et fut causé par une dispute frivole entre les deux plus célèbres beautés de la cour, madame de Longueville et madame de Montbazon. On prétend que la première regarda le combat au travers d'une jalousie.

Il y a dans la vertu même un excès contraire aux usages du monde qui porte les hommes les plus estimables à s'élever avec impétuosité contre les mœurs de leur siècle, et à ne point tolérer les politesses reçues, si elles s'éloignent de la vérité. Cet excès devoit être rare à la cour de Louis XIV : cependant il existoit, et Molière l'a joué dans *le Misanthrope*, chef-d'œuvre où, pour la première fois, le comique noble honora la France. On apprit à rire d'Alceste, même en le respectant et en le plaignant. Les ennemis de Molière voulurent persuader à M. de Montausier que le poëte avoit cherché à le peindre; mais ce seigneur leur ferma la bouche en répondant avec dignité qu'il auroit désiré de ressembler au Misanthrope.

Il est très-douteux, en effet, que M. de Montausier ait eu des rapports aussi directs avec Alceste. Il s'exprimoit noblement, se conduisoit avec décence, remplissoit exactement les devoirs de son état; mais le désir de rester en faveur le portoit à s'oublier quelquefois. On pourra juger de son caractère par une anecdote curieuse et peu connue, qui se trouve dans les *Mémoires de madame de Motteville*. La reine-mère, Anne d'Autriche, ne vouloit pas que les dames de sa suite vissent madame de La Vallière, maîtresse de son fils ; une d'elles avoit manqué à cet ordre, et madame de Motteville en parloit au duc de Montausier, dans l'espoir qu'il partageroit l'indignation de la reine : *Ah! vraiment*, ré-

pondit ce dernier, *la reine-mère est bien plaisante d'avoir trouvé mauvais que madame de Brancas ait eu de la complaisance pour le roi, en tenant compagnie à madame de La Vallière. Si elle étoit habile et sage, elle devroit être bien aise que le roi fût amoureux de mademoiselle de Brancas ; car étant fille d'un homme qui est à elle et son premier domestique, sa femme et sa fille lui rendroient de bons offices auprès du roi.* « Je répondis à M. de Montau-
» sier, poursuit madame de Motteville,
» qu'il me sembloit avoir remarqué dans
» l'histoire que Catherine de Médicis étoit
» déshonorée pour avoir eu de pareilles
» complaisances pour les rois ses enfants, et
» que je serois fâchée, pour l'intérêt que je
» prenois à la gloire d'Anne d'Autriche,
» qu'elle fût capable d'en faire autant. »
Qui ne croiroit, d'après ce récit simple, et dont on ne peut contester l'authenticité, que c'est madame de Motteville qui joue le rôle du Misanthrope, tandis que M. de Montausier ne fait valoir que les qualités d'un courtisan habile ?

Molière ne dédaignoit pas quelquefois de faire des allusions aux événements qui se passoient à la cour. Dans *les Amants ma-*

gnifiques, une princesse aime un simple gentilhomme ; et son amour paroît calqué sur celui que *Mademoiselle* éprouva pour Lauzun, liaison qui la rendit si malheureuse. On sait que la princesse voulut épouser son amant, et se donner la gloire de faire d'un des plus pauvres gentilshommes de France un des plus riches princes de l'Europe. Louis XIV approuva et défendit cette union en 1669; et *les Amans magnifiques* furent joués l'année suivante. Les dates sont curieuses : la comédie de Molière parut en septembre 1670, et Lauzun fut enfermé à Pignerol au mois de novembre suivant. Ces sortes de pièces, puisées dans les anecdotes de la cour, n'étoient que des délassements dont Molière se permettoit rarement l'usage : il revenoit à son génie, qui le portoit à tracer en grand les caractères et les mœurs.

Il peignit les femmes de son temps avec autant de succès que les hommes. Cependant, à l'exception de quelques caractères marquants, tels que ceux des Précieuses ridicules, des Femmes savantes, de madame Jourdain, de madame Pernelle, de Bélise, et des suivantes, toutes représentées avec des couleurs différentes et admirables, il ne choisit en général pour ses héroïnes que des jeunes personnes pleines d'esprit, et réussissant très-bien à tromper leurs surveillants. Ses scènes d'amour et de dépit sont charmantes : aucun poëte comique n'a pénétré si profondément dans le cœur humain ; et l'on reconnoît un homme qui fut souvent victime des caprices de cette passion.

Ce fut à la côur qu'il trouva deux caractères de femme qui donnent l'idée la plus juste des mœurs du temps. La coquette et la prude du *Misanthrope* forment un contraste des plus savants et des plus naturels ; elles montrent dans toute leur vérité les deux excès opposés où tomboient alors la plupart des femmes ; et la douce Éliante gardant un juste milieu entre ces excès offre la seule femme aimable et digne d'être aimée.

La coquetterie est de tous les temps : ses formes changent peu ; cependant on trouve dans le rôle de Célimène des traits qui la distinguent des coquettes du siècle suivant. Elle est pleine d'esprit et de finesse, ne s'écarte jamais, dans ses discours, de la plus rigoureuse décence ; et ses médisances, en ne portant que sur des défauts réels, la rendent aimable et piquante lorsqu'elle se livre le plus à sa malignité.

Quant à la prude Arsinoé, elle diffère

peut-être encore plus de celles qui ont eu depuis le même défaut. Son caractère peut fournir quelques observations sur les mœurs du dix-septième siècle. A cette époque, il y avoit un grand nombre de femmes véritablement pieuses, qui, sans affectation, remplissoient avec exactitude tous leurs devoirs. Les prudes, qui étoient loin de leur ressembler, se trouvoient plutôt dans la classe supérieure de la société que dans la bourgeoisie. Il falloit avoir un certain rang, une certaine fortune, pour se donner ainsi en spectacle. C'est ce que Molière a parfaitement observé en peignant Arsinoé.

Les prudes se partageoient en deux classes, qui avoient les mêmes principes, les mêmes manières et les mêmes mœurs. Quelques jeunes personnes en entrant dans le monde, sans avoir les vrais principes de la religion, soit qu'elles ne se reconnussent pas assez de beauté, soit que leur cœur ne fût pas enclin aux plaisirs, affectoient un rigorisme outré, et ne négligeoient aucun moyen de se concilier l'estime et la vénération. Les jouissances de l'orgueil dédommageoient de la privation de toutes les autres. Souvent, après avoir passé leur jeunesse dans cette contrainte, elles revenoient aux plaisirs du monde à un âge où ils ne donnent plus que du ridicule. D'autres femmes, dont la conduite n'avoit pas été irréprochable, voyant diminuer les soins et les hommages, sentant un vide qui ne pouvoit être rempli par une véritable piété, se jetoient dans la dévotion, feignoient de chercher la perfection, et se montroient d'une sévérité extrême à l'égard de celles dont elles avoient autrefois partagé les erreurs. « Elles se perdoient gaîment par » la galanterie, par la bonne chère et par » l'oisiveté, dit La Bruyère, et elles se per- » dent tristement par la présomption et » par l'envie. »

Ces femmes non-seulement avoient un *confesseur* qu'elles consultoient souvent, mais il leur falloit un *directeur*, qui étoit toujours avec elles, et devenoit l'oracle de leur maison. Rien ne se décidoit sans lui : il plaçoit et déplaçoit les domestiques, disposoit du sort des enfants, administroit même les biens ; enfin son autorité étoit plus considérable que celle du mari. On cachoit au confesseur plusieurs choses dont le directeur étoit le seul confident. Il est facile de concevoir combien ce raffinement de dévotion, cette orgueilleuse prétention d'être parfaite, devoient entraîner d'inconvénients. Si le directeur avoit quelque fragilité, à quels dangers n'étoit-il pas exposé avec des femmes qui lui prodiguoient de petits soins et les attentions les plus délicates! La Bruyère, dans son admirable ouvrage, revient souvent sur cet usage singulier; il s'étend sur les abus qu'il produisoit; mais ce développement n'est pas de mon sujet.

L'hypocrisie de quelques hommes étoit encore plus dangereuse : il étoit rare que ce vice servît aux femmes pour s'introduire dans les familles, et y porter le désordre et la ruine; au lieu qu'on avoit vu des scélérats employer le masque de la religion pour tromper et perdre leurs bienfaiteurs. Molière a pient ce dernier tableau dans *le Tartufe*. Il est nécessaire d'entrer dans quelques détails sur les hypocrites du dix-septième siècle, qui avoient peu de rapports avec ceux de nos jours.

Il n'y a guère d'époques où la religion ait été plus florissante que sous le règne de Louis XIV. A peu d'exceptions près, le clergé étoit exemplaire; les hommes les plus distingués de la cour avoient une véritable piété; la magistrature étoit aussi zélée pour la religion que pour les libertés de l'Église de France; et, dans les classes inférieures, la négligence des devoirs religieux eût été un scandale. Cette piété, en quelque sorte générale, devoit nécessairement faire naître l'idée à certains fourbes d'affecter les dehors de la dévotion pour faire des dupes.

C'étoit l'abus d'un grand bien ; et, s'il est vrai, comme l'a dit un moraliste, *que l'hypocrisie soit un hommage que le vice rend à la vertu*, on doit déplorer les époques où ce vice devient inutile.

Molière nous a laissé un tableau aussi vrai que frappant des maux que peut causer un hypocrite dans une famille qui l'a recueilli. La Bruyère, presque aussi grand peintre, a tracé aussi le portrait d'un faux dévot ; et, ce qui paroîtra singulier, il attaque indirectement quelques combinaisons de l'auteur du *Tartufe*. Le moraliste donne plus de finesse à son hypocrite : il réussira mieux à tromper les hommes exercés. Mais La Bruyère n'a pas observé que ce qui convient dans un livre de morale peut ne pas convenir au théâtre, où il faut que les personnages soient placés conformément à la perspective ; où, les spectateurs étant nombreux et souvent inattentifs, il est nécessaire de ne leur laisser presque rien à deviner, et de mettre les combinaisons des caractères à la portée de tous les esprits. Voici les principales objections de La Bruyère.

« Onuphre, dit-il, n'a pour tout lit
» qu'une housse de serge grise; mais il
» couche sur le coton et sur le duvet : de
» même il est habillé simplement, mais
» commodément, je veux dire d'une étoffe
» fort légère en été, et d'une autre fort
» moelleuse pendant l'hiver : il porte des
» chemises très-déliées, qu'il a un très-
» grand soin de bien cacher. Il ne dit point
» *ma haire*, et *ma discipline*; au contraire,
» il passeroit pour ce qu'il est, pour un hy-
» pocrite, et il veut passer pour ce qu'il
» n'est pas, pour un homme dévot : il est
» vrai qu'il fait en sorte que l'on croie, sans
» qu'il le dise, qu'il porte une haire et
» qu'il se donne la discipline. »

Comment Molière auroit-il pu exprimer au théâtre tous ces détails, qui d'ailleurs sont pleins de justesse et de vérité? La Bruyère convient qu'Onuphre cherche à faire penser qu'il se donne la discipline; il semble donc qu'il ne devroit pas blâmer Molière d'avoir fait mention de cet instrument de pénitence dans le rôle de Tartufe, puisque c'étoit l'unique moyen de transmettre cette idée au spectateur.

La Bruyère critique la passion de Tartufe pour Elmire : « Si Onuphre, dit-il, se
» trouve bien d'un homme opulent, à qui
» il a su imposer, dont il est le parasite, et
» dont il peut tirer de grands secours, il
» ne cajole point sa femme : il ne lui fait
» du moins ni avance, ni déclaration ; il
» lui laissera son manteau, s'il n'est aussi
» sûr d'elle que de lui-même : il est encore
» plus éloigné d'employer pour la flatter
» et pour la séduire le jargon de la dévo-
» tion. Ce n'est point par habitude qu'il
» le parle, mais avec dessein, et selon
» qu'il lui est utile, et jamais quand il ne
» serviroit qu'à le rendre ridicule. Il sait
» où se trouvent des femmes plus sociables
» et plus dociles que celle de son ami : il
» ne les abandonne pas pour long-temps,
» quand ce ne seroit que pour faire dire de
» soi dans le public qu'il fait des retraites.
» Qui, en effet, pourroit en douter, quand
» on le voit paroître avec un visage exté-
» nué, et d'un homme qui ne se ménage
» point ? »

L'intention de Molière n'a pas été de peindre, dans *le Tartufe*, un homme im-

passible : il falloit bien lui donner quelque
foiblesse, ne fût-ce que pour faire rire à
ses dépens. En réfléchissant sur son projet relativement à Elmire, on ne peut dire
que ce soit tout-à-fait une folie. Contracter
une liaison avec une femme dont la vertu
n'est pas suspecte, qui a un mari dont on a
fasciné les yeux, n'est-ce pas un moyen
excellent, comme dit Tartufe, *d'avoir du
plaisir sans peur ?* Quelques directeurs,
peints par La Bruyère dans le chapitre des
Femmes, n'étoient-ils pas des hommes de
cette espèce ? Se seroient-ils laissé enlever
leur manteau ? D'ailleurs Molière, dans une
comédie, pouvoit-il introduire les *femmes
sociables et dociles* dont parle le moraliste ?

« Onuphre, poursuit La Bruyère, n'est
» pas dévot, mais il veut être cru tel, et,
» par une parfaite quoique fausse imitation
» de la piété, ménager sourdement ses in-
» térêts : aussi ne se joue-t-il pas à la li-
» gne directe ; il ne s'insinue jamais dans
» une famille où se trouvent à la fois une
» fille à pourvoir et un fils à établir : il y
» a là des droits trop forts et trop inviola-
» bles ; on ne les traverse pas sans faire de
» l'éclat, et il l'appréhende ; sans qu'une
» pareille entreprise vienne aux oreilles du

« prince, à qui il dérobe sa marche par la
» crainte qu'il a d'être découvert et de pa-
» roître ce qu'il est. Il en veut à la ligne
» collatérale, on l'attaque plus impunément:
» il est la terreur des cousins et des cousi-
» nes, du neveu et de la nièce; le flat-
» teur et l'ami déclaré de tous les oncles
» qui ont fait fortune. Il se donne pour
» l'héritier légitime de tout vieillard riche
» qui meurt sans enfants, etc. »

Pour former l'intrigue d'une pièce de théâtre, il étoit absolument nécessaire que Molière donnât à son hypocrite des desseins sur la fortune des enfants d'Orgon. Des collatéraux auroient-ils inspiré autant d'intérêt que Marianne et Valère? D'ailleurs les moyens qu'emploie Onuphre demandent des années, et l'on sait quelle doit être la durée d'une comédie.

Si l'on en croit les Mémoires de l'abbé de Choisy, un certain abbé de La Roquette, attaché au prince de Conti, fut le modèle de Tartufe. C'étoit un lâche flatteur qui s'étoit emparé de l'esprit du prince, et qui abusoit de sa facilité. Choisy ajoute que Guilleragues, secrétaire du cabinet, auquel Boileau adressa sa cinquième satire, donna à Molière des mémoires sur l'abbé de La Roquette, et que ce furent les premiers matériaux de la comédie du *faux Dévot*.

Quelque soin que Molière eût pris de caractériser son hypocrite, plusieurs personnes respectables trouvèrent l'ouvrage dangereux, et pensèrent surtout qu'il n'étoit pas convenable de jeter du ridicule sur les pratiques de la religion. La véritable piété a extérieurement plusieurs rapports avec la fausse ; et les esprits mal faits, en voyant *le Tartufe*, peuvent trop facilement les confondre. C'est ce qui porta le P. Bourdaloue à faire un sermon où se trouve une tirade contre cette pièce ; mais ce grand orateur eut la franchise d'avouer que le caractère dont il condamnoit la mise en scène pouvoit n'être pas imaginaire. Il le prouva dans la suite de son discours, en faisant un tableau de l'hypocrite qui a plus d'un rapport avec le Tartufe.

Cette époque offrit un petit nombre de ces hommes auxquels on donne le nom d'*esprits forts*. Le désir de vivre indépendant, de se livrer sans contrainte à ses passions, portoit seul à l'incrédulité : il n'y avoit en général ni calcul, ni spéculation dans cette erreur. Les Desbarreaux, les

Bussy-Rabutin, passoient pour les plus marquants des esprits forts. On voit, par les mémoires du temps, qu'ils n'étoient pas fermes dans leur opinion ; que des inquiétudes les poursuivoient toujours, et que, s'ils commettoient des profanations, ce qui leur arrivoit souvent, c'étoit pour s'assurer en quelque sorte que le ciel y étoit indifférent. Leurs tentatives consistoient principalement à se livrer à la débauche les jours de jeûne : si la foudre ne les frappoit pas, ils se croyoient en sûreté pour l'avenir. Une maladie, un malheur imprévu, suffisoient pour les rendre croyants. On voit que ces docteurs n'étoient pas très-dangereux : leur conduite jetoit trop de défaveur sur leurs principes : c'étoient de véritables fanfarons d'impiété. Ils sont peints dans le rôle de D. Juan du *Festin de Pierre*.

Molière, comme on vient de le voir, en s'élevant contre plusieurs vices, a couvert de ridicule un grand nombre de travers ; mais il n'en est pas qu'il ait détruits aussi complétement que ceux qu'on reprochoit à la société de *l'hôtel de Rambouillet*. La délicatesse affectée, la recherche puérile d'expressions, les graves dissertations sur des riens, des sentiments romanesques qui faisoient le fond des conversations de cette société fameuse, enfin les manières et le jargon des précieuses ont entièrement disparu. Qu'on se figure que les gens les plus éclairés de la cour se faisoient honneur d'être de cette société ; qu'à Paris et dans les provinces on ne croyoit avoir le bon ton que si l'on parvenoit à l'imiter ; que le célèbre Montausier avoit épousé mademoiselle de Rambouillet ; que Bossuet et Fléchier avoient fait leurs premiers essais dans cette maison ; et l'on comprendra quel ascendant Molière avoit su prendre sur son siècle, puisqu'il parvint à frapper de ridicule ce qu'on adoroit depuis tant d'années.

La comédie ne corrige point les vices des hommes ; elle enseigne seulement à les cacher. Lors même qu'elle attaque quelques travers, si elle parvient à les détruire, c'est pour leur en substituer d'autres. Il n'en fut pas ainsi de l'espèce de défaut qui caractérisoit l'hôtel de Rambouillet : les femmes qui donnoient le ton dans cette maison sentirent bientôt qu'il falloit le changer ; chez les plus jeunes, la coquetterie eut plus de part à cette conduite que la conviction. Elles quittèrent facilement la pruderie et l'apprêt pour prendre des grâces naturelles.

Peut-être ce changement fit-il perdre à la société l'extrême décence qu'elle avoit eue jusqu'alors ; peut-être le respect pour les femmes, si nécessaire aux bonnes mœurs, fut-il trop diminué ; car, il ne faut pas se le dissimuler, l'hôtel de Rambouillet n'étoit pas en tout aussi ridicule qu'on se le figure aujourd'hui.

Cette société, qui avoit commencé sous le ministère du cardinal de Richelieu, fut le modèle de toutes celles qui se formèrent dans les premières années du règne de Louis XIV. Le même ton régnoit partout. Molière, en entrant dans la carrière, chercha à le changer ; et la révolution fut faite en très-peu d'années.

Catherine de Vivone épousa le marquis de Rambouillet au commencement du règne de Louis XIII. Une grande fortune, un caractère aimable, le goût des lettres, attirèrent chez elle une nombreuse société. Les esprits, respirant à peine des fureurs de la Ligue, aimoient à goûter des plaisirs tranquilles : on se réunissoit tous les jours chez madame de Rambouillet ; on s'entretenoit de science et de poésie, on faisoit tous ses efforts pour être aimable ; et la galanterie, réprimée par la vertu à toute épreuve de la marquise, se déguisoit sous un raffinement de sentiment et de pensée qui sembloit n'avoir pour objet que les rapports secrets de l'âme. Cette maison fut beaucoup plus brillante lorsque la célèbre Julie d'Angennes, fille de madame de Rambouillet, commença à paroître dans le monde.

Chérie de la princesse, mère du grand Condé, et de la duchesse d'Aiguillon, nièce du cardinal de Richelieu, elle eut dès sa première jeunesse beaucoup de crédit. Ayant pour les lettres autant de goût que sa mère, y joignant peut-être plus d'esprit, elle fut long-temps l'oracle et la bienfaitrice des poëtes et des savants. Jamais beauté ne fut plus célébrée que la sienne. Les mémoires du temps disent qu'elle n'en manquoit pas : ils parlent de sa physionomie douce et majestueuse, de sa démarche noble, et de la perfection de sa taille. Long-temps insensible à tous les hommages, elle avoit surtout fixé les regards du marquis de Montausier ; mais, fidèle aux sentiments développés dans les romans, elle le laissa soupirer pendant quatorze ans ; et son mariage ne fut conclu que lorsqu'elle n'étoit déjà plus jeune.

On représente Julie d'Angennes comme ayant eu un goût démesuré pour les plaisirs de l'esprit. Elle ne trouvoit de bonheur qu'au milieu de la cour nombreuse qu'elle s'étoit formée, et dont elle étoit l'idole. Attentive à flatter les prétentions de tout le monde, en répandant également ses louanges, elle traitoit ses amis et ses amies d'une manière si aimable, qu'il étoit impossible de ne pas désirer de lui plaire ; enfin, à la confiance près, qui n'existe que dans un cercle resserré, on trouvoit chez elle tous les agréments que peut offrir la bonne compagnie. Les hommages qu'on rendoit à sa beauté lui plaisoient, mais ne flattoient que sa vanité. Tout homme qui auroit voulu s'éloigner des formules du roman eût encouru une disgrâce inévitable. Quelques esprits difficiles reprochoient à Julie de n'aimer véritablement personne, en faisant à tout le monde le même accueil ; mais ces reproches se perdoient dans l'admiration générale qu'elle inspiroit.

Lorsque la marquise de Rambouillet commença à recevoir des gens de lettres, ces derniers voulurent la célébrer dans leurs vers ; mais le nom de *Catherine* qu'elle portoit n'étoit nullement poétique. Malherbe, alors très-vieux, prit la résolution d'en faire la dame de ses pensées : cet obstacle l'ayant arrêté, il confia ses embarras à Racan. Celui-ci, qui avoit formé le même projet sur madame de Thermes, se trouvoit dans la même perplexité, parce qu'elle s'appeloit aussi *Catherine*. Ils cherchèrent des anagrammes qui approchassent des noms qu'on donne aux héroïnes de roman; et ils n'en trouvèrent que trois: *Arthenice*, *Éracinthe* et *Carinthée*: le premier ayant été jugé le plus harmonieux, on le donna à madame de Rambouillet, à laquelle il resta; et, comme on le verra, plus de quarante ans après, Fléchier s'en servit pour la désigner dans l'oraison funèbre de madame de Montausier. Molière attaqua ce travers dans *les Précieuses*, où il donne à Cathos et à Madelon les noms pompeux d'Aminthe et de Polixène.

On peut dire que l'Académie française prit en quelque sorte naissance à l'hôtel de Rambouillet. Les premiers académiciens, entre autres Chapelain, Conrad, Vaugelas, Desmarets, y brilloient. Ménage, leur adversaire, y étoit aussi admis. Dès leurs premières séances, ils affectèrent un purisme rigoureux, et montrèrent l'intention de faire dans la langue une grande réforme, soit en bannissant les mots grossiers, soit en changeant l'acception de plusieurs termes. Ce projet, dont Molière se moqua plusieurs années après dans *les Femmes savantes*, fut dès-lors tourné en ridicule par Ménage, qui composa le pamphlet intitulé : *Requête des Dictionnaires*. En général, toutes les difficultés de la langue étoient discutées dans le cercle d'Arthenice avant d'être soumises au jugement de l'Académie.

Les discours qui furent prononcés dans cette compagnie, la première année de son existence, n'étoient que le résultat des conversations de l'hôtel de Rambouillet. Chapelain, dans le mois d'août 1635, en fit un *contre l'amour*. Il cherchoit à enlever à cette passion la divinité que les poètes lui ont donnée : cette sortie un peu vive contre les romans alors à la mode ne déplut point, parce qu'on douta qu'elle fût sérieuse. Desmarets, grand admirateur de mademoiselle de Scudéri, répondit à Chapelain par un discours intitulé *de l'Amour des esprits* : il entreprit de faire voir que, si l'amour dont son adversaire avoit parlé doit être méprisé, l'amour des esprits est non-seulement estimable, mais a quelque chose de divin. Boissat, autre académicien, gentilhomme du Dauphiné, qui n'entroit pas dans toutes ces subtilités, répliqua à Chapelain et à Desmarets par un discours intitulé *de l'Amour des corps*, où, par des raisons physiques prises des sympathies et des antipathies, il voulut faire voir que l'amour des corps n'est pas moins divin que celui des esprits. Ce discours scandalisa beaucoup les précieuses de l'hôtel de Rambouillet, et l'on peut croire que cette discussion ridicule servit de modèle aux disputes charmantes d'Armande et d'Henriette dans *les Femmes savantes*.

Ce fut à cette époque que les femmes qui aspiroient au bon ton prirent le nom de *précieuses*. On les respecta long-temps. Molière même, lorsqu'il fit la comédie de ce nom, assura qu'il n'avoit voulu mettre sur la scène que les fausses précieuses. Pour donner une idée du sens qu'on attachoit à ce mot, il suffira de rappeler que, dans un dictionnaire des précieuses, madame de Sévigné étoit citée avec éloge. Cette dame fréquentoit aussi l'hôtel de Rambouillet, mais elle étoit loin d'en prendre l'esprit. Le défaut principal des précieuses, si bien peint par Molière, étoit une affectation de délicatesse qui alloit jusqu'au ridicule; elles ne pouvoient se résoudre à employer des termes communs : pour exprimer les choses les plus simples, elles se servoient de tournures et de périphrases singulières. Ces dames visoient aussi à la finesse : elles avoient la prétention de ne rien dire comme le peuple, et leurs conversations étoient remplies d'équivoques et de phrases à double sens. La Bruyère a parfaitement peint ce travers.

« L'on a vu, il n'y a pas long-temps,
» dit-il, un cercle de personnes des deux
» sexes liées ensemble par la conversation
» et par un commerce d'esprit : ils lais-
» soient au vulgaire l'art de parler d'une
» manière intelligible : une chose dite
» entre eux peu clairement en entraînoit
» une autre encore plus obscure, sur la-
» quelle on enchérissoit par de vraies énig-
» mes, toujours suivies de longs applau-
» dissements. Par tout ce qu'ils appeloient
» délicatesse, sentiment et finesse d'expres-
» sion, ils étoient enfin parvenus à n'être
» plus entendus et à ne s'entendre pas eux-
» mêmes. Il ne falloit, pour servir à ces
» entretiens, ni bon sens, ni mémoire,
» ni la moindre capacité : il falloit de l'es-
» prit, non pas du meilleur, mais de celui
» qui est faux, et où l'imagination a trop
» de part. »

Après avoir fait connoître le ton des précieuses, il est utile de donner une idée de leur genre de vie et de l'étiquette qui régnoit chez elles.

Ces dames avoient l'habitude de se coucher au moment où elles devoient recevoir des visites. Les personnes admises dans leur société se réunissoient dans l'alcôve, et se rangeoient autour du lit de la maîtresse de la maison. La ruelle étoit parée avec beaucoup d'élégance et de goût; c'étoit comme un sanctuaire où n'étoient reçus que les initiés. On ne trouvoit à cela aucune indécence. Les conversations ne rouloient que sur des vers nouveaux et sur des choses de sentiment. On s'envoyoit visiter, dit l'abbé Cotin, pour un rondeau ou pour une énigme; et c'est par là que commençoient tous les entretiens. Les précieuses entre elles prodiguoient les termes les plus tendres, affectoient les attentions les plus délicates; elles ne s'appeloient que par le nom de roman qu'elles avoient adopté.

Chaque précieuse avoit une espèce de chevalier servant qui prenoit le titre d'*alcôviste*. C'étoit cet homme favorisé qui donnoit le ton et qui faisoit les honneurs. De nos jours, un tel usage pourroit avoir

des inconvénients graves ; mais, à cette époque, il n'excitoit pas la médisance des hommes même les plus malins. « L'al-
» côviste, dit Saint-Évremont, n'étoit que
» pour la forme, parce qu'une précieuse
» faisoit consister son principal mérite à ai-
» mer tendrement son amant sans jouis-
» sance, et à jouir solidement de son mari
» avec aversion. »

L'héroïne de cette société, mademoiselle de Scudéri, quoique pleine d'esprit, prêtoit au ridicule dont la frappèrent Boileau et Molière : c'étoit elle qui donnoit le ton à l'hôtel de Rambouillet : ses romans étoient comme le journal des conversations qui s'y tenoient, et Molière en a parfaitement imité le jargon dans *les Précieuses*. A ce titre, mademoiselle de Scudéri doit nous occuper quelques moments.

Elle étoit sœur du poëte de ce nom, et avoit beaucoup plus d'esprit que lui ; elle remporta le prix dans le premier concours ouvert par l'Académie française (*) ; et ce succès redoubla l'admiration qu'avoit pour

---

(*) Le sujet du discours de mademoiselle de Scudéri étoit *la Gloire*.

elle l'hôtel de Rambouillet. Son caractère devoit lui donner un grand ascendant dans cette maison : elle portoit la délicatesse jusqu'à l'extrême, et vouloit que toutes les femmes fussent regardées comme des divinités. Elle ne permettoit de leur rendre des soins que si l'on se soumettoit aux règles de galanterie qu'elle avoit prescrites. L'amant devoit soupirer long-temps avant de déclarer son martyre : après cet aveu, que le hasard seul pouvoit arracher, il falloit encore attendre plusieurs années pour obtenir le bonheur de baiser la main de celle qu'on aimoit.

Telles sont les lois qu'elle développa dans ses romans de *Cyrus* et de *Clélie*. Cette morale ne pouvoit manquer de plaire aux précieuses : aussi les longues conversations qui remplissent ces ouvrages volumineux devinrent-elles le code de la galanterie ; elles réglèrent le ton et l'étiquette de tous les cercles, et tout homme qui n'étoit pas initié dans ces mystères étoit considéré comme un profane.

Mademoiselle de Scudéri porta ses vues plus loin : elle imagina une carte du *Tendre*, qu'elle plaça dans la première partie de son roman de *Clélie*. Ce dessin allégorique marquoit les divers genres de *tendresse*. On éprouve ordinairement ce sentiment par trois causes différentes : *l'estime*, *la reconnoissance* et *l'inclination*. D'après cette idée, mademoiselle de Scudéri supposa trois rivières qui portoient ces noms. Sur chacune de ces rivières étoit située une ville nommée *Tendre*. Pour y parvenir, il falloit faire une longue navigation sur l'un des fleuves, assiéger le village de *Billets galants*, forcer le hameau de *Billets doux*, et s'emparer ensuite du château de *Petits soins*.

L'hôtel de Rambouillet réunissoit plusieurs femmes distinguées par leur naissance, leurs charmes et leur esprit. La princesse, mère du grand Condé, y alloit souvent ; elle y conduisoit sa fille, si connue depuis sous le nom de madame de Longueville. On y voyoit aussi mademoiselle Duvigean, qui inspira une passion très-forte au vainqueur de Rocroi ; madame Aubry et mademoiselle Paulet, la dernière souvent célébrée par Voiture. Madame de Sévigné y alloit, mais elle ne donnoit pas dans les grands sentiments de mademoiselle de Scudéri ; elle étoit même parvenue à faire un schisme dans cette société, et à réunir quelques femmes qui parloient et pensoient comme elle. Parmi ces dernières, on doit distinguer madame de Cornuel, dont les reparties pleines de vivacité et de naturel faisoient un contraste frappant avec les discours apprêtés des autres femmes.

Parmi les hommes de cette société on remarquoit le même mélange. Quelques esprits distingués, tels que Voiture, Balzac et Ménage, étoient entraînés dans le mauvais goût par le désir de plaire aux personnes qui donnoient le ton. D'autres, plus estimables, tels que Vaugelas et Pellisson, se conformoient aux usages reçus dans la conversation et dans le commerce habituel; mais leurs ouvrages étoient exempts de l'affectation à la mode. Molière même fut admis à l'hôtel de Rambouillet, et put à loisir y étudier les ridicules qu'il a si bien peints.

Il n'attaqua d'une manière directe que deux personnages d'un mérite bien différent, et sur lesquels il est nécessaire de s'arrêter quelques instants.

Ménage partageoit avec Balzac et Voiture l'admiration de l'hôtel de Rambouillet. Doué d'un sentiment plus juste des convenances, il se prêtoit au ton qui régnoit, et ne ménageoit pas plus qu'eux les hyperboles; mais il fut le premier, comme on le verra bientôt, qui en reconnut le ridicule : il eut même la générosité de pardonner à Molière de l'avoir joué sous le nom de Vadius. Ménage, du reste, avoit une érudition très-étendue ; il savoit le grec, et le citoit peut-être trop souvent dans la conversation. Son talent pour la poésie française étoit médiocre ; mais on connoît de lui des vers latins et italiens qui ne sont pas sans mérite. Il affectoit comme les autres une grande galanterie avec les femmes ; mais il se distinguoit en mêlant toujours à ses compliments quelques petits traits d'érudition, sur lesquels ces dernières ne manquoient jamais de se récrier. Un jour, se trouvant chez la comtesse de La Suze, alors célèbre par ses élégies, ils parlèrent de madame de Châtillon, renommée par sa beauté. *C'est une Grâce*, lui dit Ménage, *et vous êtes une Muse*. Madame de La Suze peu flattée du compliment, lui répondit que, quoiqu'elle eût l'esprit en partage, elle prétendoit encore à être mise au rang des belles. « Madame, » lui répliqua Ménage sans se déconcerter, » Érato, l'une des Muses, dont le nom » vient du mot grec ἐράω, n'a été appelée » ainsi qu'à cause de ses charmes. »

Cotin étoit bien au-dessous de Ménage, soit pour le talent, soit pour la science; cependant il ne manquoit ni d'esprit, ni d'érudition : s'il n'eût pas été gâté par les louanges outrées de quelques femmes, s'il n'eût pas dénaturé son talent pour leur plaire, il est à croire qu'il auroit été un poëte agréable. A cette époque, on faisoit tout autrement qu'aujourd'hui ; on s'excédoit de travail pour être mauvais. Telle lettre de Voiture et de Balzac leur a coûté plus d'un mois ; et tel madrigal de Cotin bien affecté, bien maniéré, lui a fait perdre le même temps. Cependant, quand il s'abandonnoit à son naturel, il lui échappoit quelquefois de jolies pièces. On pourra en juger par le madrigal suivant :

> Iris s'est rendue à ma foi :
> Qu'eût-elle fait pour sa défense ?
> Nous n'étions que nous trois, elle, l'Amour et moi ;
> Et l'Amour fut d'intelligence.

Malheureusement la plus grande partie des pièces de Cotin n'étoient pas sur ce ton. Boileau, ne pouvant pas souffrir qu'on admirât le mauvais esprit de cet abbé, qui faisoit des pointes jusque dans ses sermons, l'attaqua le premier dans une de ses satires. Cotin, irrité, répondit par un petit livre intitulé : *La Critique désintéressée sur les satires du temps ;* et, ne gardant aucune mesure, il dénigra Molière, qui n'étoit encore pour rien dans cette dispute. Celui-ci résolut de se venger, et l'occasion s'en présenta bientôt.

Cotin avoit fait un sonnet sur la fièvre de madame de Nemours, le même qu'on voit dans *les Femmes savantes*. Enchanté de cette production, il courut la lire chez *Mademoiselle :* cette princesse avoit la plus grande considération pour Cotin, et lui faisoit même l'honneur de l'appeler son ami. Au moment où *Mademoiselle* entendoit une seconde lecture du sonnet, Ménage entra, et la princesse le lui fit lire sans nommer l'auteur. Ménage trouva les vers détestables ; l'abbé Cotin se fâcha, et ils eurent une dispute dans laquelle ils se dirent leurs vérités à peu près de la même manière que Trissotin et Vadius dans *les Femmes savantes*. Boileau instruisit Molière de cette aventure ; et voilà l'origine d'une des scènes les plus comiques de ce grand poëte.

Mais, avant de parler de la représentation de cette pièce, il est encore nécessaire de donner quelques détails sur les jugements et le tour d'esprit de l'hôtel de Rambouillet.

Corneille y étoit peu estimé : lorsqu'il fit représenter *le Cid*, on partagea l'animosité du cardinal de Richelieu contre ce chef-d'œuvre. Balzac seul osa rendre justice au poëte, et le comparer ingénieusement à Homère condamné dans *la République* de Platon. Ce fut dans les *ruelles* de cette société que Scudéri composa ses notes critiques sur *le Cid*. Cependant la partie la plus saine de l'hôtel de Rambouillet, tout en trouvant l'ouvrage défectueux, jugea que l'auteur devoit être critiqué avec politesse et modération. C'est à cela qu'on doit les *Sentiments de l'Académie sur le Cid*, seul ouvrage estimable qui soit sorti de la plume de Chapelain, et le premier modèle d'une dissertation littéraire noble et décente.

Polyeucte, autre chef-d'œuvre de Corneille, n'eut pas plus de succès à l'hôtel de Rambouillet ; cette tragédie y fut lue et condamnée d'une voix unanime. On trouva qu'un sujet chrétien ne pouvoit plaire au théâtre ; on se plaignit de ce que la pièce n'offroit aucun sentiment fin et délicat ; enfin le rôle de Pauline, ce modèle de vertu et d'amour, que M. de Voltaire a imité dans Alzire et dans Idamé, fut jugé fade et ennuyeux. Voiture fut député de toute l'assemblée pour engager Corneille à ne pas faire représenter cet ouvrage.

En récompense, si l'on traitoit ainsi les chefs-d'œuvre de Corneille, l'*Astrate* de Quinault excitoit l'admiration. On ne connoît plus aujourd'hui cette pièce que par les plaisanteries de Boileau ; mais l'on ne se fait pas une idée du ton qui y règne. C'est une imitation des conversations galantes des romans de mademoiselle de Scudéri : on y discute, comme dans *les Femmes savantes*, la différence qui existe entre l'amour spirituel et l'amour charnel ; et, ce qu'on aura peine à croire, cette bizarre discussion se trouve dans la bouche d'un héros de la tragédie qui parle à un rival aimé. La tirade est trop extraordinaire pour n'être pas citée :

Laissez-moi les douceurs qui me sont accordées,
Et jouissez en paix de ces belles idées,
Tandis qu'un nœud sacré, propice à mes souhaits,
Va mettre entre mes bras la reine et ses attraits ;
Que, sans m'embarrasser d'un scrupule inutile,
J'en vais être à vos yeux le possesseur tranquille,
Et vais enfin, au gré de mes transports pressants,
M'assurer d'être heureux sur la foi de mes sens.
Pour vous en consoler, songez qu'au fond de l'âme
La reine avec regret s'arrache à votre flamme.
Goûtez ce doux triomphe : imaginez-vous bien
Qu'auprès de votre sort tout mon bonheur n'est rien ;

Et, pour les faux appas d'une victoire vaine,
Soyez ingénieux à flatter votre peine ;
J'y veux bien consentir : un reste d'amitié
M'oblige à voir encor vos maux avec pitié ;
Et, sûr d'un bien solide, il ne m'importe guère
De vous abandonner un bien imaginaire.
Ainsi chacun de nous se tiendra satisfait,
Vous de vous croire heureux, moi de l'être en effet.

La distinction de *l'alcoviste* et du mari est parfaitement établie : voilà ce qu'on appeloit des beautés tragiques.

Malgré tout ce que j'ai dit sur l'hôtel de Rambouillet, on pourroit croire encore que le jargon des *précieuses* et les discours de Trissotin sont exagérés. Cette prévention se dissipera par un petit nombre d'exemples tirés des lettres de Voiture et de Balzac, qui étoient sûrement très-supérieurs à Cotin.

L'entrée de Trissotin dans la troisième scène du quatrième acte des *Femmes savantes* est très-comique. Lorsque le pédant dit à Philaminte :

Nous l'avons, en dormant, Madame, échappé belle,
Un monde près de nous est passé tout du long, etc.

il imite un travers de l'hôtel de Rambouillet, qui consistoit à s'entretenir des phénomènes de la nature sur un ton léger et galant; travers dont on retrouve plusieurs traces dans *les Mondes* de Fontenelle. Quelques savants ayant cru remarquer des taches dans le soleil, cette découverte fit beaucoup de bruit. Un jour Voiture entroit chez madame de Rambouillet; on lui demanda s'il savoit quelques nouvelles : *Madame*, répondit-il, *il court de mauvais bruits sur le soleil.* Cette réponse, comme on le voit, est digne de Trissotin.

Les louanges outrées de Trissotin et de Vadius n'avoient alors rien d'extraordinaire. Voici un compliment de Voiture à madame de Rambouillet : « Il me semble que vous
» vous ressemblez comme deux gouttes
» d'eau, la mer et vous. Il y a pourtant
» cette différence, que toute vaste et
» grande qu'elle est, elle a ses bornes, et
» que vous n'en avez point; et que tous
» ceux qui connoissent votre esprit avouent
» qu'il n'a ni fond, ni rives. Eh! je vous
» supplie, de quel abîme tirez-vous ce déluge
» de belles choses que vous répandez
» autour de vous? »

Le langage affecté des *précieuses* est peut-être moins ridicule que quelques lettres de Balzac. On connoit le mot charmant de madame de Sévigné à madame de

Grignan, qui étoit enrhumée : *Ma fille, j'ai mal à votre poitrine.* Balzac exprime la même idée à madame de Rambouillet; mais on va voir comme il sait la rendre bizarre et ampoulée : *Tout ce qui s'appelle mal en votre personne, Madame, se communique à la mienne si subitement, et me travaille d'une si étrange sorte, que je deviens le siège de la douleur, et vous n'en êtes que le passage.*

Molière, comme on l'a dit plus haut, avoit d'abord été admis à l'hôtel de Rambouillet; mais ayant éprouvé quelques désagréments de la part de l'abbé Cotin, et n'ayant pas été soutenu par la maîtresse de la maison, il résolut de se venger. Dès-lors on ne le vit plus paroître dans cette société. Sa première attaque fut très-vive : la comédie des *Précieuses* leva le voile qui couvroit le ridicule de cette espèce de femmes; mais la distinction que l'auteur fit, dans sa préface, des véritables et des fausses précieuses, l'intention qu'il annonça de n'attaquer que ces dernières, l'idée qu'on eut qu'il n'avoit voulu jouer que les coquettes de province, diminuèrent la force de ce coup. Cependant Ménage ne se dissimula pas dès-lors que l'hôtel de Rambouillet avoit un adversaire redoutable. Son opinion, qui nous a été conservée, lui fait d'autant plus d'honneur, qu'il n'étoit pas un ami de Molière, et qu'il devoit presque tous ses succès au faux bel esprit que ce grand comique attaquoit.

« J'étois, dit Ménage, à la première re-
» présentation des *Précieuses ridicules*, au
» Petit-Bourbon. Mademoiselle de Ram-
» bouillet y étoit ainsi que M. Chapelain,
» et presque tout l'hôtel de Rambouillet.
» La pièce fut jouée avec un applaudisse-
» ment général, et j'en fus si satisfait en
» mon particulier, que je vis dès-lors l'effet
» qu'elle alloit produire. Au sortir de la
» comédie, prenant M. Chapelain par la
» main : Monsieur, lui dis-je, nous approu-
» vions vous et moi toutes les sottises qui
» viennent d'être critiquées si finement et
» avec tant de bon sens ; mais, croyez-moi,
» pour me servir des paroles de saint Remy
» à Clovis, *il nous faudra brûler ce que*
» *nous avons adoré, et adorer ce que nous*
» *avons brûlé*. Cela arriva comme je l'avois
» prédit, et dès cette première représenta-
» tion, on revient du galimatias et du style
» forcé. »

A l'exception de quelques attaques indirectes qui se trouvent dans *la Critique de l'École des femmes*, et dans *l'Impromptu de Versailles*, Molière ménagea encore l'hôtel de Rambouillet pendant treize ans. Mais la marquise étant morte, Julie n'accordant plus la même protection à Cotin, ce dernier l'ayant d'ailleurs provoqué de nouveau, il ne garda plus aucun ménagement, et profita de la scène qui s'étoit passée chez *Mademoiselle*. Dans *les Femmes savantes*, il joua non-seulement des ridicules du faux bel esprit, mais les personnes mêmes. Ménage, toujours juste, eut le bon esprit de ne pas se reconnoître dans Vadius: il se contenta d'un désaveu que Molière lui fit avec plaisir. Une des dames qui avoient succédé à la marquise de Rambouillet voulut assister à la première représentation des *Femmes savantes*; Ménage alla la voir le lendemain : *Quoi, Monsieur, lui dit-elle, vous souffririez que cet impertinent Molière nous joue de la sorte!* — *Madame, répondit Ménage, j'ai vu la pièce : elle est parfaitement belle; on n'y peut trouver à redire ni à critiquer.*

Dès ce moment tous les travers de l'hôtel de Rambouillet furent abandonnés : on renonça aux sentiments romanesques, au faux bel esprit et aux raffinements de la galanterie ; le naturel reprit le dessus. Il n'y eut plus de *précieuses*, ni d'*alcovistes*; enfin la révolution entière fut faite en très-peu de temps. Voiture et Balzac, les deux principaux soutiens de cette société, étoient morts depuis plusieurs années ; mademoiselle de Scudéri étoit vieille, et donnoit dans la dévotion ; Ménage avoit quitté ce parti. L'abbé Cotin ne se releva point du coup qu'il avoit reçu. Il étoit fort âgé ; et son esprit baissoit tellement, que, peu d'années après, ses parents agirent pour qu'il fût mis en tutelle.

Telle fut la chute d'une société qui avoit donné le ton à toute la France. Cet événement est d'autant plus extraordinaire, qu'elle avoit dans son sein des personnages très-puissants. Les hommes les plus distingués par leurs places et par leur mérite s'honoroient d'y avoir été admis. Un prélat célèbre en fit même l'éloge en chaire, précisément la même année où l'on joua *les Femmes savantes*. « Souvenez-vous,
» mes frères, dit Fléchier, de ces cabinets
» que l'on regarde encore avec tant de vé-
» nération, où l'esprit se purifioit, où la
» vertu étoit révérée sous le nom de *l'in-*
» *comparable Arthenice*, où se rendoient

» tant de personnes de qualité et de mérite » qui composoient une cour choisie, nom- » breuse sans confusion, modeste sans » contrainte, savante sans orgueil, polie » sans affectation. » Ce fut peut-être la première fois qu'on entendit prononcer en chaire un nom de roman donné par la galanterie, et cela sert à montrer l'ascendant de Molière, qui, simple particulier, parvint à disperser cette société et à la couvrir de ridicule.

Quelques personnes sensées, sans approuver le jargon de l'hôtel de Rambouillet, regrettèrent cette galanterie délicate qui inspire du respect pour les femmes, et virent avec peine la liberté qui régna depuis dans le commerce des deux sexes. On n'oseroit parler sans restriction sur cet objet qui tient aux mœurs. Sans doute il seroit à désirer qu'on eût encore avec les femmes ces égards délicats, cette prévenance modeste, et cette espèce de culte qui tenoit au caractère de notre nation. Cependant on ne peut se dissimuler que le ton et les manières de l'hôtel de Rambouillet avoient de grands inconvénients. Cette galanterie raffinée, ce sigisbéisme, ces sentiments romanesques qui dominoient dans tous les rapports avec les femmes, cette mode de ne les voir que dans leurs alcôves, devoient, malgré la spiritualité qu'on affectoit, enflammer les sens d'une jeunesse ardente, et produire souvent des écarts. Boileau ne l'a pas dissimulé dans sa dixième satire :

D'abord tu la verras, ainsi que dans Clélie,
Recevant ses amants sous le doux nom d'amis,
S'en tenir avec eux aux petits soins permis ;
Puis bientôt en grande eau, sur le fleuve de *Tendre*,
Naviguer à souhait, tout dire et tout entendre.
Et ne présume pas que Vénus, ou Satan,
Souffre qu'elle en demeure aux termes du roman.

Jules d'Angennes, devenue duchesse de Montausier, étoit morte un an avant la première représentation des *Femmes savantes*. Elle avoit abandonné la galanterie et le bel esprit pour se livrer au soin d'avancer sa famille. On l'avoit vue paroître à la cour avec éclat ; et Louis XIV lui avoit témoigné la plus grande considération. Madame de Montausier fut dame d'honneur de la reine Marie-Thérèse, et gouvernante des enfants de France : son mari partagea avec Bossuet la surveillance de l'éducation du dauphin.

D'après ce tableau bien imparfait de l'état de la société pendant le dix-septième siècle, on peut apprécier le talent de Molière, et juger de l'influence qu'il parvint à obtenir sur ses contemporains. La société et la littérature lui durent des réformes fondées sur la raison la plus éclairée, et sur le sentiment le plus exquis des convenances. Aucune classe n'échappa à ses observations : toutes contribuèrent à ses peintures, aussi piquantes que variées. En présentant les ridicules communs aux hommes de tous les temps, il attaqua plusieurs vices; et, s'il ne put corriger ces derniers, c'est qu'ils ne sont pas du ressort de la comédie, et qu'il est tout au plus possible de les faire changer de forme. Enfin, depuis les travers grossiers du peuple jusqu'aux prétentions en quelque sorte respectables de la haute société, tout ce qui choquoit la raison, la nature et la bienséance, fournit matière à ses vastes conceptions. Jamais Aristophane, Plaute et Térence, quoique ayant vécu à des époques où la liberté d'écrire pouvoit dégénérer en licence, n'ont acquis un semblable ascendant, et n'ont sondé aussi profondément tous les replis du cœur humain. Plus on étudie Molière, plus on partage l'opinion de Boileau, qui le présentoit à Louis XIV comme le plus grand génie de son siècle.

FIN DU DISCOURS PRÉLIMINAIRE.

VIE
DE MOLIÈRE.

Jean-Baptiste Poquelin, qui prit depuis le nom de Molière, naquit à Paris en 1620. Sa famille, fort ancienne, possédoit une charge de tapissier du roi, à laquelle il fut destiné dès son enfance. Élevé sous les piliers des Halles, où il étoit né, n'ayant de rapports qu'avec les enfants des fripiers et tapissiers du voisinage, il passa ses premières années dans l'ignorance et l'inaction ; mais peut-être ce temps ne fut-il pas entièrement perdu pour lui. Doué d'un génie observateur, il put étudier les mœurs grossières et naïves du peuple au milieu duquel il vécut pendant une partie de sa jeunesse : ce génie se seroit probablement développé de lui-même ; mais une heureuse circonstance contribua beaucoup à lui faire prendre son essor.

Le grand-père du jeune Poquelin étoit du petit nombre de ces bourgeois que les succès de Corneille avoient frappés, et qui, sans instruction, sans goût formé, guidés seulement par un instinct naturel, prenoient un grand intérêt au perfectionnement du théâtre français, et suivoient avec assiduité le spectacle de l'hôtel de Bourgogne. Le vieillard y conduisit son petit-fils : il n'en falloit pas plus pour l'éclairer sur sa vocation, et lui faire sentir le prix des études qui mènent à la culture d'un art alors d'autant plus difficile, qu'on ne pouvoit trouver de modèles que chez les anciens.

Poquelin obtint avec beaucoup de peine la permission d'étudier : à cette époque, les petits bourgeois et les marchands ne croyoient pas que la science du latin fût nécessaire à leurs enfants. Dépourvus d'ambition, n'ayant d'autre vœu que de leur laisser leur état et leurs moyens d'existence, ils ne les envoyoient au collége que si, par des dispositions certaines et par une conduite irréprochable, ils se montroient dignes d'aspirer à l'état ecclésiastique. Le jeune homme, cachant avec soin son penchant pour le théâtre, prétendit qu'il avoit le projet de suivre la carrière du barreau; et, quoique ce parti parût un peu ambitieux à ses parents, ils consentirent à la laisser étudier.

Il avoit alors quinze ans, âge auquel il est assez difficile de surmonter les premières difficultés; mais son bonheur voulut qu'il tombât entre les mains d'excellents maîtres, et qu'il trouvât non-seulement des condisciples capables de lui donner de l'émulation, mais un protecteur puissant, dont par la suite il eut beaucoup à se louer. Poquelin entra au collége de *Clermont*, où il suivit les cours du prince de Conti, qui figura quelques années après dans la guerre de la Fronde. Il eut pour camarades et pour amis, Bernier, qui se rendit célèbre par ses voyages; Chapelle, si connu par son aimable insouciance et par son talent naturel pour les vers; enfin Cyrano de Bergerac, esprit bizarre, mais original, auteur de quelques bonnes scènes de comédie que Molière ne se fit aucun scrupule d'employer lorsque sa grande réputation l'eut mis au-dessus du reproche de plagiat.

Chapelle, fils naturel d'un homme très-riche, avoit pour précepteur le célèbre Gassendi; et Bernier étoit associé à ses études. Poquelin, après avoir fait ses humanités avec succès, désira de se perfectionner dans la philosophie, et ne crut pas pouvoir trouver un meilleur maître. Gassendi démêla ses grandes dispositions, et se fit un plaisir de l'admettre à ses leçons. Il paroît que dans ce temps, Poquelin forma le projet de traduire en vers le poëme de Lucrèce, ouvrage qu'il n'a jamais terminé.

Quelques personnes ont pensé que Gassendi avoit eu le dessein de faire revivre la doctrine d'Épicure, et lui ont reproché d'avoir transmis les principes de ce philosophe à ses illustres élèves. Ce reproche paroît peu fondé, quand on se souvient qu'il désavoua hautement ces principes pernicieux, qu'il avoit beaucoup de piété, et que Descartes l'estimoit au point d'entrer publiquement avec lui dans des discussions philosophiques où les deux rivaux se louoient mutuellement, quoiqu'ils fussent d'un avis contraire (*). Poquelin acquit sous Gassendi l'habitude de raisonner avec méthode; et peut-être le système de ce philosophe, qui ne voyoit pas l'espèce humaine du côté le plus favorable, contribua-t-il à le faire réfléchir profondément sur les vices et les ridicules de ses contemporains.

Il n'avoit pas encore entièrement terminé son cours de philosophie, lorsque Louis XIII fit un voyage en Languedoc. Son

---

(*) Voy. Métaphysique de Descartes.

père étoit vieux et infirme ; et comme il avoit la survivance de sa charge, rien ne put le dispenser de suivre la cour. Il avoit alors vingt-un ans. Ce voyage, pendant lequel ses occupations lui laissoient beaucoup de loisir, fournit de nouvelles matières à ses observations : il étudia la cour, et parvint à connoître la différence qui existoit entre le peuple de Paris et celui des provinces.

Peu de temps après son retour à Paris, Richelieu et Louis XIII moururent. Le goût du théâtre, qui avoit été introduit en France par le cardinal, loin de s'affoiblir à sa mort, s'accrut et devint plus général dans les premières années de la régence d'Anne d'Autriche, qui commença sous les plus heureux auspices. Les comédies de société étoient alors très à la mode : il y avoit peu de quartiers de Paris où il ne s'en trouvât ; et, quoique les gens sages blâmassent cette manie souvent dangereuse pour les mœurs, la jeunesse s'y livroit avec une enthousiasme qui doit peu surprendre, si l'on réfléchit qu'il s'agissoit d'une mode nouvelle très-propre à faire briller les grâces et la beauté. Poquelin se mit à la tête d'une de ces troupes, qui, après avoir obtenu de grands succès, prit le titre de *l'illustre Théâtre :* elle jouoit alternativement au faubourg Saint-Germain et au quartier Saint-Paul. Il changea son nom en celui de *Molière,* qui avoit été déjà porté par un acteur médiocre de l'hôtel de Bourgogne : il paroît qu'il voulut par-là ménager la délicatesse de ses parents, qui ne pouvoient se consoler de voir leur fils paroître sur un théâtre même de société. Ce nom, qu'il rendit si célèbre par la suite, est le seul sous lequel on le connoisse aujourd'hui.

On sait que la régence d'Anne d'Autriche ne fut pas long-temps paisible. Le parlement de Paris, presque tous les grands de l'État se révoltèrent contre une cour trop indulgente et contre un ministère sans dignité. Cette guerre, qui dura quatre ans, où les principaux chefs changèrent souvent de parti, fut remplie d'épisodes comiques, qui probablement ne furent pas inutiles à Molière. Les hommes les plus éminents entrèrent dans la guerre civile sans projet fixe, sans passion forte, avec la même légèreté insouciante que s'il eût été question d'une partie de plaisir. Ces troubles ne pouvoient avoir que des suites peu importantes ; mais ils mettoient les caractères en jeu, ils favorisoient l'étude des ridicules et des travers, qui ne se déploient jamais avec tant de franchise que dans des temps de licence. Molière se borna au personnage d'observateur. Quelle riche moisson ne dut-il pas faire lorsque tant de folies passèrent sous ses yeux!

Quand le calme fut rétabli, Molière, dont les parents n'avoient pu vaincre le penchant pour le théâtre, prit décidément ce parti. Dans son voyage de Languedoc, il avoit connu madame Béjard, très-bonne actrice, passionnée pour son art, et dont le caractère avoit plus d'un rapport avec le sien. Cette femme a eu une si grande influence sur sa vie, qu'on doit en dire quelques mots. Ayant parcouru différentes provinces avec une troupe dont elle faisoit le succès, madame Béjard s'étoit plus fréquemment arrêtée dans le Languedoc et dans la Provence. Sa conduite n'avoit pas été à l'abri de reproches : très-propre à retracer les passions sur la scène, elle partageoit trop souvent celles qu'elle inspiroit : cependant elle se vantoit de n'avoir pas à rougir de ses choix, quoiqu'ils fussent un peu nombreux, et soutenoit que ses foiblesses étoient excusables, parce qu'elle n'en avoit eu que pour des gentilshommes. Un riche Avignonois, nommé *Modène*, fut celui qu'elle préféra long-temps : on prétend même qu'il l'avoit épousée en secret. De cette union naquit une fille dont nous aurons bientôt occasion de parler. Cette enfant, abandonnée par sa mère, fut élevée avec soin par une dame de Nismes, et ne revit madame Béjard que plusieurs années après, lorsqu'elle fut fixée à Paris.

Une telle femme étoit peu propre à faire le bonheur de l'homme célèbre dont nous nous occupons. Cependant, se trouvant à Paris à cette époque, elle parvint à lui plaire, quoique plus âgée que lui. Le goût du théâtre les réunit ; ils firent des spéculations qui devoient, suivant leurs espérances, procurer de la gloire et de la fortune, et partirent pour Lyon avec une troupe de comédiens qu'ils avoient rassemblée.

Molière y débuta par la comédie de *l'Étourdi*, pièce bien inférieure à ses chefs-d'œuvre, mais où l'on remarqua cette verve de comique et ce naturel de dialogue qui lui valurent depuis tant de succès. Les Lyonnois lui rendirent une justice entière : un théâtre rival du sien fut aussitôt abandonné, et les principaux acteurs de ce théâtre passèrent dans sa troupe. Ce fut à cette occasion qu'il

VIE DE MOLIÈRE.

se lia avec La Grange et Ducroisy, acteurs qui devinrent célèbres, amis dévoués, dont il se servit dans des négociations délicates.

Deux actrices très-aimables faisoient l'ornement de ce théâtre, dont le succès de *l'Étourdi* causa la ruine; c'étoient mesdemoiselles Duparc et de Brie : Molière eut l'art de les engager avec lui. Il étoit alors âgé de trente-trois ans. Disposé à l'amour par son naturel et par la vie qu'il menoit, porté à l'inconstance par le caractère triste et grondeur de madame Béjard, il ne vit point avec indifférence deux jeunes personnes pleines d'agrément, avec lesquelles il vivoit dans la plus grande familiarité. Mademoiselle Duparc étoit une beauté accomplie, mais on la trouvoit froide et orgueilleuse ; mademoiselle de Brie paroissoit plus jolie que belle : une douceur à toute épreuve lui promettoit des charmes plus durables : ce fut à la première que Molière adressa d'abord ses vœux. N'ayant obtenu aucun succès, il s'en plaignit à mademoiselle de Brie, qui, comme l'Éliante du *Misanthrope*, chercha à le consoler. La confiance le conduisit bientôt à l'amour : ne trouvant pas dans cette jeune personne les désagréments que lui donnoit mademoiselle Duparc, il s'attacha sincèrement à elle, et leur liaison ne fut pas long-temps mystérieuse. Madame Béjard fit éclater tous les transports du dépit et de la jalousie, et ne fut pas moins obligée de vivre sous le même toit que sa rivale, qui cherchoit, par mille prévenances délicates, à lui faire oublier la préférence qu'elle avoit obtenue.

Cette espèce d'indécision qui empêchoit Molière d'oser rompre entièrement des nœuds formés sans réflexion, et de s'éloigner d'une femme dont il avoit été aimé, paroîtra extraordinaire dans un homme dont le génie avoit si bien sondé tous les replis du cœur humain, et qui connoissoit mieux que personne le scandale et les suites désagréables d'une telle conduite; mais il persista toujours dans ce système qui fit le malheur de sa vie. Étoit-ce foiblesse? étoit-ce bonté excessive? On est tenté de partager cette dernière opinion.

Mademoiselle Duparc, qui avoit dédaigné les hommages de Molière, ne tarda pas à regretter cette conquête, plus par amour-propre que par inclination. Elle fit ses efforts pour paroître aimable; sa fierté diminua, elle ne laissa plus entrevoir de rigueurs: mais l'occasion étoit perdue. Molière, en l'estimant comme une excellente actrice, eut pour elle des égards qui l'attachèrent à sa troupe, et ne lui témoigna plus aucun sentiment tendre. Elle souffrit long-temps de cette humiliation : le temps et d'autres intrigues la consolèrent. Les rôles charmants d'Armande et d'Henriette, dans *les Femmes savantes*, font allusion à cette aventure, qui n'auroit aucun intérêt, si elle n'avoit pas fourni cette admirable conception.

Après avoir brillé quelque temps à Lyon, cette troupe partit pour le Languedoc, où devoient se tenir les États. Le prince de Conti étoit chargé de cette commission, et Molière crut pouvoir, sans indiscrétion, lui rappeler leur ancienne liaison de collége. Cette liaison n'avoit jamais été entièrement interrompue : pendant que Molière jouoit à Paris sur *l'illustre Théâtre*, le prince l'avoit souvent appelé pour embellir ses fêtes. Il se félicita d'avoir trouvé dans une province éloignée un remède assuré contre l'ennui, et voulut que Molière vînt à Béziers, où s'assembloient les États. Des appointements furent donnés à sa troupe; on le chargea de la direction de tous les divertissements. Ce fut là qu'il fit représenter *le Dépit amoureux*, sa seconde comédie en vers, peu supérieure à *l'Étourdi* pour l'ensemble et les détails, mais où l'on trouve une des scènes les plus agréables qui existent. On assure que le prince de Conti offrit à l'auteur la place de secrétaire de ses commandements; mais les engagements de Molière étoient trop forts, son penchant trop décidé, pour qu'il pût accepter cette offre. Le prince ne fut nullement blessé de son refus, et lui continua son amitié et sa protection.

Les soins que donnoit à Molière la direction d'une troupe de province encore peu formée, des déplacements fréquents ne lui permettoient pas de travailler beaucoup à des ouvrages de longue haleine. Avant de quitter Paris, il avoit recueilli un grand nombre de scènes italiennes dont il faisoit des canevas qu'il donnoit à ses acteurs. On les jouoit en improvisant. C'étoit sa principale ressource dans la disette de nouveautés. On a retenu les titres de trois de ces farces, *le Docteur amoureux*, *les Docteurs rivaux*, *le Maître d'école*. Boileau, qui avoit vu la première à Paris, où elle fut jouée lorsque la troupe de Molière y débuta, regrettoit qu'elle eût été perdue. Deux autres pièces du même genre existent en manuscrit dans quelques cabinets: *le Médecin volant* et *la*

Jalousie de Barbouillé : on retrouve quelques traits de la première dans *le Médecin malgré lui*; l'autre paroît avoir été le germe de la comédie de *George Dandin*. Ces deux farces ne paroissent pas avoir été écrites par Molière, qui n'en avoit tracé que le canevas : au style grossier qui y règne, on est porté à croire qu'elles furent copiées pendant les représentations par quelque gagiste.

L'extrait de *la Jalousie du Barbouillé* a été fait par J.-B. Rousseau, qui en possédoit un exemplaire : il donnera une idée du goût de ce temps-là.

« Vous me demandez, écrit Rousseau à
» Brossette, une analyse de la farce du *Bar-*
» *bouillé* : cela sera bientôt fait. Le Bar-
» bouillé commence par se plaindre des
» chagrins que lui donne sa méchante
» femme. Il va consulter le docteur sur
» les moyens de la mettre à la raison. Celui-
» ci, parlant toujours, ne lui donne pas le
» temps de s'expliquer. La femme arrive;
» et le docteur, continuant toujours ses
» tirades, les impatiente l'un et l'autre.
» Entre autres choses, la femme lui dit
» qu'il est un âne, et qu'elle est aussi doc-
» teur que lui; et le docteur lui répond :
» Toi docteur! vraiment, je crois que tu es

» un plaisant docteur! Des genres, tu n'ai-
» mes que le masculin : à l'égard des con-
» jugaisons, de la syntaxe et de la quan-
» tité.... tu n'aimes que, etc. Jugez par cet
» échantillon du beau ton de plaisanterie
» de ce temps-là. Ils s'en vont, hormis la
» femme qui demeure pour attendre son
» galant, avec qui elle est surprise par
» le mari, qui amène son beau-père Ville-
» brequin. Elle donne des coups de bâton
» au Barbouillé, feignant de les donner au
» galant. Son père et elle se tournent con-
» tre le mari, qui continue ses invectives.
» Le docteur met la tête à la fenêtre, et
» leur fait à tous des réprimandes : il des-
» cend pour mettre la paix entre eux : ils
» veulent se dérober à la volubilité de sa
» langue, et le Barbouillé plus impatienté
» que les autres, pendant qu'il poursuit
» ses déclamations, lui attache une corde
» aux pieds, et, l'ayant fait tomber, le
» traîne à écorche-cul jusque dans la cou-
» lisse, avec quoi finit la comédie. »

On n'a pas besoin de faire observer dans quelle situation devoit être un théâtre où de pareilles farces pouvoient plaire : Molière ne tarda pas à le réformer.

Les États de Languedoc étant finis, la

troupe quitta Béziers, et passa à Bordeaux, où elle espéroit obtenir le même succès qu'à Lyon. Molière, comme beaucoup d'hommes distingués par leur génie, se trompoit quelquefois sur le genre auquel il étoit appelé. Il croyoit pouvoir réussir, soit comme auteur, soit comme acteur, dans le drame héroïque et dans la tragédie : cette prétention ne l'abandonna jamais, quoique l'essai qu'il en fit alors ne fût pas propre à l'encourager. Dans ses momens de loisir, il avoit médité profondément le sujet de *la Thébaïde*, et en avoit fait une tragédie. Cette pièce étant finie, il la représenta à Bordeaux ; mais elle n'eut aucun succès ; et ce fut le premier désagrément de ce genre qu'il éprouva : il s'y montra sensible. Sa pièce fut retirée ; il ne fit pas un long séjour à Bordeaux, et bientôt on le vit à Grenoble, où il passa l'hiver de l'année 1658. La sévérité des Bordelois ne put cependant le convaincre que sa tragédie fût mauvaise. Il la conserva avec soin ; et n'osant la faire représenter lorsqu'il fut fixé à Paris, il en donna le plan à Racine, qui débuta par cette pièce.

La troupe de Molière eut beaucoup de succès à Grenoble ; mais la vie errante des comédiens de province commençoit à lui déplaire. Il avoit depuis long-temps le projet de s'établir à Paris, où la rivalité de l'hôtel de Bourgogne ne l'inquiétoit pas. Il se croyoit, et étoit en effet très-supérieur pour la comédie : quant à la tragédie, on vient de voir qu'il ne désespéroit pas d'y exceller. Dans cette pensée, il quitta Grenoble aux fêtes de Pâques de 1658, et s'établit momentanément à Rouen.

Pendant l'été de cette année il fit plusieurs voyages à Paris : le bruit de ses succès y étoit parvenu, et il eut bientôt de puissants protecteurs. Le prince de Conti le présenta à Monsieur, frère du roi, qui, dans un âge où l'on n'aime que les plaisirs, l'accueillit favorablement, et fut flatté d'avoir à lui une troupe de comédiens. Louis XIV, encore fort jeune, partagea les intentions bienveillantes de son frère. La reine-mère et le cardinal Mazarin, satisfaits de l'essentiel de la puissance, virent avec plaisir qu'on offroit au jeune monarque de nouveaux moyens de distraction. La troupe de Molière prit sans obstacle le nom de *troupe de Monsieur :* au grand regret des acteurs du théâtre de Bourgogogne, elle débuta à Paris dans la salle des gardes du vieux Louvre, qu'on avoit décorée.

Cette représentation eut lieu le 24 octobre 1658 : toute la cour y assista ; et l'on y remarqua les comédiens de l'hôtel de Bourgogne, qui voulurent juger par eux-mêmes s'ils avoient lieu de redouter cette nouvelle concurrence. Molière, croyant toujours avoir du talent pour la tragédie, joua *Nicomède*, de P. Corneille, qui étoit encore dans sa nouveauté ; et tout porte à présumer qu'il y fut ridicule. Mademoiselle de Brie et mademoiselle Duparc y déployèrent leurs charmes, et plurent beaucoup aux jeunes gens de la cour. Cependant les comédiens de l'hôtel de Bourgogne ne conçurent pas une vive inquiétude ; ils pensèrent qu'il ne réussiroit pas mieux dans la comédie que dans la tragédie, et que l'engouement qu'on avoit pour lui cesseroit bientôt.

Quand *Nicomède* fut fini, Molière parut, et s'avança avec timidité sur le bord du théâtre. « Je ne me suis présenté, dit-il,
» qu'en tremblant devant cette auguste as-
» semblée ; et je supplie sa majesté d'agréer
» ma reconnoissance pour la bonté qu'elle a
» eue d'excuser nos défauts. Le désir que
» nous avons témoigné de contribuer aux

» divertissements du plus grand roi du
» monde nous a fait oublier que sa majesté
» avoit à son service d'excellents originaux,
» dont nous ne sommes que de très-foibles
» copies. Mais puisqu'elle a bien voulu avoir
» tant d'indulgence, nous la supplions de
» permettre que nous lui donnions un de
» ces petits divertissements qui nous ont ac-
» quis quelque réputation dans les pro-
» vinces. »

Ce compliment, flatteur pour les comédiens de l'hôtel de Bourgogne, qui étoient présents, fut trouvé très-convenable. Alors la troupe de Molière joua *le Docteur amoureux*, dont nous avons déjà parlé ; et cette farce pleine de sel et d'esprit mit le comble à la satisfaction des spectateurs. On reprit alors l'usage qui s'étoit perdu, de représenter de petites comédies après les pièces en cinq actes.

Le roi ordonna sur-le-champ que Molière s'établît à Paris, et lui donna la salle du Petit-Bourbon, qui existoit à la place où est aujourd'hui la colonnade du Louvre. Cette salle étoit depuis long-temps à la disposition des comédiens italiens que le cardinal Mazarin avoit attirés à Paris. Il fut convenu que Molière y joueroit le mardi, le vendredi et le dimanche. Ses pièces de début furent *l'Étourdi* et *le Dépit amoureux*, qui n'étoient pas encore connues à Paris. Elles furent extrêmement goûtées, et commencèrent à donner de l'ombrage aux comédiens de l'hôtel de Bourgogne. Deux ans après, en 1660, la salle du Petit-Bourbon ayant été démolie pour les constructions qu'on devoit faire au Louvre, on accorda à Molière celle du Palais-Royal, qui avoit été bâtie à grands frais par le cardinal de Richelieu.

Dans ce moment où Molière commence une carrière où il doit se couvrir de gloire, il peut être utile de jeter un coup d'œil sur l'état où se trouvoit le théâtre français.

Dans la tragédie on possédoit presque tous les chefs-d'œuvre de Pierre Corneille; mais la comédie n'avoit pas fait des pas aussi rapides vers la perfection. Quelques pièces de Rotrou, telles que *les deux Sosies*, avoient donné l'idée du parti qu'il étoit possible de tirer de la comédie antique; *les Visionnaires* de Desmarets passoient pour le chef-d'œuvre du théâtre comique, quoique cette pièce ne fût qu'une médiocre comédie épisodique remplie de caractères forcés. Il n'y avoit que *le Menteur*, de Corneille, qui offrît le ton de l'excellente comédie. Quoi-

que cette pièce fût imitée de l'espagnol, elle présentoit une critique fine et délicate des travers à la mode ; et le style plein de force et de comique pouvoit passer pour le modèle de ce genre d'écrire. « C'est pro-
» bablement, dit M. de Voltaire, à cette
» imitation que nous devons Molière ; il
» est impossible en effet que ce poëte inimi-
» table ait vu cette pièce sans apercevoir
» tout d'un coup la prodigieuse supério-
» rité que ce genre a sur tous les autres,
» et sans s'y livrer entièrement. » Les autres pièces qui avoient la vogue au théâtre de l'hôtel de Bourgogne n'offroient que des aventures romanesques et des turlupinades : les tragi-comédies que l'Espagne nous avoit données, comme depuis l'Angleterre nous donna les drames, étoient préférées aux tragédies et aux comédies.

Molière forma le projet de créer le véritable genre de la comédie, qui consiste à peindre les mœurs et les travers de la société ; genre dont Aristophane ne s'étoit servi que pour en abuser, inconnu à Plaute et à Térence, et que Pierre Corneille lui-même n'avoit fait qu'entrevoir. Les sociétés où il fut admis fournirent bientôt matière à ses pinceaux.

L'hôtel de Rambouillet, comme on le sait, recherchoit avec empressement tous les hommes qui se distinguoient par des talents extraordinaires. Dès le temps où il étoit à Lyon et en Languedoc, on avoit beaucoup parlé de lui dans cette société. Aussitôt qu'il fut à Rouen, et qu'on apprit qu'il faisoit souvent des voyages à Paris, on lui fit des prévenances et des invitations. Il s'y rendit; mais son génie éclairé, son aversion pour toute espèce d'affectation, lui firent bientôt apercevoir les ridicules des précieuses et des femmes savantes qui donnoient le ton dans cette maison. Ne pouvant prendre plaisir aux jeux frivoles dont on s'occupoit, il ne fut qu'observateur; et l'on peut présumer qu'il se dédommagea par un grand nombre de réflexions de la contrainte qu'il étoit obligé de s'imposer. Cependant il y a lieu de croire qu'il auroit encore épargné quelque temps les principaux personnages d'une maison où il avoit été accueilli, si l'abbé Cotin ne l'eût pas fatigué par des prétentions outrées et par de mauvais procédés.

Le ton de cette société lui donna l'idée de la comédie des *Précieuses ridicules*. Quand cette pièce fut composée, il répandit adroitement le bruit qu'il ne s'étoit élevé que contre les fausses précieuses, et qu'il n'avoit voulu peindre que des femmes de province, puisque sa pièce avoit été composée avant son arrivée à Paris. Ce bruit qui s'accrédita, et qui a été mal à propos adopté par M. de Voltaire (*), détourna l'orage qui pouvoit fondre sur lui dès le commencement de sa carrière.

Cette pièce réussit au-delà de ses espérances : suivant un auteur contemporain, elle passa pour l'ouvrage *le plus charmant et le plus délicat* qui eût jamais paru sur le théâtre : on vint à Paris de vingt lieues à la ronde pour la voir. Ses ennemis mêmes, car il en avoit déjà beaucoup, furent contraints de le louer, dans la crainte de paroître ridicules. Cependant on voyoit à leurs discours que ces louanges n'étoient pas sincères. Les uns avouoient qu'il y avoit du mérite dans la pièce, mais soutenoient que la réussite n'étoit due qu'au

―――――

(*) Il est certain que la comédie des *Précieuses* fut composée et représentée pour la première fois à Paris, et non en province, comme le dit M. de Voltaire, d'après Grimarets. Ce fait est attesté par deux auteurs contemporains, Devisé et Somaise.

jeu des acteurs; d'autres prétendoient que l'auteur étoit favorisé par les circonstances, et qu'indubitablement ses autres pièces n'auroient pas le même succès. L'affluence des spectateurs fut telle, que les comédiens, dès la seconde représentation, firent payer le double du prix ordinaire. Ce fut à cette seconde représentation qu'un vieillard, ne pouvant résister à son admiration, s'écria du fond du parterre, avec un accent prophétique : *Courage, courage, Molière! voilà la bonne comédie!*

Un triomphe aussi complet n'empêcha pas les comédiens de l'hôtel de Bourgogne de faire répandre des satires contre Molière. Il ne nous en est parvenu qu'une seule, composée par un mauvais auteur appelé Somaise, dont le nom ne s'écrit pas comme celui du célèbre commentateur. C'est une comédie intitulée : *Les véritables Précieuses.* Le sujet de cette pièce est un marchand d'orviétan, nommé *Gilles le Niais,* qui s'introduit chez des dames sous le titre de baron de la Taupinière : il parle de sa vie errante, et soutient que, puisqu'on a bien traité Molière, il doit recevoir le même accueil. Cela n'est qu'une insulte plate et grossière; mais ce qui étonnera,

6*

c'est que, dans sa préface, Somaise accuse Molière de plagiat : il prétend que la comédie des *Précieuses* a été achetée par lui à la veuve de *Guillot Gorju*, misérable farceur qui l'avoit autrefois suivi en province. Je n'ai pas besoin d'observer que personne n'ajouta foi à cette accusation.

Sganarelle, quoique inférieur aux *Précieuses*, n'eut pas moins de succès. Le moment n'étoit pas favorable pour donner une pièce nouvelle : on étoit au milieu de l'été, et le mariage du roi avoit attiré dans le midi de la France toute la cour et les personnes les plus distinguées de Paris. Cependant cette comédie fut représentée quatre fois de suite : les connoisseurs ne pouvoient se lasser d'admirer la verve comique qui y domine : ils virent que l'auteur iroit beaucoup plus loin, et le monologue de Sganarelle passa long-temps pour un chef-d'œuvre.

Les ennemis de Molière, à la tête desquels étoient les comédiens de l'hôtel de Bourgogne, furent effrayés de ses succès : ils se promirent bien de ne pas négliger la première occasion de l'humilier. Malheureusement il ne tarda pas à la leur présenter lui-même. Il se croyoit, comme on l'a dit, appelé au genre sérieux, soit comme auteur, soit comme comédien ; et cette erreur le porta à composer une comédie héroïque, genre qui étoit alors très à la mode. *Don Garcie de Navarre*, pièce dont les vers sont meilleurs que ceux de ses ouvrages précédents, et dans laquelle il eut la maladresse de jouer un rôle de héros, n'eut aucun succès. Elle n'obtint que trois représentations ; et, dans les deux dernières, Molière fut obligé de se faire remplacer par un de ses camarades qui avoit quelque talent pour le tragique. Humilié de ce revers, sans être convaincu de son tort, il retira sa pièce, qui ne fut imprimée qu'après sa mort. On se tromperoit cependant si l'on pensoit que cet ouvrage est indigne de lui : il présente plusieurs traits de maître : la jalousie, qui devoit par la suite le rendre si malheureux, y est peinte avec les couleurs les plus énergiques ; et quelques morceaux furent employés par lui avec succès dans *le Misanthrope* et dans *Amphitrion*.

Cette disgrâce n'empêcha pas la cour de lui continuer sa bienveillance : il la justifia bientôt. Quatre mois étoient à peine écoulés depuis la chute de *Don Garcie*, lorsqu'il donna *l'École des Maris*. Cette pièce, qu'on doit considérer comme un de ses chefs-d'œuvre les plus achevés, offre la même perfection, soit pour le style, soit pour les caractères, soit pour la contexture de l'intrigue : elle est tirée d'une nouvelle de Bocace, et d'une comédie de Lope de Véga intitulée : *La Discreta enamorada;* mais Molière s'appropria en maître les idées de ces deux hommes célèbres ; et ce fut ainsi qu'il agit par la suite lorsqu'il voulut prendre des modèles anciens ou modernes. Ses plus grands ennemis ne purent contester le mérite et le succès de *l'École des Maris :* on doit seulement remarquer qu'ils lui reprochoient de peindre les mœurs, comme si ce n'étoit pas le premier objet de la comédie. « C'est encore, » dit Devisé, un de ces tableaux des choses » qu'on voit arriver le plus fréquemment » dans le monde ; ce qui a fait que cette pièce » n'a pas été moins suivie que les précé- » dentes. » Devisé termine son jugement avec le même goût : il met *l'École des Maris* au-dessous des *Visionnaires* de Desmarets : « Si cette pièce, dit-il, avoit cinq » actes, elle pourroit tenir rang dans la postérité après *le Menteur* et *les Visionnaires.* »

La cour, qui s'étoit toujours déclarée pour

Molière, étouffa ces vaines clameurs; et bientôt il fut du bon ton de l'admirer. Fouquet voulut donner une fête au roi et à la jeune reine dans son château de Vaux; et ce fut à Molière qu'il s'adressa pour l'embellir par une comédie nouvelle. On sait que ce surintendant, après avoir abusé de sa place pendant la minorité de Louis XIV, avoit adressé ses vœux, et même fait des offres d'argent à mademoiselle de La Vallière, que le roi aimoit en secret. Ce dernier tort, joint à quelques foibles intrigues qu'il avoit tramées pour se sauver en cas de disgrâce, mit le comble au mécontentement de Louis XIV. Il fut même question de l'arrêter au milieu de la fête qu'il donnoit: Anne d'Autriche s'y opposa. Molière, qui étoit loin de se douter que l'abîme étoit ouvert sous les pas de celui dont il recherchoit la protection, composa en moins d'une semaine la comédie des *Fâcheux*, dont Pellisson, secrétaire et ami de Fouquet, fit le prologue. Cette pièce, dont le fond est léger, et qui offre une heureuse imitation de la neuvième satire d'Horace, plut généralement. Louis XIV lui-même ne dédaigna pas d'indiquer à l'auteur un original qu'il avoit oublié de peindre. *Les Fâcheux* peuvent être considérés comme la première bonne pièce épisodique, car il ne faut pas compter *les Visionnaires* de Desmarets.

La chute de Fouquet, qui arriva peu de temps après, ne diminua point le crédit que Molière avoit à la cour : l'année suivante il donna une pièce qui fit beaucoup plus de bruit, et qui l'entraîna dans des démêlés dont il sortit vainqueur. Avant d'en parler, il faut s'arrêter quelques moments à un événement qui eut beaucoup d'influence sur le reste de sa vie.

Madame Béjard avait rappelé auprès d'elle sa fille, qu'elle avoit eue d'un Avignonois. La jeune personne, âgée de seize ans, étoit très-séduisante ; et sa situation ne pouvoit manquer de prévenir en sa faveur un homme tel que Molière. Tourmentée par sa mère, dont le caractère étoit dur et acariâtre, elle avoit inspiré beaucoup d'intérêt à ce grand homme : lorsque ses charmes s'étoient développés, cet intérêt étoit devenu un véritable amour. Molière, qui se dissimuloit peut-être encore la plus forte passion qu'il eût éprouvée, prenoit toujours le parti de mademoiselle Béjard, et par cette conduite s'étoit concilié l'amitié de cette jeune fille, qui crut avoir du penchant pour lui. Un jour qu'elle avoit été maltraitée par sa mère, elle se réfugia dans l'appartement de Molière, déclara qu'elle le vouloit pour époux, et le somma de la prendre sous sa protection. Il s'y décida volontiers ; et cet éclat, qui ne pouvoit être réparé, décida madame Béjard à consentir au mariage. Peut-être ne se fit-elle pas grande violence : depuis long-temps elle n'étoit plus aimée : mademoiselle de Brie excitoit sa jalousie : il est à croire qu'elle vit sans peine le moyen de se venger d'elle par l'inclination que sa fille avoit inspirée à Molière.

Ce mariage, qui ne devoit pas être heureux, se conclut sans que mademoiselle de Brie fît aucun éclat : elle continua même à demeurer dans la maison de Molière ; et celui-ci, par une foiblesse inexcusable, garda trois femmes qui avoit eu sur lui les mêmes droits. Ce n'étoit pas le moyen d'avoir la paix.

Madame Molière, qui inspira à son époux une passion que rien ne put étouffer, ne possédoit pas une beauté régulière : elle avoit les yeux petits, dit l'homme qui devoit la connoître le mieux, mais ils étoient pleins de feu, et les plus touchants qu'on pût voir. Sa bouche étoit grande, mais remplie de grâces ; sa taille, sans être haute, étoit belle et bien prise. Elle affectoit beaucoup de nonchalance dans son parler et dans ses actions ; mais ses manières étoient vives et engageantes : elles avoient un charme propre à s'insinuer dans les cœurs. Elle montroit de la finesse et de la délicatesse dans l'esprit, et sa conversation étoit agréable. Une mélancolie douce rendoit madame Molière encore plus séduisante : on lui reprochoit d'être capricieuse : *Oui*, ajoute l'auteur, *j'en demeure d'accord ; mais tout sied bien aux belles, on souffre tout des belles*.

Tel est le portrait que Molière lui-même fit de sa femme quelques années après son mariage, à une époque où elle lui avoit déjà donné beaucoup de chagrin (*). Il est aisé de voir combien il l'aimoit, et combien il étoit indulgent pour elle.

La même année il fit représenter *l'École des Femmes*. Cette pièce orna un fête que Louis XIV donna le 6 février suivant à sa mère et à la reine. Elle fut applaudie à la cour, quoique le poëte eût hasardé quelques

---

(*) Bourgeois Gentilhomme, acte III, scène IX.

expressions libres, et qui n'étoient point d'usage dans la bonne compagnie : à la ville, on fut plus sévère. Quelques prétendus observateurs des convenances se récrièrent contre les plaisanteries de la pièce, et surtout contre les rôles d'Agnès, d'Alain et de Georgette. Cependant cette comédie étoit si amusante, on y rioit de si bon cœur, qu'elle fut aussi suivie que *l'École des Maris*. Un poëte du temps exprime l'effet qu'elle produisoit :

> Pièce qu'en plusieurs lieux on fronde,
> Mais où pourtant va tout le monde.

L'auteur dut l'idée de cette comédie à une nouvelle de Scarron, et à un mauvais roman burlesque : mais presque toutes les beautés lui appartiennent. Pierre Corneille, avec lequel il n'avoit jamais rien eu à démêler, se montra un de ses plus ardents censeurs. Il paroît que les comédiens de l'hôtel de Bourgogne avoient excité l'humeur de ce grand poëte en lui faisant remarquer une allusion contre son frère, qui avoit eu la vanité d'ajouter à son nom celui de Delisle. D'ailleurs Corneille, habitué à dominer seul sur la scène française, voyoit avec peine que les pièces de Molière attirassent la foule : *Il se ronge de chagrin*, dit l'abbé d'Aubignac, quand un seul poëme occupe Paris pendant plusieurs mois : *l'École des Maris* et celle *des Femmes* sont les trophées de Miltiade qui empêchent Thémistocle de dormir. Corneille ne s'attendoit pas encore à une rivalité telle que celle de Racine.

Cependant Molière dut être bien consolé de ces petits désagréments par une pièce de vers que Boileau, avec lequel il n'avoit encore aucune liaison, lui adressa sur les obstacles de *l'École des Femmes*.

> En vain mille jaloux esprits,
> Molière, osent avec mépris
> Censurer un si bel ouvrage ;
> Ta charmante naïveté,
> S'en va pour jamais d'âge en âge
> Enjouer la postérité.
>
> Ta muse avec utilité
> Dit plaisamment la vérité :
> Chacun profite à ton École:
> Tout en est beau, tout en est bon,
> Et ta plus burlesque parole
> Est souvent un docte sermon.
>
> Que tu dis agréablement !
> Que tu badines savamment !
> Celui qui sut vaincre Numance,
> Qui mit Carthage sous sa loi,
> Jadis, sous le nom de Térence,
> Sut-il mieux badiner que toi ?

Laisse gronder tes envieux :
Ils ont beau crier en tous lieux
Que c'est à tort qu'on te révère,
Que tu n'es rien moins que plaisant.
Si tu savois un peu moins plaire,
Tu ne leur déplairo's pas tant.

Ce compliment que Molière reçut pour étrennes le premier jour de l'année 1663, le flatta beaucoup : il s'établit entre ces deux hommes célèbres une liaison intime qui ne fut rompue que par la mort.

Molière ne voulut pas laisser sans réponse les objections qu'on avoit faites contre sa pièce. Dans une petite comédie intitulée *la Critique de l'École des Femmes*, il tourna ses ennemis en ridicule, et chercha plus à attaquer qu'à se défendre. Cette pièce, la première et la meilleure qui ait été faite dans ce genre, mit les rieurs de son côté; mais elle inspira à ses adversaires une nouvelle rage. Devisé composa aussitôt *Zélinde, ou la véritable Critique de l'École des Femmes*. Cette pièce, entièrement oubliée aujourd'hui, eut quelque succès au théâtre de l'hôtel de Bourgogne. Il est assez curieux de voir les principaux griefs de Devisé contre le talent de Molière : cette tirade est dans la bouche de l'homme raisonnable de la pièce, appelé Mélante.

« Quoique ce peintre, dit-il, se vante
» de travailler d'après nature, ce n'est
» toutefois qu'un fort mauvais copiste : les
» portraits qu'il fait ne sont pas si ressem-
» blants que le vulgaire se le persuade; et
» quoique on publie qu'il dépeint bien les
» gens de qualité, je n'ai encore rien vu
» dans ses peintures qui leur ressemble.
» Il nous habille autrement que nous ne
» sommes ; et s'il nous fait dire un mot, il
» nous le fait répéter cinquante fois, et en
» ajoutant ainsi à nos habits et à nos actions,
» il nous veut faire passer pour ce que nous
» ne sommes pas. C'est ce que Molière fait
» dans les tableaux de la cour, et c'est
» par-là qu'il prétend tourner en ridicule
» des personnes dont l'ajustement répond
» à l'esprit, qui ne font rien que la bien-
» séance n'autorise, et qui n'ont rien que
» de recommandable. C'est pourquoi ce
» peintre doit prendre garde qu'après avoir
» voulu jouer les autres, il ne se trouve
» quelqu'un qui le joue lui-même. »

Il est à remarquer que le même Devisé, en critiquant *l'École des Maris*, avoit reproché à l'auteur de peindre trop fidèlement les mœurs et les caractères.

Dans *la Critique de l'École des Femmes*,

le rôle de Lisidas, poëte, avoit paru très-plaisant : à cette époque, il avoit plus d'un modèle. Les comédiens de l'hôtel de Bourgogne persuadèrent malignement à Boursault, auteur estimable, que Molière avoit voulu le jouer dans ce rôle. La colère aveugla Boursault, qui ne s'aperçut pas du piége qui lui étoit tendu : pour se venger, il fit *le Portrait du Peintre*, où il cherche à tourner en ridicule les plaisanteries un peu hasardées de *l'École des Femmes*. Quoique ses vers ne manquent pas d'élégance, on ne peut estimer cette pièce, qui n'offre que des saillies forcées et des plaisanteries sans sel. Boursault vise à l'ironie ; mais il n'est ni assez fin ni assez délicat. Voici quelques traits curieux de cette comédie : il faut, pour les apprécier, se rappeler le plan de *l'École des Femmes*, et quelques passages sur lesquels la critique s'étoit principalement exercée.

Jamais scène plaisante eût-elle tant d'appas
Que la scène d'Arnolphe à qui l'on n'ouvre pas ?
N'a-t-on pas pour Alain une estime secrète,
Quand pour ouvrir la porte il appelle Georgette ?
....
......Ensuite, est-il rien qui ne plaise
Dans ce que dit Arnolphe à la fille niaise ?

Rien de plus innocent se peut-il faire voir?
Il arrive des champs, et désire savoir
Si durant son absence elle s'est bien portée?
Hors les puces qui m'ont la nuit inquiétée,
Répond Agnès. Voyez quelle adresse a l'auteur,
Comme il sait finement réveiller l'auditeur.
De peur que le sommeil ne se rendît le maître,
Jamais plus à propos vit-on puces paroître!
D'aucun trait plus galant se peut-on souvenir?
Et ne dormoit-on pas s'il n'en eût fait venir?

On voit que Boursault fait tous ses efforts pour être malin; mais ses traits sont presque toujours émoussés. Le *petit chat* d'Agnès n'est pas épargné. Dorante, jeune fat, soutient que *l'École des Femmes* est une tragédie : on ne veut pas le croire; il répond :

Mais je sais le théâtre, et j'en lis la *Pratique* (*);
Quand la scène est sanglante, une pièce est tragique:
Dans celle que je dis, *le petit chat est mort*.
. . . .

DAMIS.
Quoi! le trépas d'un chat ensanglante la scène!

AMARANTE.
Dans une tragédie, un prince meurt, un roi...

(*) Ouvrage de l'abbé d'Aubignac, alors beaucoup lu.

DORANTE.

Nous sommes tous mortels, et chacun est pour soi;
Et je tiens qu'une pièce est également bonne,
Quand un matou trépasse, ou quelque autre per
sonne.

Quoique cette pièce n'eût produit presque aucun effet, Molière en fut très-irrité. Il composa sur-le-champ *l'Impromptu de Versailles*, comédie dans le même genre que *la Critique de l'École des Femmes*. Croyant mal à propos pouvoir faire revivre la licence d'Aristophane, il nomma Boursault, et le couvrit de mépris. Il est à remarquer que ce qui blessa le plus l'auteur attaqué, fut l'accusation de n'avoir pas composé seul la mauvaise comédie du *Portrait du Peintre*. Il s'en plaignit amèrement dans une lettre qu'il publia, et qui est ainsi terminée : « Croire
» ma pièce digne de ceux qui sont accusés
» d'y avoir mis la main, c'est demeurer
» d'accord de son mérite ; et toutes les in-
» jures qu'on me dit dans le galimatias que
» Molière appelle *impromptu* ne peuvent
» détruire la bonne opinion qu'il a fait con-
» cevoir de mon ouvrage. »

Molière, dans cette pièce ne s'étoit pas borné à humilier Boursault; il avoit attaqué des adversaires plus dangereux. Les comédiens de l'hôtel de Bourgogne, dont il avoit parodié le jeu, et fait parfaitement sentir les défauts, cherchèrent les moyens de se venger. Un de leurs camarades, Montfleury, qui fut depuis son ennemi le plus acharné, servit leur passion en composant *l'Impromptu de l'hôtel de Condé*. Malheureusement il connoissoit le côté foible de Molière, c'étoit la manie de jouer la tragédie, pour laquelle il n'avoit aucun talent : une physionomie peu noble, des grimaces involontaires, et un hoquet naturel, défauts qu'il ne pouvoit corriger, le rendoient ridicule toutes les fois qu'il vouloit quitter les rôles comiques. Montfleury chercha à le contrefaire dans le rôle de César de *la Mort de Pompée*, et le compara à un personnage de tapisserie :

Il paroît tout de même ; il vient le nez au vent,
Les pieds en parenthèse, et l'épaule en avant :
Sa perruque qui suit le côté qu'il avance,
Plus pleine de lauriers qu'un jambon de Mayence,
Les mains sur les côtés, d'un air peu négligé,
La tête sur le dos comme un mulet chargé ;
Les yeux fort égarés ; puis, débitant ses rôles,
D'un hoquet éternel sépare ses paroles.

Ces vers, quoique mauvais, furent très-applaudis, parce qu'ils attaquoient un ridicule réel. Molière, qui peut-être reconnoissoit son foible, ne répondit pas à cette attaque, qui néanmoins lui donna beaucoup de chagrin. Mais sa modération ne calma pas Montfleury : on verra bientôt de quoi il étoit capable.

Toutes ces critiques, cette espèce de lutte qui s'établit entre le théâtre de Molière et celui de l'hôtel de Bourgogne, ne servirent qu'à rendre plus complet le succès de *l'École des Femmes*, qui passa dès-lors pour un chef-d'œuvre.

Au milieu des soins que lui donnoient la direction d'une troupe de comédiens et les attaques de ses ennemis, Molière se livroit souvent à des actes de bienfaisance, où il montroit l'extrême bonté de son cœur, et dont sa modestie nous a dérobé le plus grand nombre. Ce fut dans une de ces occasions qu'il démêla les talents de Baron, qui lui furent par la suite si utiles. Celui qu'on appelle avec raison le *Roscius moderne* fut trouvé dans l'état le plus obscur.

Quelque temps avant cette époque, un nommé Raisin, organiste de Troyes, imagina un moyen singulier de gagner de l'argent. Il conduisit à Paris une épinette qui paroissoit aller toute seule : au commandement de Raisin elle jouoit un air ou une symphonie, et s'arrêtoit aussitôt qu'il élevoit la voix. Louis XIV fut curieux de la voir : on la porta à Saint-Germain, et Raisin parut se surpasser dans son art. Plusieurs airs furent joués et interrompus. Après avoir admiré cette mécanique dont il étoit loin de pénétrer le mystère, Louis XIV la fit porter chez la reine ; mais cette princesse, étonnée d'une chose aussi extraordinaire, témoigna de l'effroi. Le roi ordonna sur-le-champ d'ouvrir la machine : quelle fut la surprise de la cour, lorsqu'elle en vit sortir un enfant de cinq ans d'une figure charmante, et tellement exténué par la privation d'air, qu'il étoit près de s'évanouir ! On se figure aisément que cet enfant fut loué et caressé par tous les courtisans. Raisin profita habilement de ce moment de faveur pour faire observer au roi que, son secret étant découvert, il alloit tomber de nouveau dans un état très-malheureux. Louis XIV, pour le dédommager, lui permit d'établir une troupe d'enfants, qui fut la première qu'on vit à Paris.

Dans cette troupe étoit le jeune Baron, qui annonçoit les plus grandes dispositions. Deux ans après l'aventure de l'épinette,

Raisin mourut ; et sa veuve, ne pouvant soutenir son entreprise, pria Molière de lui prêter pendant trois jours le théâtre du Palais-Royal, espérant y attirer la foule par un spectacle nouveau dans ce quartier. Il y consentit volontiers ; et ce fut là qu'il apprécia les talents naissants de Baron. Bientôt il l'attacha à sa troupe, lui donna sa confiance; et le jeune homme justifia par ses succès et sa conduite l'opinion favorable qu'on avoit conçue de lui.

Molière avoit pour Baron les sentiments d'un père ; de bonne heure il vouloit l'habituer à soulager les malheureux. Un jour le jeune homme lui annonça qu'un pauvre comédien de campagne avoit besoin de secours, et qu'il étoit hors d'état de rejoindre sa troupe. Ayant découvert que c'étoit un nommé Mondorge, avec lequel il avoit autrefois parcouru les provinces, il demanda à Baron, d'un air indifférent, ce qu'il falloit lui donner.—Quatre pistoles, répondit au hasard le jeune homme.—Donnez-lui quatre pistoles pour moi, poursuivit Molière : en voilà vingt qu'il faut lui donner pour vous.

Cet esprit de charité ne l'abandonnoit jamais. Un pauvre lui demande l'aumône au moment où il alloit partir pour Saint-

Germain. Il lui jette une pièce, et monte en voiture. Quelques minutes après, il aperçoit cet homme qui le suivoit en courant ; il fait arrêter : Monsieur, lui dit le pauvre, vous n'aviez peut-être pas dessein de me donner un louis d'or ; je viens vous le rendre. — Tiens, mon ami, lui répond-il, en voilà un autre ; et il s'écrie : Où la vertu va-t-elle se nicher ! « Exclamation, observe très-bien M. de Voltaire, qui peut faire voir qu'il réfléchissoit sur tout ce qui se présentoit à lui, et qu'il étudioit partout la nature en homme qui la vouloit peindre. ».

Louis XIV donna en 1664 une fête magnifique à Versailles, et Molière fut chargé de l'embellir par ses ouvrages. On y joua *la Princesse d'Élide*, *le Mariage forcé*, et les trois premiers actes du *Tartufe*, pièce annoncée depuis long-temps, et qui divisoit déjà les esprits.

La Princesse d'Élide est tirée d'une comédie espagnole d'Agostino Moreto, intitulée : *El Desden con el Desden*. C'est un sujet où les sentiments délicats sont mis en jeu : on s'aime long-temps sans oser le dire, et sans même le savoir. Cette pièce peut être considérée comme le premier modèle du genre de Marivaux. Elle eut beaucoup de succès, parce qu'elle présentoit des allusions à quelques intrigues d'amour qu'on cherchoit vainement à tenir secrètes.

Le Mariage forcé est d'un genre différent : la scène se passe entre de petits bourgeois ; et le comique est plein de franchise et de naturel. On assure qu'une aventure réelle donna à Molière l'idée de cette pièce. Le comte de Grammont, si connu par son esprit et par ses espiègleries, pendant un assez long séjour à Londres, s'étoit lié avec mademoiselle Hamilton. Leur amour avoit été public, et tout le monde croyoit que la demoiselle épouseroit le comte. Cependant M. de Grammont quitta brusquement l'Angleterre, sans même faire ses adieux à sa maîtresse. Les deux frères de la demoiselle se mirent sur les traces de cet amant volage, et le joignirent à Douvres. L'un d'eux lui dit fièrement : « Comte de Grammont, n'avez-vous rien oublié à Londres ? — Pardonnez-moi, répondit-il, j'ai oublié d'épouser votre sœur, et j'y retourne avec vous pour finir cette affaire. » Il est assez douteux que cette anecdote, qui passe pour vraie, ait fourni à Molière le sujet de sa comédie, dont le principal personnage diffère essentiellement du comte de Grammont : il est plus probable que les courtisans, en voyant la pièce, s'amusèrent à faire des applications qui, quoique peu exactes, égayèrent la *Fête de Versailles*.

Mais le plus bel ornement de cette fête fut la représentation des trois premiers actes du *Tartufe*. Molière y travailloit depuis plusieurs années ; il savoit les obstacles qu'il auroit à vaincre pour la mettre au théâtre ; et, dans l'espoir d'opposer à ses ennemis une protection puissante, il avoit obtenu que le *Tartufe* seroit essayé en présence de la cour. Son attente ne fut pas remplie : il n'avoit pas encore pris les précautions nécessaires pour faire passer des idées aussi hardies ; il avoit négligé de faire la distinction des vrais et des faux dévots ; et la cour, quoique bien moins scrupuleuse qu'elle ne le devint par la suite, fut scandalisée. Le roi prononça la suspension du *Tartufe*, sans néanmoins enlever à l'auteur l'espérance de faire jouer un jour cette pièce quand elle seroit corrigée : il daigna même donner les motifs de cette décision sévère. Voici ce qui fut publié officiellement. « Le roi a reconnu tant de confor-
» mité entre ceux qu'une véritable dévo-
» tion met dans le chemin du ciel, et ceux

« qu'une vaine ostentation de bonnes œu-
» vres n'empêche pas d'en commettre de
» mauvaises, que son extrême délicatesse
» pour les choses de la religion a eu de la
» peine à souffrir cette ressemblance du
» vice avec la vertu ; et quoiqu'il n'ait
» point douté des bonnes intentions de
» l'auteur, il a défendu cette comédie
» pour le public jusqu'à ce qu'elle fût en-
» tièrement achevée, et examinée par des
» gens capables d'en juger, afin de n'en
» pas laisser abuser à d'autres moins capa-
» bles d'en faire un juste discernement. »

Cet ordre affligea beaucoup Molière, mais ne le découragea pas. Il acheva et corrigea sa pièce. Pendant une suspension de cinq ans, il s'appliqua à la perfectionner. Faisant des lectures fréquentes dans les sociétés de Paris, il cherchoit les sentimens des auditeurs plus encore dans leurs regards et leur maintien que dans leurs discours. On n'a pas besoin d'observer que ces lectures étoient très-recherchées ; la défense excitoit la curiosité : on se disputoit pour avoir l'auteur du *Tartufe*. Boileau fait illusion à cet empressement dans la satire du Festin ridicule :

Molière avec Tartufe doit y jouer son rôle.

Cet homme célèbre fut à la même époque tourmenté par des chagrins plus réels. Il y avoit deux ans qu'il étoit marié, et son amour pour sa femme, loin de s'être affoibli, étoit devenu plus ardent. Cette jeune personne parut avec beaucoup d'éclat dans *la Princesse d'Élide :* elle étoit naturellement légère et coquette : le spectacle de la cour qui n'avoit jamais été plus brillant qu'à cette fête, les suffrages flatteurs qu'elle obtint, l'enivrèrent ; et, quoique sa conduite ne fut pas entièrement irrépréhensible, il est à présumer qu'elle eut plutôt à se reprocher de l'étourderie et de l'inconséquence qu'une infidélité complète. On assure que pendant ces fêtes madame Molière devint amoureuse du comte de Guiche, et qu'elle souffrit les hommages de Lauzun. Cette double intrigue ne fut pas long-temps inconnue à son époux, qui lui fit les reproches les plus vifs. Elle avoua sans détour son inclination pour le comte de Guiche, soutint qu'elle s'étoit moquée de Lauzun, et assura qu'elle n'avoit pas manqué à ses devoirs. Après avoir affoibli les soupçons de son mari, elle le pria d'excuser son inexpérience, versa beaucoup de larmes, et parvint à le rendre plus amou-

VIE DE MOLIÈRE.

ieux que jamais. Molière, persuadé de sa vertu, lui fit mille excuses. On voit que ce grand homme, ayant eu la foiblesse d'épouser une jeune personne dont il auroit pu être le père, différoit peu des Arnolphe et des Sganarelle, dont il avoit si bien peint les amours et la jalousie.

Ces tracasseries domestiques l'affligèrent beaucoup moins qu'une accusation horrible qui auroit pu le perdre, s'il n'avoit pas été aimé du roi. L'époque à laquelle il composa *le Tartufe*, et obtint à la cour les triomphes les plus flatteurs, fut la plus malheureuse de sa vie. Les faux dévots s'étoient joints aux comédiens de l'hôtel de Bourgogne, et aux mauvais auteurs dont Molière s'étoit fait des ennemis : il devoit résulter de cette ligue des effets terribles. Ne pouvant l'attaquer sur ses ouvrages et sur sa conduite publique, on résolut de calomnier sa vie privée. On répandit d'abord sourdement qu'il vivoit avec sa propre fille : on se le disoit tout bas ; et, par scrupule, on paroissoit craindre que les détails de cet inceste ne fussent connus. Plus on recommandoit le secret, moins il étoit gardé. Enfin la rumeur s'étant augmentée rapidement, comme on l'avoit espéré,

Montfleury se rendit l'organe de cette ligue infernale : il présenta à Louis XIV une requête par laquelle il intentoit cette monstrueuse accusation. Racine, encore très-jeune, fut témoin de cette intrigue : « Montfleury, écrit-il à M. Le Vasseur, a fait une requête contre Molière; il l'accuse d'avoir épousé sa propre fille; mais Montfleury n'est point écouté à la cour. » Si nous n'avions que ce témoignage, une grande tache pourroit rester sur la vie de cet homme célèbre : il en résulteroit que la protection du roi put seule imposer silence à l'accusateur. Mais il suffira de rapprocher les dates pour prouver que la calomnie est évidente. Molière ne connut Madame Béjard qu'en 1652. Il épousa sa fille dix ans après, en 1662. Il est donc impossible que cette jeune femme fût liée avec lui par les nœuds du sang.

Au milieu des inquiétudes de toute espèce qui l'accabloient, il ne perdoit aucune occasion de faire du bien; et s'il se présentoit à lui des jeunes gens qui annonçassent des dispositions, il étoit le premier à les encourager. Racine, encore très-jeune, arrivoit d'Uzès, où ses parents l'avoient envoyé, dans l'espoir qu'il obtiendroit un bénéfice :

dès l'époque où ce grand homme faisoit ses études à Port-Royal, il avoit annoncé un goût irrésistible pour la tragédie. Dans le Languedoc, il avoit entendu parler de Molière, qui s'étoit fait remarquer avantageusement aux États de Béziers. L'idée qu'il s'en étoit formée le porta, quand il fut de retour à Paris, à lui présenter une tragédie de *Théagène*, qu'il avoit composée dans sa solitude. Cette pièce étoit médiocre, mais l'auteur du *Tartufe* démêla ce que ce jeune homme pourroit faire un jour : il l'accueillit parfaitement, l'encouragea ; et, se souvenant de son ancienne tragédie de *la Thébaïde*, il lui en donna le plan, qu'il trouvoit très-bon. Racine travailla sur ce canevas : sa pièce fut jouée et applaudie. M. de Voltaire prétend qu'à cette occasion Molière fit au jeune auteur un présent de cent louis : mais comme il est le seul qui le dise, on peut douter de cette anecdote, qui d'ailleurs jetteroit trop de défaveur sur la conduite que Racine tint par la suite avec celui qui l'avoit dirigé dans ses premiers travaux.

Il paroît plus probable que Molière, s'étant lié avec Racine, employa son crédit pour faire réussir à la cour le poëme de *la Renommée aux Muses*. C'est ce qui est in-

diqué par un passage d'une des lettres de la jeunesse de Racine. « *La Renommée*, dit-
» il, a été assez heureuse : M. le comte de
» Saint-Aignan la trouve fort belle : je ne
» l'ai point vu au lever du roi ; mais j'y ai
» trouvé Molière, à qui le roi a donné
» beaucoup de louanges : j'en ai été bien
» aise pour lui, et il a été bien aise aussi
» que j'y fusse présent. »

Ce fut alors que Molière se lia avec un grand nombre de gens de lettres : Boileau, La Fontaine, Chapelle, l'abbé Le Vayer, Guilleragues, le voyoient fréquemment : il les recevoit dans une petite maison qu'il avoit louée à Auteuil, où il alloit quelquefois se délasser de ses travaux pénibles et oublier ses chagrins. Tous ces hommes, la plupart très-célèbres, avoient la plus grande estime pour lui : ils admiroient son génie extraordinaire, et le sens profond qui régnoit dans ses discours ; souvent ils le prenoient pour juge dans leurs démêlés littéraires.

A une de ces réunions, Puimorin, frère de Boileau, raconta qu'ayant osé critiquer le poëme de la Pucelle en présence de Chapelain, celui-ci avoit répondu : *C'est bien à vous d'en juger, vous qui ne savez pas*

VIE DE MOLIÈRE.

lire; et qu'il avoit répliqué : *Je ne sais que trop lire depuis que vous faites imprimer.* Boileau et Racine trouvèrent cette réplique très-bonne, et voulurent en faire sur-le-champ une épigramme ; c'est ainsi qu'ils la tournèrent :

Froid, sec, dur, rude auteur, digne objet de satire,
De ne savoir pas lire oses-tu me blâmer ?
Hélas ! pour mes péchés, je n'ai que trop su lire
    Depuis que tu fais imprimer.

Racine, très-scrupuleux sur les règles de la versification, soutint que le premier hémistiche du second vers rimant avec le vers précédent et le troisième vers, il valoit mieux dire *de mon peu de lecture.* Molière, consulté par les deux amis, décida qu'il falloit conserver la première façon : *Elle est,* dit-il, *plus naturelle, et il faut sacrifier toute régularité à la justesse de l'expression. C'est l'art même qui doit nous apprendre à nous affranchir des règles de l'art.* Boileau fut si frappé de cette décision, qu'il la mit en vers dans le quatrième chant de l'Art poétique.

Quelquefois, dans sa course, un esprit vigoureux,
Trop resserré par l'art, sort des règles prescrites,
Et de l'art même apprend à franchir les limites.

Molière fut, de toute sa société, celui qui

apprécia le mieux La Fontaine : Racine, Boileau lui-même, ne sentirent pas assez son génie : frappés de la singularité de ses manières, de ses distractions continuelles, et de la difficulté qu'il éprouvoit à s'exprimer, ils abusoient quelquefois de sa crédulité, et le tournoient en ridicule. Un jour qu'ils avoient poussé la plaisanterie très-loin, Molière dit tout bas à l'un d'eux : *Ne nous moquons pas du bon homme, il vivra peut-être plus que nous tous.*

L'année précédente, La Fontaine avoit publié le conte de Joconde, imité de l'Arioste. Une traduction d'un nommé Bouillon parut en même temps. Ces deux ouvrages, qui firent du bruit, partagèrent les suffrages des gens de lettres : il y eut même une gageure entre l'abbé Le Vayer et un gentilhomme appelé de Saint-Gilles, sur la supériorité de l'un ou de l'autre poëme. L'abbé tenoit pour La Fontaine, et le gentilhomme pour Bouillon. Molière, leur ami commun, fut pris pour juge, et se décida en faveur de La Fontaine : Boileau composa une dissertation pour soutenir cette opinion. Ce M. de Saint-Gilles étoit un homme de la vieille cour, qui avoit le ridicule de mettre de l'importance aux plus petites choses : Molière le peignit deux ans après dans *le Misanthrope*, sous le nom de Timante :

C'est de la tête aux pieds un homme tout mystère.
. . . .
Sans cesse il a tout bas, pour rompre l'entretien,
Un secret à vous dire, et ce secret n'est rien ;
De la moindre vétille il fait une merveille,
Et jusques au bonjour, il dit tout à l'oreille.

Quant à l'abbé Le Vayer, c'étoit un des plus grands admirateurs de Molière. Un jour qu'il se trouvoit avec lui à Auteuil, Boileau y vint, et la conversation s'engagea sur les travers des hommes. Molière, qui étoit en fonds sur cette matière, soutint et prouva par plusieurs exemples que *tous les hommes sont fous, et que chacun néanmoins croit être sage tout seul.* Ce sujet approfondi et discuté sous tous les points de vue, fournit à Boileau l'idée de sa quatrième satire ; et l'auteur comique conçut le projet de le mettre au théâtre, trouvant que Desmarets n'avoit pas bien exécuté ce dessein dans la comédie des *Visionnaires.* Il n'eut pas le temps de faire cette pièce.

Boileau le consultoit sur tous ses ouvrages : lorsqu'il vit l'Épître sur le passage du

Rhin, il se permit de critiquer les vers suivants :

Il apprend qu'un héros conduit par la victoire
A de ses bords fameux flétri l'antique gloire.

Ce dernier vers, dit-il, *peut faire entendre que la présence du roi a déshonoré le fleuve.* Boileau soutint ces vers, auxquels il tenoit beaucoup, et avec raison ; Molière ne se rendit point ; et la correction qu'il demandoit ne fut pas faite.

La suspension du *Tartufe* avoit nui à la troupe de Molière, qui comptoit sur le succès de cette pièce. Il chercha le moyen de réparer cette perte. Ses camarades le pressèrent d'arranger pour leur théâtre le *Festin de Pierre*, comédie espagnole de Tirso de Molina, que les comédiens italiens avoient récemment donnée, et qui avoit fait courir tout Paris. L'auteur du *Tartufe*, ne trouvant dans cette comédie que des conceptions extravagantes et un prodige ridicule, refusa long-temps de traiter un pareil sujet. Cependant, en y réfléchissant, il remarqua qu'il étoit possible d'en tirer de bonnes scènes ; et cette considération le fit céder au vœu de sa troupe. Les hypocrites avoient cabalé contre le *Tartufe* ;

l'auteur s'en vengea par une tirade du *Festin de Pierre*, où l'athée contrefait le dévot : cette scène avoit pour objet de préparer le public au rôle du *Tartufe*. L'essai ne fut pas aussi heureux qu'on l'avoit espéré. Cette pièce eut peu de succès : quelques traits dangereux, supprimés à la seconde représentation, furent saisis avidement par les ennemis de l'auteur : il s'élevèrent aussi contre le parti qu'il avoit pris d'écrire cette comédie en prose ; et le public partagea cette prévention. Ce ne fut qu'après la mort de l'auteur, lorsque sa veuve fit mettre en vers le *Festin de Pierre*, que cette pièce obtint le succès qu'elle méritoit.

Il parut contre cette comédie le libelle le plus violent, intitulé : *Observations sur une comédie de Molière, etc., par B. A. Rochemont ; Paris, 1665, avec permission du lieutenant civil* ; ce qui prouve que le libelliste étoit soutenu par des personnes puissantes. Après avoir mis Molière au-dessous de Gaultier Garguille, de Turlupin et de Jodelet, l'auteur poursuit ainsi :
« Mais qui peut supporter la hardiesse d'un
» farceur qui fait plaisanterie de la reli-
» gion, qui tient école de libertinage, et

» qui rend la majesté de Dieu le jouet d'un
» maître et d'un valet de théâtre, d'un
» athée qui s'en rit, et d'un valet plus im-
» pie qui en fait rire les autres? » L'auteur
finit par se prévaloir de la piété de la reine,
et par implorer l'autorité du roi et de la
justice contre l'auteur du *Festin de Pierre*.
On fit deux réponses à cette diatribe : la
meilleure est une lettre sur les observations
de Rochemont. « Savez-vous bien, dit l'au-
» teur, à quoi tous ces beaux raisonne-
» ments aboutissent? à une satire du *Tar-
» tufe*. L'observateur n'avoit garde d'y
» manquer, puisque ses remarques ne sont
» faites qu'à ce dessein. Comme il sait
» que tout le monde est désabusé, il a ap-
» préhendé qu'on ne le jouât; et c'est ce
» qui lui a fait mettre la main à la plume.»

Comme si tous les malheurs dussent en même temps accabler Molière, il eut à cette époque le chagrin de se brouiller avec un de ses meilleurs amis. On a vu l'accueil qu'il avoit fait à Racine. Ce poëte venoit de faire jouer sa tragédie d'*Alexandre* : parmi tous les acteurs de cette troupe, qui, comme son chef, avoit mal à propos la prétention de bien jouer la tragédie, il ne fut content que de mademoiselle Duparc, qui étoit chargée du rôle d'Axiane. Cette demoiselle vivoit assez froidement avec Molière, et ne lui pardonnoit pas d'avoir été insensible à ses avances, lorsqu'il refusa de lui sacrifier mademoiselle de Brie. Les comédiens de l'hôtel de Bourgogne, qui furent instruits du mécontentement de Racine, intriguèrent auprès de lui, et lui firent les offres les plus avantageuses s'il vouloit leur donner sa pièce. Le jeune poëte, préférant les intérêts de son amour-propre aux devoirs de l'amitié et de la reconnaissance, ne balança pas long-temps ; un seul motif le retenoit : mademoiselle Duparc avoit eu beaucoup de succès dans le rôle d'Axiane, il craignoit qu'elle ne pût être remplacée. Les comédiens de l'hôtel de Bourgogne s'empressèrent de lever cet obstacle ; profitant des dispositions de l'actrice à l'égard de son chef, ils l'engagèrent à leur théâtre : et Molière perdit en même temps la meilleure actrice de sa troupe, avec une pièce qui avoit réussi. Il fut profondément affligé de ce procédé ; cependant il conserva pour Racine ces égards d'estime et de considération que les hommes distingués devroient toujours avoir entre eux : Racine ne garda pas la même mesure.

Une faveur que Molière obtint de Louis XIV, dans le même temps, le consola un peu des désagréments qu'il avoit éprouvés. Sa troupe eut le titre de *troupe du roi.* Ce prince lui donna deux pensions, l'une de 7000 livres, qui devoit être partagée entre les comédiens, l'autre de 1000 pour leur chef. Mais l'ordre et l'économie de Molière auroient pu le rendre indépendant des grâces de la cour ; son revenu alloit à 30,000 livres, qui en faisoient plus de 80,000 d'aujourd'hui. Sa maison, située dans la rue de Richelieu, étoit sur un pied conforme à cette fortune : toutes les apparences du bonheur entouroient cet homme célèbre : il étoit bien loin d'en avoir la réalité.

Louis XIV l'aimoit, et, quoique comédien, il faisoit toujours à la cour son service de valet de chambre. Il avoit du crédit, mais il évitoit de le faire paroître, et n'en abusoit jamais. Plusieurs seigneurs le chérissoient et s'empressoient à rechercher sa conversation. Le maréchal de Vivonne, à qui Boileau adressa ses charmantes lettres sous les noms de Balzac et de Voiture, alloit souvent à Auteuil, et faisoit ses délices des observations de Molière. Le grand Condé vouloit qu'il vînt fréquemment le voir, et disoit qu'*il trouvoit toujours à gagner dans son entretien*. Il y avoit, comme on le voit, dans la vie agitée de cet homme extraordinaire, un mélange de biens et de maux qui ne formoit pas cependant une compensation suffisante pour le bonheur.

On assure qu'une dispute qui s'éleva entre madame Molière et la femme d'un médecin qui habitoit une maison voisine, donna à l'auteur l'idée de jouer les médecins; c'est ce qu'il fit dans *l'Amour médecin*, où il les mit pour la première fois sur la scène. Si cette anecdote est vraie, ce qui est fort douteux, elle est une nouvelle preuve de la foiblesse de Molière pour sa jeune épouse. Quoi qu'il en soit, la pièce fut faite et apprise en cinq jours; elle offre un trait de génie; c'est la scène où les quatre médecins assemblés pour une consultation s'occupent de choses frivoles.

Mais un ouvrage d'une bien plus grande importance occupoit depuis long-temps l'auteur. Ne pouvant publier *le Tartufe*, c'étoit sur *le Misanthrope* qu'il fondoit sa réputation. Boileau, qui en avoit plusieurs fois entendu la lecture, avoit témoigné, dans sa seconde satire, son admiration pour le talent de son ami; mais ce suffrage ne le rassuroit pas : il se défioit de ses forces, et n'étoit jamais entièrement satisfait de ses plus beaux morceaux ; situation assez naturelle aux hommes d'un grand talent, et que Boileau a exprimée ainsi :

Il plaît à tout le monde, et ne sauroit se plaire.

Lorsque Molière entendit ce vers, il s'écria, en serrant la main de Boileau : *Voilà la plus grande vérité que vous ayez jamais dite ! Je ne suis pas du nombre de ces esprits sublimes dont vous parlez ; mais tel que je suis, je n'ai jamais rien fait dont je sois véritablement content.*

Les craintes de l'auteur parurent se réaliser lorsqu'il donna *le Misanthrope* pour la première fois. La pièce fut reçue froidement. Un événement assez singulier contribua à inspirer au public de la prévention. Un témoin oculaire va nous en instruire : « Le » sonnet d'Oronte, dit Devisé, n'est point » méchant selon la manière d'écrire d'au- » jourd'hui, et ceux qui cherchent ce qu'on » appelle pointes ou chutes plutôt que le bon » sens, le trouveront sans doute bon. J'en vis » même plusieurs, à la première représenta- » tion de cette pièce, qui se firent jouer pen- » dant qu'on représentoit cette scène, car ils

» crièrent que le sonnet étoit bon avant que le
» Misanthrope en fit la critique, et demeu-
» rèrent ensuite tout confus. » Cette anecdote suffit pour montrer combien Molière étoit supérieur à son siècle. Ceux qui avoient hautement pris le parti du sonnet soutinrent que la pièce étoit froide; les autres, dont le plus grand nombre n'étoit pas en état d'apprécier ce comique noble, demeurèrent indifférents. Il est à remarquer qu'on ne fit aucune critique contre *le Misanthrope*; les ennemis de l'auteur affectèrent même de louer cette pièce pour montrer leur impartialité; ils étoient persuadés qu'elle ne se releveroit pas. Boileau prit avec chaleur le parti d'un ouvrage dont il avoit examiné toutes les parties avec la plus scrupuleuse attention. Racine, qui ne croyoit pas encore avoir à se plaindre de Molière, montra dans cette occasion de la générosité. Un de ses amis, qui avoit assisté à la première représentation du *Misanthrope*, vint le lendemain lui annoncer la chute de la pièce, et crut lui faire plaisir en se déclarant contre elle : *La pièce est tombée*; lui dit-il; *rien n'est si froid, vous pouvez m'en croire, j'y étois.*—*Vous y étiez*, répondit Racine, *et je n'y étois pas; cepen-*

dant je n'en croirai rien, parce qu'il est impossible que Molière ait fait une mauvaise pièce. Retournez-y, et examinez-la mieux.

Le Misanthrope fut rétiré après la troisième représentation. Deux mois après, l'auteur le remit avec *le Médecin malgré lui*, qui attira la foule et ramena le public. Cette dernière pièce, dont le principal personnage est calqué sur un perruquier du palais (*), qui servit aussi de modèle à l'un des héros du Lutrin, est tirée d'un vieux conte dont l'idée est très-plaisante. Il est assez singulier qu'il fallût une farce de ce genre pour faire passer un chef-d'œuvre tel que *le Misanthrope*.

Quelque temps après la remise de cette comédie, Louis XIV donna une fête encore plus belle que les précédentes. Les comédiens de l'hôtel de Bourgogne se réunirent à ceux du Palais-Royal pour contribuer aux plaisirs de la cour. Il jouèrent la tragédie de *Pyrame et Thisbé*, de Théophile; et Molière, pressé par le temps, ne put donner que les deux premiers actes de *Mélicerte*, pastorale. Les plus belles femmes de la cour, parmi lesquelles on remarquoit madame de La

---

(*) Voy. Discours préliminaire.

Vallière et madame de Montespan, dansèrent dans le ballet. *Le Sicilien* fit aussi partie de cette fête. C'est le premier modèle du genre que Saintefoix adopta depuis dans les petites comédies de *l'Oracle* et des *Grâces*.

Cependant la réputation de Racine s'augmentoit. Le succès d'*Andromaque*, presque égale à celui du *Cid*, fixoit sur lui tous les regards. Le grand Corneille se voyoit négligé par les comédiens de l'hôtel de Bourgogne, qui, sous divers prétextes, refusoient de représenter *Attila*. Il se rapprocha de Molière et se réconcilia avec lui. Bientôt sa tragédie fut jouée, et madame Molière, qui depuis long-temps désiroit de paroître dans le genre tragique, y débuta avec beaucoup d'éclat. Elle étoit aimée du public, et son penchant à la coquetterie la portoit à varier, autant qu'il étoit possible, ses moyens de plaire.

Cette coquetterie faisoit le malheur de son époux : naturellement disposé à la jalousie, il s'exagéroit les torts qu'elle avoit avec lui. Plus il vouloit exiger d'elle, moins il obtenoit. Un jour il éclata, lui fit une longue récapitulation de ses griefs, et la menaça de la faire enfermer. Elle s'évanouit, parut se livrer au plus violent désespoir ; et Molière, qui la chérissoit toujours, lui offrit son pardon à condition qu'elle se conduiroit mieux. Dégoûtée de son mari, fatiguée de sa jalousie, elle refusa de se réconcilier et déclara qu'elle vouloit vivre séparée de lui. Le prétexte qu'elle fit valoir, fut qu'elle ne pouvoit souffrir que mademoiselle de Brie demeurât avec elle, et semblât lui disputer les affections de son époux. En effet, Molière, lorsqu'il étoit rebuté par les caprices de sa femme, revenoit à son ancienne amie, auprès de laquelle il trouvoit une douceur et une égalité à toute épreuve. Craignant de faire un éclat, il consentit à cette séparation, sans cesser d'être amoureux de sa femme : il exigea seulement qu'elle ne quittât pas sa maison. Quelque tems après il tenta, mais vainement, de reprendre ses droits sur elle ; il n'en reçut que de l'indifférence et du mépris.

Accablé par le chagrin le plus profond, il alla passer quelques jours à Auteuil. Chapelle vint le voir, et le trouva rêvant tristement dans son jardin. Il lui demanda la cause de sa tristesse ; et Molière, après quelques refus, soulagea son cœur en lui avouant tout. — Pour moi, dit Chapelle, je vous avoue que si j'étois assez malheureux pour me trouver en pareil état, et que je fusse fortement persuadé que la personne que j'aime accorde ses faveurs à d'autres, j'aurois tant de mépris pour elle, qu'il me guériroit infailliblement de ma passion. Vous avez d'ailleurs une satisfaction que vous n'auriez pas si c'étoit une maîtresse ; et la vengeance, qui prend ordinairement la place de l'honneur dans un cœur outragé, vous peut payer tous les chagrins que vous cause votre épouse, puisque vous n'avez qu'à la faire enfermer. Ce sera même un moyen assuré de vous mettre l'esprit en repos.

Molière, qui avoit écouté son ami avec assez de tranquillité, l'interrompit pour lui demander s'il n'avoit jamais été amoureux. — Je l'ai été, répondit Chapelle, comme un homme de bon sens doit l'être : mais je n'aurois point balancé sur une chose que mon honneur m'auroit conseillé de faire ; et je rougis pour vous de vous trouver si incertain.

— Je vois bien que vous n'avez encore rien aimé, répliqua Molière : vous avez pris la figure de l'amour pour l'amour même. Je ne vous rapporterai point une infinité d'exemples qui vous feroient connoître la puissance de cette passion : je vous ferai seulement un récit fidèle de mon embarras, pour vous faire comprendre combien on est peu maître de soi quand elle a une fois pris sur nous l'ascendant que le penchant lui donne d'ordinaire. Pour prévenir l'objection que vous pourriez me faire sur la connoissance parfaite que vous dites que j'ai du cœur de l'homme, par les portraits que j'en expose tous les jours au public, je demeurerai d'accord que je me suis étudié, autant que j'ai pu, à connoître leur foible; mais si ma science m'a appris qu'on pouvoit fuir le péril, mon expérience ne m'a que trop fait voir qu'il étoit impossible de l'éviter. J'en juge tous les jours par moi-même.

Molière fit ensuite à Chapelle le récit de son mariage, de ses amours et de ses chagrins. — Je me suis déterminé, poursuivi-il, à vivre avec elle comme si elle n'étoit pas ma femme : mais si vous saviez ce que je souffre, vous auriez pitié de moi : ma passion est venue à tel point, qu'elle va jusqu'à entrer avec compassion dans les intérêts de cette jeune femme. Quand je considère combien il m'est impossible de vaincre ce que je sens pour elle, je me dis en même temps qu'elle a peut-être la même difficulté à détruire le penchant qu'elle a d'être coquette, et je me trouve plus de disposition à la plaindre qu'à la blâmer. Vous me direz sans doute qu'il faut être poëte pour aimer de cette manière; mais, pour moi, je crois qu'il n'y a qu'une sorte d'amour, et que les gens qui n'ont pas senti de semblables délicatesses n'ont jamais aimé véritablement. N'admirez-vous pas que tout ce que j'ai de raison ne serve qu'à me faire connoître ma foiblesse sans que je puisse en triompher?—Je vous avoue, à mon tour, dit Chapelle, que vous êtes plus à plaindre que je ne pensois : mais il faut tout espérer du temps : continuez cependant à combattre votre passion.

On a cru devoir rapporter tout cet entretien, qui paroît authentique, parce qu'il peint d'une manière parfaite le caractère de Molière. Sa générosité, son amour, son indulgence, ses profondes réflexions sur le cœur humain, s'y déploient dans la position la plus délicate.

Jusqu'alors Racine avoit gardé beaucoup de mesure avec Molière : il se rappeloit avec reconnoissance l'accueil qu'il avoit reçu de cet homme célèbre. Une malheureuse méprise accrut la division qui existoit entre eux; et quoique Molière fût toujours juste envers Racine, ce dernier écouta trop les conseils du dépit et de la vengeance.

Andromaque avoit obtenu le plus grand succès ; et ce triomphe avoit suscité beaucoup d'ennemis à son auteur. Une satire contre cette pièce, intitulée *la folle Querelle*, réussit parce qu'elle étoit remplie de méchancetés. On sait combien Racine étoit sensible à la moindre critique : il partagea l'opinion qui attribuoit à Molière ce mauvais ouvrage, et ne lui pardonna jamais d'avoir cherché à déprimer un de ses chefs-d'œuvre. Le fait est que cette satire étoit du comédien Subligni, également ennemi de Molière et de Racine.

La rumeur qui s'étoit élevée contre *le Tartufe* paroissoit apaisée après trois ans d'interruption : l'auteur avoit employé ce temps à corriger sa pièce. Il en avoit changé le titre, et l'avoit appelée *l'Imposteur* : au lieu de faire paroître son principal personnage sous le costume ecclésiastique, il lui avoit donné celui d'un homme du monde ; et plusieurs adoucissements paroissoient devoir désarmer les critiques les plus sévères. Molière profita de la circonstance où le roi faisoit une campagne en Flandre, où Paris étoit presque désert, pour risquer, au milieu de l'été, une première représentation du *Tartufe*. Mais tous les soupçons se réveillèrent : les faux dévots jetèrent les hauts cris, les personnes véritablement pieuses conçurent des alarmes ; et le premier président de Lamoignon, qui connoissoit la pièce, crut devoir défendre la seconde représentation jusqu'à un nouvel ordre du roi. Sans doute ce magistrat, ami des lettres, dont le fils fut si connu par ses bontés pour Boileau, avoit des raisons qu'on ne peut apprécier aujourd'hui.

Molière, comptant toujours sur les bontés du roi, lui envoya, au camp de Lille, deux de ses camarades, La Grange et La Thorillière, pour le prier de lever la défense du premier président : Louis XIV, qui avoit beaucoup de confiance en ce magistrat, ne changea rien à la mesure qu'il avoit prise ; et *le Tartufe* fut encore suspendu. Le prince de Condé, qui aimoit beaucoup Molière, et qui deux ans auparavant avoit fait jouer sa pièce au Raincy, fut un des partisans les plus zélés de ce chef-d'œuvre. Quelque temps après, il trouva l'occasion de faire sentir au roi l'injustice des ennemis de l'auteur. Des farceurs représentèrent à la cour une pièce intitulée : *Scaramouche*

Ermite, et Louis XIV dit en sortant au prince : *Je voudrois bien savoir pourquoi les gens qui se scandalisent si fort de la comédie de Molière ne disent pas un mot de celle de Scaramouche.—La raison de cela*, répondit le prince, *c'est que la comédie de Scaramouche joue le ciel et la religion, dont ces messieurs ne se soucient point; mais celle de Molière les joue eux-mêmes; c'est ce qu'ils ne peuvent souffrir.* Tout autre homme que l'auteur se seroit découragé par tant d'obstacles qui retardoient la représentation d'un ouvrage qu'il regardoit comme son chef-d'œuvre : mais son génie le soutenoit, et sa plus douce consolation étoit de travailler à d'autres comédies. Il fit représenter *Amphitrion*, qui, comme on sait, est une imitation très-embellie de Plaute. Cette pièce n'essuya d'abord aucune critique, et le succès en fut complet; mais Boileau, qui, sous le rapport littéraire, n'avoit jamais d'indulgence, même pour ses meilleurs amis, y trouva des défauts. Il blâmoit surtout les tendresses de Jupiter et d'Alcmène, et cette scène où le dieu ne cesse de jouer sur les termes d'*époux* et d'*amant*. D'un autre côté, madame Dacier, fatiguée d'entendre dire que la pièce nouvelle l'emportoit sur la comédie latine, s'occupa d'une dissertation qui avoit pour objet de prouver que l'Amphitrion de Plaute étoit très-supérieur à la comédie de Molière : mais, ayant appris que l'auteur travailloit aux *Femmes savantes*, elle supprima prudemment sa dissertation.

Le succès d'*Amphitrion* engagea Molière à puiser encore un sujet dans Plaute. *L'Avare* étoit peut-être le plus profond et le plus moral que l'on pût y trouver. L'auteur moderne se l'appropria en maître, changea quelques nuances du caractère, plusieurs circonstances de l'action, et mit en scène de nouveaux personnages. Cependant ce chef-d'œuvre n'eut pas d'abord un grand succès, par la prévention du public contre les comédies en cinq actes qui étoient en prose. C'est à Molière qu'on doit la distinction des sujets propres à être mis en vers, et de ceux où la prose doit être préférée. Dans les comédies, comme *le Tartufe* et *le Misanthrope*, où le caractère se développe principalement par des paroles, nul doute que la poésie ne doive être employée pour donner plus d'éclat et de précision aux détails : dans les pièces, au contraire, comme *l'Avare* et *le Bourgeois gentilhomme*, où le caractère s'annonce le plus fréquemment par des actions, il paroît que la prose convient mieux : ces deux comédies offrent en effet une multitude de choses charmantes que les vers ne ne pourroient rendre.

Les premières représentations de *l'Avare* furent presque désertes : Boileau s'y montroit fort assidu, et soutenoit que la pièce étoit excellente. Racine, irrité contre l'auteur, enveloppoit l'ouvrage dans son ressentiment. *Je vous vis dernièrement*, dit-il un jour à Boileau, *et vous riiez tout seul sur le théâtre.—Je vous estime trop*, lui répondit Boileau, *pour croire que vous n'y ayez pas ri, du moins intérieurement.* L'auteur retira sa pièce après les premières représentations ; il la remit au bout de quelques mois : alors elle réussit complétement. Molière eut avec Racine une conduite beaucoup plus noble : la même année *les Plaideurs* furent joués à l'hôtel de Bourgogne. La seconde représentation fut orageuse, et les comédiens n'osoient hasarder la troisième. Molière, toujours juste, soutint *que cette comédie étoit bonne, et que ceux qui s'en moquoient méritoient qu'on se moquât d'eux.*

George Dandin, qui suivit immédiatement *l'Avare*, fit partie d'une fête magnifique que Louis XIV donna à Versailles pour la paix de 1668. Des censeurs sévères trouvèrent peut-être, avec raison, de l'indécence dans le rôle d'Angélique ; mais les critiques se turent : l'auteur avoit acquis un grand ascendant, par son génie, qui n'étoit plus méconnu, et par la faveur du roi.

Cette faveur qui s'augmentoit tous les jours imposa enfin silence à ceux qui s'opposoient à la représentation du *Tartufe* : et ce chef-d'œuvre fut joué le 5 février 1669. Une suspension de cinq ans excitoit dans le public la plus vive curiosité ; et le plaisir de rire aux dépens des faux dévots, qui jusqu'alors avoient été protégés, entroit pour beaucoup dans cet empressement. L'affluence des spectateurs fut immense : quarante représentations de suite ne purent les satisfaire ; et Molière, considéré comme le plus grand comique qui eût existé, dut être pendant quelque temps consolé de ses peines.

Cependant il parut contre lui une satire assez piquante, qui fut accueillie avec transport par ceux qui lui étoient opposés. Elle est en tête d'une mauvaise parodie du *Tar-*

tufe. Cette pièce est curieuse : l'auteur attaque d'abord la pièce, dont il tourne le plan en ridicule.

Dès le commencement, une vieille bigote
Querelle les acteurs, et sans cesse radote,
Crie et n'écoute rien, se tourmente sans fruit.
Ensuite une servante y fait autant de bruit,
A son maudit caquet donne libre carrière,
Réprimande son maître, et lui rompt en visière,
L'étourdit, l'interrompt, parle sans se lasser.
Un bon coup suffiroit pour la faire cesser ;
Mais on s'aperçoit bien que son maître, par feinte,
Attend pour la frapper qu'elle soit hors d'atteinte.
Surtout peut-on souffrir l'homme aux *réalités*,
Qui pour se faire aimer dit cent impiétés ?
Débaucher une femme et coucher avec elle,
Chez ce galant dévot est une bagatelle.
A l'entendre, le ciel permet tous les plaisirs ;
Il en sait disposer au gré de ses désirs,
Et quoi qu'il puisse faire, il se le rend traitable.
Pendant ces beaux discours, Orgon sous une table,
Incrédule toujours, pour être convaincu,
Semble attendre en repos qu'on le fasse cocu.
Il se détrompe enfin, et comprend sa disgrâce,
Déteste le Tartufe et pour jamais le chasse.
Après que l'imposteur a fait voir son courroux,
Après qu'on a juré de le rouer de coups,
Et d'autres incidents de cette même espèce,
Le cinquième acte vient : il faut finir la pièce ;
Molière la finit, et nous fait avouer
Qu'il en tranche le nœud qu'il n'a su dénouer.

Après s'être étendu sur la pièce de Molière, l'auteur attaque sa personne : ces vers doivent être conservés, parce qu'ils sont entièrement en contradiction avec l'idée qu'on s'est formée depuis ce grand homme.

Molière plaît assez : c'est un bouffon plaisant
Qui divertit le monde en le contrefaisant.
Ses grimaces souvent causent quelques surprises ;
Toutes ses pièces sont d'agréables sottises :
Il est mauvais poëte, et bon comédien ;
Il fait rire, et de vrai c'est tout ce qu'il fait bien.

Ces vers furent attribués à Montfleury, dont il a déjà été parlé : une comédie de ce poëte, *la Femme Juge et Partie*, partagea le succès du *Tartufe*, et eut presque autant de représentations à l'hôtel de Bourgogne. Il n'en faut rien conclure contre le public d'alors ; nous avons vu des choses plus extraordinaires.

Si le suffrage unanime des hommes les plus distingués de la France put suffire pour effacer ces légers désagrémens, Molière n'eut rien à désirer. Louis XIV lui-même, qui s'étoit opposé si long-temps à la représentation de la pièce, sembla partager l'admiration du public. L'auteur, quoiqu'il eût déjà attaqué les médecins, étoit fort lié avec un docteur appelé Mauvilain, dont le fils désiroit un canonicat à Vincennes : il profita de l'occasion pour demander cette grâce au roi le jour même de la première représentation du *Tartufe : Votre majesté*, lui dit-il, *m'a réconcilié avec les dévots; qu'elle daigne me réconcilier avec les médecins.* La grâce fut accordée, et quelques jours après, Louis XIV ayant aperçu l'auteur dans ses appartements, lui dit : *Vous avez un médecin, que vous fait-il?—Sire*, répondit-il, *nous causons ensemble; il m'ordonne des remèdes, je ne les fais point, et je guéris.*

Les rôles des femmes du *Tartufe* furent joués par trois personnes dont la réunion dans la maison de Molière en troubloit souvent le repos. Madame Béjard étoit chargée du rôle de Dorine; madame Molière, sa fille, de celui d'Elmire; et mademoiselle de Brie, de celui de Mariane. On raconte que, quelques moments avant la première représentation, madame Molière se présenta magnifiquement vêtue pour jouer Elmire : son mari, qui tenoit beaucoup aux convenances théâtrales, l'obligea de prendre un habit plus simple, parce que *la grande parure*, ajouta-t-il, *ne convient pas à une jeune femme convalescente*. Elle obéit à regret : heureusement elle étoit alors bien avec son époux, dont la gloire la flattoit, et parvenoit quelquefois à la ramener à lui. Mademoiselle de Brie jouoit parfaitement Mariane ; elle excelloit dans les rôles d'ingénues et de demoiselles décentes : sa douceur, ses grâces touchantes enchaînoient Molière, quoique depuis long-temps il ne fût plus amoureux d'elle. C'étoit dans son sein qu'il déposoit ses chagrins et ses inquiétudes : elle ne put jamais se séparer de lui. Cette demoiselle lui survécut longtemps : elle eut le don bien rare de paroître toujours jeune : à soixante-cinq ans elle jouoit encore les ingénues : cependant à cette époque elle voulut abandonner le rôle d'Agnès de *l'École des Femmes*. Mademoiselle Ducroisy, jeune et jolie, se présenta pour le jouer ; mais le public refusa de l'entendre, et força mademoiselle de Brie à reparoître : on fit à ce sujet le quatrain suivant :

> Il faut qu'elle ait été charmante,
> Puisque aujourd'hui, malgré ses ans,
> A peine des attraits naissants
> Égalent sa beauté mourante.

Telle étoit la femme avec laquelle Molière auroit pu vivre heureux, s'il l'eût préférée à mademoiselle Béjard.

Un gentilhomme de Limoges, qui étala beaucoup de ridicules sur le théâtre, et qui eut même une scène avec les gagistes, fournit à l'auteur l'idée de *Pourceaugnac*. Cette pièce fit partie d'une fête qui eut lieu à Chambord. Boileau, qui prenoit le plus vif intérêt à la gloire de son ami, se plaignit qu'un si grand génie descendît à la farce.

L'année suivante Louis XIV donna à Saint-Germain une fête aussi belle que celle de *Mélicerte*. Il imagina le sujet des *Amants magnifiques*, et chargea Molière de le traiter. Ces ouvrages de commande sont rarement bons, et le sujet de cette pièce n'étoit ni dans le goût ni dans le talent de l'auteur. Il ne voulut pas qu'elle fût jouée à Paris : on ne la représenta qu'après sa mort: elle n'eut point de succès.

Le Bourgeois gentilhomme fit l'ornement d'une fête qui eut lieu à Chambord la même année. Le succès en fut d'abord douteux à la cour. On trouva mauvais que Molière eût présenté un seigneur et une marquise comme des fripons; mais, n'osant faire valoir cette raison, on se rejeta sur le divertissement, qu'on traita de misérable farce.

Le roi ne dit rien à l'auteur, ce qui lui fit penser que sa pièce étoit absolument tombée. Six jours s'écoulèrent entre la première et la seconde représentation : pendant ce long intervalle, Molière n'osa paroître. Baron, envoyé pour savoir des nouvelles, n'en rapportoit que de mauvaises. Enfin, après la seconde représentation, Louis XIV témoigna sa satisfaction à l'auteur, et lui dit que la pièce étoit excellente : tout changea ; ceux qui l'avoient le plus critiquée en devinrent les partisans les plus enthousiastes.

Dans cette pièce, Molière donna encore une nouvelle preuve d'amour à sa femme, qui depuis quelque temps se conduisoit un peu mieux avec lui : il la peignit dans une scène charmante, dont nous avons cité quelques traits.

La santé de cet homme célèbre commençoit à s'affoiblir ; et le plus souvent qu'il le pouvoit, il faisoit des retraites dans sa maison d'Auteuil. Ce fut là que se passa une scène très-singulière, dont M. de Voltaire a regardé le récit comme un conte, mais qu'on peut donner comme vraie, puisqu'elle est racontée dans tous ses détails par Louis Racine, qui la tenoit de Despréaux et de son père.

Boileau, Chapelle et La Fontaine vinrent demander à souper à Molière : il fit ce qu'il put pour les régaler ; mais il observa qu'il ne pourroit être que témoin de leur repas, parce qu'il étoit au régime. Les convives se mirent à table, et, suivant la coutume du temps, burent beaucoup. Le vin les ayant jetés dans la morale la plus sérieuse, leurs réflexions sur les misères de la vie, et sur cette maxime des anciens, *que le premier bonheur est de ne point naître, et le second, de mourir promptement*, leur fit prendre l'héroïque résolution d'aller sur-le-champ se jeter dans la rivière ; ils y alloient, et elle n'étoit pas loin. Molière leur représenta avec beaucoup de sang-froid qu'une si belle action ne devoit pas être ensevelie dans les ténèbres de la nuit, et qu'elle méritoit d'être faite en plein jour. Ils s'arrêtèrent, et se dirent, en se regardant les uns les autres : *Il a raison.* — *Oui, Messieurs*, ajouta Chapelle, *ne nous noyons que demain matin ; et en attendant, allons boire le vin qui nous reste.* Le jour suivant, comme l'avoit attendu Molière, leurs idées changèrent : ils jugèrent à propos de supporter les misères de la vie.

Les Fourberies de Scapin, farce charmante, si supérieure à tant de comédies plus soignées, suivit immédiatement *le Bourgeois gentilhomme*. Cette pièce fut très-applaudie; mais l'auteur ne fut pas épargné par ses ennemis : on lui reprocha surtout de ne se faire aucun scrupule de prendre des scènes entières dans des auteurs modernes, tels que Rotrou et Cyrano. *Ces scènes étoient bonnes*, répondit-il; *elles m'appartenoient de droit : on reprend son bien partout où on le trouve.* Boileau, toujours sévère avec son ami, ne goûta point *les Fourberies de Scapin* : il gémissoit de voir un si grand génie perdre son temps à des pièces de ce genre, et l'engageoit à terminer *les Femmes savantes*, qu'il mettoit au même rang que *le Misanthrope*.

Il paroît que c'étoit seulement pour les pièces d'un comique peu relevé que Molière avoit coutume de consulter sa servante : il exigeoit aussi que ses camarades amenassent leurs enfants à ses lectures, afin de juger à leurs premiers mouvements s'il avoit bien saisi la nature. Cette méthode, qui annonce la plus profonde connoissance du cœur humain, n'avoit lieu que pour les comédies d'un ordre inférieur : de tels juges n'auroient sans doute pu apprécier *le Misanthrope* et *le Tartufe*.

Molière s'étoit depuis long-temps réconcilié avec Corneille : pressé par une fête qui eut lieu au carnaval de 1671, il le pria de l'aider à la composition de *Psyché*. Ce grand homme, âgé de soixante-sept ans, sembla rajeunir pour contribuer aux plaisirs du roi : deux scènes charmantes, pleines de sentiment et de délicatesse, lui appartiennent.

Enfin *les Femmes savantes*, désirées depuis long-temps par Boileau, et qui avoient jeté l'alarme parmi toutes les femmes auxquelles on reprochoit des prétentions à l'esprit, furent représentées sans répondre entièrement à l'attente de l'auteur. L'accueil du public fut d'abord assez froid : mais plus cette comédie fut jouée, plus on en sentit les beautés. Tous les détails relatifs à cette pièce se trouvent dans le Discours préliminaire. Elle eut plus de succès à la cour, où la jeunesse se faisoit un honneur de se moquer de l'hôtel de Rambouillet, qu'elle regardoit comme la vieille cour. Le rôle de Clitandre y fut surtout admiré. Quelque temps après la première représentation, Louis XIV demanda à Boileau quel étoit le plus grand écrivain qui eût honoré son règne ? *Molière*, répondit Boileau sans balancer. — *Je ne le croyois pas*, poursuivit le roi ; *mais vous vous y connoissez mieux que moi*. Ce mot fut à l'instant répété par les courtisans, et mit le comble à la gloire de Molière.

Une fête le détourna encore des grands ouvrages auxquels il vouloit désormais se consacrer entièrement. Il composa *la Comtesse d'Escarbagnas*, où il attaqua parfaitement les prétentions des dames de province. Ce fut la première fois qu'il mit sur la scène un financier. On a exposé autre part les raisons qui le détournèrent de puiser dans cette source, que Le Sage, quelque temps après, rendit si féconde.

Nous approchons de la mort de Molière : il est temps de compléter les détails que nous avons donnés sur son caractère.

Cet homme, qui avoit des passions si fortes, étoit cependant ami de l'ordre, et portoit peut-être ce goût jusqu'à un excès minutieux. Il exigeoit dans sa maison la régularité la plus parfaite : les heures des repas, du travail et des plaisirs, étoient fixées : le moindre dérangement dans son appartement lui causoit de l'humeur, et le détournoit même de ses occupations. Il étoit triste et porté à la mélancolie : quoique sa conversation fût très-recherchée, il parloit peu, et ne s'abandonnoit que lorsque la société lui plaisoit. Son unique soin étoit d'observer les différents ridicules, qu'il ne frondoit jamais dans le monde. Entouré d'amis qui le consoloient de ses désagréments domestiques, il étoit respecté par eux, quoiqu'ils connussent ses foiblesses. On a vu qu'ils le prenoient souvent pour arbitre dans leurs différents.

Sa conduite avec ses camarades étoit celle d'un père, d'un ami, d'un protecteur. S'il exigeoit une grande exactitude dans leurs devoirs, il savoit la payer par des encouragements et des libéralités. Il ne négligeoit rien pour les faire valoir, soit en composant des rôles conformes à leurs talents, soit en leur donnant des conseils. Son caractère étoit doux, complaisant et généreux. Sa grande facilité d'élocution le portoit à haranguer souvent sa troupe et le public; et l'on présume qu'il étoit toujours écouté favorablement. Son portrait nous a été laissé par une actrice qui l'avoit beaucoup connu. « Il n'étoit, dit-elle, ni trop gras, ni trop mai-
» gre : il avoit la taille plus grande que petite,
» le port noble, la jambe belle : il marchoit
» gravement, avoit l'air très-sérieux, le

» nez gros, la bouche grande, les lèvres
» épaisses, le teint brun, les sourcils noirs
» et forts, et les divers mouvements qu'il
» leur donnoit lui rendoient la physionomie
» extrêmement comique. »

On se demande comment un génie aussi supérieur pouvoit se prêter aux soins souvent peu nobles d'un directeur de troupe, et d'un comédien. Ses amis s'en étonnoient, et lui conseilloient d'abandonner son état pour se livrer entièrement aux lettres. Une place à l'Académie française auroit été le prix de ce sacrifice. Un jour Boileau insista beaucoup sur cet objet : *Votre santé*, lui dit-il, *dépérit, parce que le métier de comédien vous épuise : que n'y renoncez-vous ?*—*Hélas !* lui répondit Molière, *c'est le point d'honneur qui me retient.*—*Et quel point d'honneur ?* poursuivit Boileau. *Quoi ! vous barbouiller le visage d'une moustache de Sganarelle pour venir sur un théâtre recevoir des coups de bâton ! voilà un beau point d'honneur pour un philosophe comme vous !* Ce point d'honneur consistoit à ne point abandonner plus de cent personnes qui vivoient de ses travaux, et qui, comme on le vit après sa mort, seroient tombées dans la misère s'il eût quitté le théâtre. Le même motif lui servoit d'excuse lorsqu'on lui reprochoit de faire des farces indignes de son grand talent : *Je suis comédien et auteur*, disoit-il ; *il faut réjouir la cour, et attirer le peuple; et je suis quelquefois réduit à consulter l'intérêt de mes acteurs aussi bien que ma propre gloire.*

A cette époque, les amis de Molière parvinrent à le réconcilier entièrement avec sa femme. Il quitta pour lui plaire le régime sévère auquel il s'étoit soumis et sa santé en souffrit beaucoup. On a vu qu'il avoit toujours été excessivement jaloux : avoit-il eu sujet de l'être ? c'est ce que nous ne pouvons décider. Cependant une anecdote qui paroît vraie, et qui malheureusement ne fut connue qu'après la mort de Molière, peut justifier jusqu'à un certain point sa jeune épouse.

Par un singulier hasard, il y avoit à Paris une fille entretenue, appelée Latourelle, qui ressembloit parfaitement à madame Molière : cette fille se servoit pour ses intrigues d'une entremetteuse nommée madame Ledoux. Toutes les fois que cette dernière étoit instruite que quelque homme avoit de l'inclination pour madame Molière, ce qui arrivoit souvent, car cette actrice étoit charmante, surtout au théâtre, elle s'abouchoit avec cet homme, lui disoit que madame Molière vouloit conserver les dehors d'une bonne conduite, mais qu'elle étoit loin d'être insensible à des hommages et à des présents ; qu'ainsi elle pouvoit consentir à recevoir un amant dans une maison tierce. Alors, avec le plus grand mystère, elle introduisoit l'amant chez elle, et lui procuroit un tête-à-tête avec mademoiselle Latourelle. Celle-ci recommandoit à son amant de ne lui jamais parler au théâtre, et lui faisoit promettre un secret inviolable sur les liaisons qu'elle avoit avec lui. Ce manége dura quelque temps ; mais les amants ne furent pas assez discrets pour que des bruits défavorables à madame Molière ne se répandissent et ne désespérassent son mari.

Un an après la mort de Molière, tout fut découvert. Lescot, président au parlement de Grenoble, devint éperdument amoureux de la jeune veuve. Madame Ledoux, à laquelle il s'adressa lui procura plusieurs entrevues avec mademoiselle Latourelle, et il crut jouir du plus grand bonheur. Ses libéralités furent considérables. Chaque jour il alloit au théâtre pour admirer celle qu'il croyoit posséder ; mais il n'osoit d'après les recommandations qu'on lui avoit faites, ni lui parler, ni lui faire aucun signe d'intelligence. Un matin que mademoiselle Latourelle avoit promis de déjeuner avec lui chez madame Ledoux, elle manqua au rendez-vous. Le président, furieux et impatient, alla le soir à la comédie ; madame Molière jouoit. Il se met sur le théâtre, lui fait plusieurs signes ; mais elle n'a pas l'air de le connoître : enfin, la pièce étant terminée, il la suit dans sa loge, lui adresse les reproches les plus vifs, et se plaint de ce qu'elle a manqué au rendez-vous. Madame Molière le croit fou, et le prie de se retirer. Il éclate alors, lui rappelle qu'il vit avec elle depuis long-temps, et lui marque les circonstances les plus détaillées de leur liaison. Madame Molière, très-irritée, appelle ses camarades qui accourent. Le président, furieux, traite sa prétendue maîtresse comme la plus vile des créatures : on ferme les portes, on appelle un commissaire, et le président est envoyé en prison. Dans son interrogatoire, cet homme parla beaucoup de madame Ledoux ; on l'arrêta, ainsi que mademoiselle Latourelle ; elles avouèrent qu'elles avoient trompé plusieurs personnes comme le président, et ces deux femmes furent fustigées devant l'hôtel des comédiens.

Malheureusement Molière ne put connoître cette aventure singulière, qui auroit peut-être calmé ses soupçons jaloux.

Accablé de la maladie qui devoit le conduire au tombeau, tourmenté par une toux continuelle, il s'occupoit du *Malade imaginaire*, dont il espéroit beaucoup de succès. Son attente ne fut pas trompée : on rit plus que jamais aux dépens de la médecine et des médecins ; et les connoisseurs admirèrent la profondeur du rôle de Béline. Béralde ne fut pas aussi généralement approuvé, parce qu'il s'éloigne un peu de la mesure et de la modération que son caractère semble annoncer. Pérault, qui s'éleva contre le *Malade imaginaire*, eut la simplicité d'appuyer sa critique sur ce passage de l'Écriture : *Honora medicum propter necessitatem.* On se moqua de lui comme des médecins.

Le jour de la quatrième représentation de cette pièce, Molière souffroit de la poitrine plus qu'à l'ordinaire : il ordonna qu'on commençât à quatre heures. Baron et sa femme, qui s'aperçurent de son état, le conjurèrent de ne point jouer : *Eh ! que feront*, dit-il, *tant de pauvres ouvriers ? je me reprocherois d'avoir négligé un seul jour de leur donner du pain.* Il souffrit beaucoup pendant la représentation ; mais on ne s'aperçut pas que la douleur influât sur son jeu. En prononçant le mot *juro* dans la cérémonie, il lui prit un vomissement de sang qui porta l'effroi dans la salle, et qui fit cesser le spectacle. On le transporta chez lui, où il mourut le soir même entre les bras de deux sœurs de la Charité auxquelles il donnoit asile. Ce fut le vendredi 17 février 1673 ; il avoit cinquante-trois ans. Ainsi la mort de ce grand homme fut accélérée par un de ces actes d'humanité qui lui étoient familiers.

Madame Molière ayant appris que l'archevêque de Paris (Harlay) vouloit refuser à son époux la sépulture ecclésiastique, s'écria : *Quoi! l'on refusera la sépulture à celui qui, dans la Grèce, eût mérité des autels!* Elle fit des démarches auprès du roi, qui, regrettant sincèrement un si grand génie, engagea l'archevêque à se désister de son opposition. Ce prélat permit qu'on enterrât Molière à Saint-Joseph dans la rue Montmartre. Deux prêtres allèrent chercher son corps ; mais la populace du quartier, soulevée par ses ennemis, s'arma de pierres et voulut empêcher la cérémonie. Madame Molière parut devant cette multitude, lui jeta de l'argent, parvint à l'apaiser ; et ces mêmes hommes qui avoient eu le dessein de troubler le convoi se disposèrent à le suivre avec respect. L'enterrement eut lieu quatre jours après la mort de Molière. Ses amis, ceux qui avoient eu des rapports avec lui, au nombre de cent, le suivirent avec des flambeaux. Il ne laissa qu'une fille qui n'eut pas d'enfants (*). Sa veuve épousa dans la suite Guérin Destriché, comédien médiocre.

Boileau, La Fontaine et le père Bouhours firent des vers sur sa mort. Boileau lui rendit un hommage dans lequel il ne crut devoir mettre aucune restriction. Ce fut en 1677, quatre ans après sa mort. Il est remarquable que dans l'*Art poétique*, qui ne parut complet qu'en 1674, Boileau s'exprime d'une manière beaucoup moins absolue ; mais l'épître à Racine étant postérieure de trois ans, on peut croire que les véritables sentimens de l'auteur sont exprimés dans les vers suivants :

Avant qu'un peu de terre, obtenu par prière,
Pour jamais sous la tombe eût enfermé Molière,
Mille de ses beaux traits, aujourd'hui si vantés,
Furent des sots esprits à nos yeux rebutés.

––––––––––

(*) La fille de Molière, dont l'éducation avoit été négligée, se laissa enlever par un M. de Montalant qui vécut long-temps avec elle à Argenteuil.

L'ignorance et l'erreur à ses naissantes pièces,
En habits de marquis, en robes de comtesses,
Venoient pour diffamer son chef-d'œuvre nouveau,
Et secouoient la tête à l'endroit le plus beau :
Le commandeur vouloit la scène plus exacte ;
Le vicomte indigné sortoit au second acte ;
L'un, défenseur zélé des bigots mis en jeu,
Pour prix de ses bons mots le condamnoit au feu ;
L'autre, fougueux marquis, lui déclarant la guerre,
Vouloit venger la cour immolée au parterre.
Mais sitôt que d'un trait de ses fatales mains,
La parque l'eut rayé du nombre des humains,
On reconnut le prix de sa muse éclipsée :
L'aimable comédie avec lui terrassée,
En vain d'un coup si rude espéra revenir,
Et sur ses brodequins ne put plus se tenir.
Tel fut chez nous le sort du théâtre comique.

Ces vers admirables sont l'expression fidèle de l'influence que Molière obtint sur son siècle. Toutes les fausses prétentions avoient été attaquées par lui : il étoit naturel que ceux qui en étoient atteints se révoltassent contre un censeur aussi hardi ; mais il étoit naturel aussi que les bons esprits le soutinssent, et que ses adversaires mêmes ne pussent, après sa mort, se dissimuler son mérite.

Les deux autres pièces sont moins connues: voici l'épitaphe composée par La Fontaine :

Sous ce tombeau gisent Plaute et Térence,
Et cependant le seul Molière y gît.
Leurs trois talents ne formoient qu'un esprit,
Dont le bel art réjouissoit la France.
Ils sont partis, et j'ai peu d'espérance
De les revoir, malgré tous nos efforts.
Pour un long temps, selon toute apparence,
Térence et Plaute, et Molière sont morts.

Le père Bouhours composa les stances suivantes :

Ornement du théâtre, incomparable acteur,
 Charmant poëte, illustre auteur,
 C'est toi dont les plaisanteries
Ont guéri des marquis l'esprit extravagant ;
 C'est toi qui, par tes momeries,
As réprimé l'orgueil du bourgeois arrogant.

 Ta muse, en jouant l'hypocrite,
 A redressé les faux dévots ;
 La précieuse à tes bons mots
 A reconnu son faux mérite :
 L'homme ennemi du genre humain,
 Le campagnard qui tout admire,
 N'ont point lu tes écrits en vain ;
Tous deux se sont instruits en ne pensant qu'à rire.

En vain tu réformas et la ville et la cour :
 Mais quelle en fut la récompense ?
 Les Français rougiront un jour
 De leur peu de reconnoissance :

Il leur falloit un comédien
Qui mît à les polir son art et son étude ;
Mais, Molière, à ta gloire il ne manqueroit rien,
Si, parmi les défauts que tu peignis si bien,
Tu les avois repris de leur ingratitude.

A l'époque de la mort de Molière, il existoit à Paris trois théâtres français, le sien, l'hôtel de Bourgogne et le Marais. La troupe de Molière, craignant avec raison de ne plus pouvoir se soutenir, voulut se réunir à celle de l'hôtel de Bourgogne; mais elle fut refusée. Pour comble de malheur, quelque temps après, on lui ôta la salle du Palais-Royal. Après plusieurs sollicitations auxquelles le nom de Molière donnoit un grand poids, on lui accorda la salle d'Opéra que le marquis de Sourdeac avoit fait bâtir dans la rue Mazarine. La même année cette troupe fut réunie à celle du Marais : trois ans après, en 1680, il n'y eut plus qu'un théâtre français.

L'ÉTOURDI,

OU

LES CONTRE-TEMPS,

COMÉDIE

EN CINQ ACTES ET EN VERS,

Représentée à Lyon en 1653; puis à Béziers, aux États de Languedoc; enfin à Paris, dans la salle du Petit-Bourbon, le 3 décembre 1658.

PERSONNAGES.

PANDOLFE, père de Lélie.
ANSELME, père d'Hippolyte.
TRUFALDIN, vieillard.
CÉLIE, esclave de Trufaldin.
HIPPOLYTE, fille d'Anselme.
LÉLIE, fils de Pandolfe.
LÉANDRE, fils de famille.
ANDRÈS, cru Égyptien.
MASCARILLE, valet de Lélie.
ERGASTE, ami de Mascarille.
UN COURRIER.
Deux troupes de masques.

La scène est à Messine, dans une place publique.

L'ÉTOURDI,

OU

LES CONTRE-TEMPS.

ACTE PREMIER.

SCÈNE I.

LÉLIE.

Hé bien ! Léandre, hé bien ! il faudra contester ;
Nous verrons de nous deux qui pourra l'emporter ;
Qui, dans nos soins communs pour ce jeune miracle,
Aux vœux de son rival portera plus d'obstacle.
Préparez vos efforts, et vous défendez bien,
Sûr que de mon côté je n'épargnerai rien.

SCÈNE II.

LÉLIE, MASCARILLE.

LÉLIE.

Ah ! Mascarille !

MASCARILLE.

Quoi ?

LÉLIE.

Voici bien des affaires.
J'ai dans ma passion toutes choses contraires :
Léandre aime Célie, et, par un trait fatal,
Malgré mon changement est encor mon rival.

MASCARILLE.

Léandre aime Célie !

LÉLIE.

Il l'adore, te dis-je.

MASCARILLE.

Tant pis.

LÉLIE.

Hé ! oui, tant pis; c'est là ce qui m'afflige.
Toutefois j'aurois tort de me désespérer ;
Puisque j'ai ton secours, je dois me rassurer.
Je sais que ton esprit, en intrigues fertile,
N'a jamais rien trouvé qui lui fût difficile :
Qu'on te peut appeler le roi des serviteurs ;
Et qu'en toute la terre....

MASCARILLE.

Hé ! trêve de douceurs.
Quand nous faisons besoin, nous autres misérables,
Nous sommes les chéris et les incomparables ;
Et dans un autre temps, dès le moindre courroux,
Nous sommes les coquins qu'il faut rouer de coups.

LÉLIE.

Ma foi, tu me fais tort avec cette invective.
Mais enfin discourons de l'aimable captive :

ACTE I, SCÈNE II.

Dis si les plus cruels et plus durs sentiments
Ont rien d'impénétrable à des traits si charmants.
Pour moi, dans ses discours, comme dans son visage,
Je vois pour sa naissance un noble témoignage,
Et je crois que le ciel dedans un rang si bas
Cache son origine, et ne l'en tire pas.

MASCARILLE.

Vous êtes romanesque avecque vos chimères.
Mais que fera Pandolfe en toutes ces affaires?
C'est, monsieur, votre père, au moins à ce qu'il dit:
Vous savez que sa bile assez souvent s'aigrit,
Qu'il peste contre vous d'une belle manière,
Quand vos déportements lui blessent la visière.
Il est avec Anselme en parole pour vous
Que de son Hippolyte on vous fera l'époux,
S'imaginant que c'est dans le seul mariage
Qu'il pourra rencontrer de quoi vous faire sage;
Et s'il vient à savoir que, rebutant son choix,
D'un objet inconnu vous recevez les lois,
Que de ce fol amour la fatale puissance
Vous soustrait au devoir de votre obéissance,
Dieu sait quelle tempête alors éclatera,
Et de quels beaux sermons on vous régalera.

LÉLIE.

Ah! trêve, je vous prie, à votre rhéthorique.

MASCARILLE.

Mais vous, trêve plutôt à votre politique :
Elle n'est pas fort bonne; et vous devriez tâcher...

LÉLIE.

Sais-tu qu'on n'acquiert rien de bon à me fâcher,
Que chez moi les avis ont de tristes salaires,
Qu'un valet conseiller y fait mal ses affaires?

MASCARILLE.

(à part.)   (haut.)

Il se met en courroux. Tout ce que j'en ai dit
N'étoit rien que pour rire et vous sonder l'esprit.
D'un censeur de plaisirs ai-je fort l'encolure?
Et Mascarille est-il ennemi de nature?
Vous savez le contraire, et qu'il est très-certain
Qu'on ne peut me taxer que d'être trop humain.
Moquez-vous des sermons d'un vieux barbon de
                        père;
Poussez votre bidet, vous dis-je, et laissez faire.
Ma foi! j'en suis d'avis, que ces penards chagrins
Nous viennent étourdir de leurs contes badins,
Et, vertueux par force, espèrent par envie
Oter aux jeunes gens les plaisirs de la vie!
Vous savez mon talent, je m'offre à vous servir.

LÉLIE.

Ah! c'est par ces discours que tu peux me ravir.
Au reste, mon amour, quand je l'ai fait paroître,
N'a point été mal vu des yeux qui l'ont fait naître.
Mais Léandre, à l'instant, vient de me déclarer
Qu'à me ravir Célie il se va préparer :
C'est pourquoi dépêchons; et cherche dans ta tête
Les moyens les plus prompts d'en faire ma conquête.

ACTE I, SCÈNE II.

Trouve ruses, détours, fourbes, inventions,
Pour frustrer mon rival de ses prétentions.

MASCARILLE.

Laissez-moi quelque temps rêver à cette affaire.
(à part.)
Que pourrois-je inventer pour ce coup nécessaire?

LÉLIE.

Hé bien ! le stratagème ?

MASCARILLE.

                    Ah ! comme vous courez !
Ma cervelle toujours marche à pas mesurés.
J'ai trouvé votre fait : il faut... Non, je m'abuse.
Mais si vous alliez...

LÉLIE.

      Où ?

MASCARILLE.

                    C'est une foible ruse.
J'en songeois une...

LÉLIE.

      Et quelle ?

MASCARILLE.

                    Elle n'iroit pas bien.
Mais ne pourriez-vous pas...?

LÉLIE.

      Quoi ?

MASCARILLE.

                    Vous ne pourriez rien.
Parlez avec Anselme.

LÉLIE.

Et que lui puis-je dire ?

MASCARILLE.

Il est vrai, c'est tomber du mal dans un pire.
Il faut pourtant l'avoir. Allez chez Trufaldin.

LÉLIE.

Que faire ?

MASCARILLE.

Je ne sais.

LÉLIE.

C'en est trop à la fin,
Et tu me mets à bout par ces contes frivoles.

MASCARILLE.

Monsieur, si vous aviez eu main force pistoles,
Nous n'aurions pas besoin maintenant de rêver
A chercher les biais que nous devons trouver,
Et pourrions, par un prompt achat de cette esclave,
Empêcher qu'un rival vous prévienne et vous brave.
De ces Égyptiens, qui la mirent ici,
Trufaldin, qui la garde, est en quelque souci ;
Et trouvant son argent qu'ils lui font trop attendre,
Je sais bien qu'il seroit très-ravi de la vendre :
Car enfin en vrai ladre il a toujours vécu ;
Il se feroit fesser pour moins d'un quart d'écu ;
Et l'argent est le dieu que surtout il révère.
Mais le mal, c'est...

LÉLIE.

Quoi ? c'est...

MASCARILLE.

Que monsieur votre père
Est un autre vilain qui ne vous laisse pas,
Comme vous voudriez bien, manier ses ducats;
Qu'il n'est point de ressort qui, pour votre ressource,
Pût faire maintenant ouvrir la moindre bourse.
Mais tâchons de parler à Célie un moment,
Pour savoir là-dessus quel est son sentiment;
Sa fenêtre est ici.

LÉLIE.

Mais Trufaldin, pour elle,
Fait de jour et de nuit exacte sentinelle.
Prends garde.

MASCARILLE.

Dans ce coin demeurez en repos.
O bonheur! la voilà qui sort tout à propos.

SCÈNE III.
CÉLIE, LÉLIE, MASCARILLE.

LÉLIE.

Ah! que le ciel m'oblige, en offrant à ma vue
Les célestes attraits dont vous êtes pourvue!
Et, quelque mal cuisant que m'aient causé vos yeux,
Que je prends de plaisir à les voir en ces lieux!

CÉLIE.

Mon cœur, qu'avec raison votre discours étonne,
N'entend pas que mes yeux fassent mal à personne;

Et si dans quelque chose ils vous ont outragé,
Je puis vous assurer que c'est sans mon congé.

LÉLIE.

Ah ! leurs coups sont trop beaux pour me faire une injure.
Je mets toute ma gloire à chérir leur blessure,
Et...

MASCARILLE.

Vous le prenez là d'un ton un peu trop haut.
Ce style maintenant n'est pas ce qu'il nous faut.
Profitons mieux du temps, et sachons vite d'elle
Ce que...

TRUFALDIN, dans la maison.

Célie !

MASCARILLE, à Lélie.

Hé bien ?

LÉLIE.

O rencontre cruelle !
Ce malheureux vieillard devoit-il nous troubler ?

MASCARILLE.

Allez, retirez-vous ; je saurai lui parler.

SCÈNE IV.

TRUFALDIN, CÉLIE; LÉLIE, retiré dans un coin, MASCARILLE.

TRUFALDIN, à Célie.

Que faites-vous dehors ? et quel soin vous talonne,
Vous à qui je défends de parler à personne ?

ACTE I, SCÈNE IV.

CÉLIE.

Autrefois j'ai connu cet honnête garçon,
Et vous n'avez pas lieu d'en prendre aucun soupçon.

MASCARILLE.

Est-ce là le seigneur Trufaldin?

CÉLIE.

Oui, lui-même.

MASCARILLE.

Monsieur, je suis tout vôtre; et ma joie est extrême
De pouvoir saluer en toute humilité
Un homme dont le nom est partout si vanté.

TRUFALDIN.

Très-humble serviteur.

MASCARILLE.

J'incommode peut-être;
Mais je l'ai vue ailleurs, où m'ayant fait connoître
Les grands talents qu'elle a pour savoir l'avenir,
Je voulois sur ce point un peu l'entretenir.

TRUFALDIN.

Quoi! te mêlerois-tu d'un peu de diablerie?

CÉLIE.

Non, tout ce que je sais n'est que blanche magie.

MASCARILLE.

Voici donc ce que c'est. Le maître que je sers
Languit pour un objet qui le tient dans ses fers.
Il auroit bien voulu du feu qui le dévore
Pouvoir entretenir la beauté qu'il adore:

Mais un dragon, veillant sur ce rare trésor,
N'a pu, quoi qu'il ait fait, le lui permettre encor;
Et, ce qui plus le gêne et le rend misérable,
Il vient de découvrir un rival redoutable :
Si bien que, pour savoir si ses soins amoureux
Ont sujet d'espérer quelque succès heureux,
Je viens vous consulter, sûr que de votre bouche
Je puis apprendre au vrai le secret qui nous touche.

CÉLIE.

Sous quel astre ton maître a-t-il reçu le jour?

MASCARILLE.

Sous un astre à jamais ne changer son amour.

CÉLIE.

Sans me nommer l'objet pour qui son cœur soupire,
La science que j'ai m'en peut assez instruire.
Cette fille a du cœur, et dans l'adversité
Elle sait conserver une noble fierté :
Elle n'est pas d'humeur à trop faire connoître
Les secrets sentiments qu'en son cœur on fait naître;
Mais je les sais comme elle, et, d'un esprit plus doux,
Je vais en peu de mots te les découvrir tous.

MASCARILLE.

O merveilleux pouvoir de la vertu magique!

CÉLIE.

Si ton maître en ce point de constance se pique,
Et que la vertu seule anime son dessein,
Qu'il n'appréhende plus de soupirer en vain :

ACTE I, SCÈNE IV.

Il a lieu d'espérer ; et le fort qu'il veut prendre
N'est pas sourd aux traités, et voudra bien se rendre.

MASCARILLE.

C'est beaucoup; mais ce fort dépend d'un gouverneur
Difficile à gagner.

CÉLIE.

C'est là tout le malheur.

MASCARILLE, à part, regardant Lélie.

Au diable le fâcheux qui toujours nous éclaire !

CÉLIE.

Je vais vous enseigner ce que vous devez faire.

LÉLIE, les joignant.

Cessez, ô Trufaldin, de vous inquiéter ;
C'est par mon ordre seul qu'il vous vient visiter ;
Et je vous l'envoyois, ce serviteur fidèle,
Vous offrir mon service, et vous parler pour elle,
Dont je vous veux dans peu payer la liberté,
Pourvu qu'entre nous deux le prix soit arrêté.

MASCARILLE, à part.

La peste soit la bête !

TRUFALDIN.

Ho ! ho ! qui des deux croire ?
Ce discours au premier est fort contradictoire.

MASCARILLE.

Monsieur, ce galant homme a le cerveau blessé ;
Ne le savez-vous pas ?

TRUFALDIN

Je sai ce que je sai.

J'ai crainte ici dessous de quelque manigance.
(à Célie.)

Rentrez, et ne prenez jamais cette licence.
Et vous, filous fieffés, ou je me trompe fort,
Mettez, pour me jouer, vos flûtes mieux d'accord.

SCÈNE V.
LÉLIE, MASCARILLE.

MASCARILLE.

C'EST bien fait. Je voudrois qu'encor, sans flatterie,
Il nous eût d'un bâton chargés de compagnie.
A quoi bon se montrer, et, comme un étourdi,
Me venir démentir de tout ce que je di?

LÉLIE.

Je pensois faire bien.

MASCARILLE.

Oui, c'étoit fort l'entendre.
Mais quoi! cette action ne me doit point surprendre:
Vous êtes si fertile en pareils contre-temps,
Que vos écarts d'esprit n'étonnent plus les gens.

LÉLIE.

Ah mon Dieu! pour un rien me voilà bien coupable!
Le mal est-il si grand, qu'il soit irréparable?
Enfin, si tu ne mets Célie entre mes mains,
Songe au moins de Léandre à rompre les desseins;
Qu'il ne puisse acheter avant moi cette belle.
De peur que ma présence encor soit criminelle,
Je te laisse.

ACTE I, SCÈNE V.

MASCARILLE, seul.

Fort bien. A dire vrai, l'argent
Seroit dans notre affaire un sûr et fort agent :
Mais ce ressort manquant, il faut user d'un autre.

SCÈNE VI.
ANSELME, MASCARILLE.

ANSELME.

Par mon chef, c'est un siècle étrange que le nôtre !
J'en suis confus. Jamais tant d'amour pour le bien,
Et jamais tant de peine à retirer le sien.
Les dettes aujourd'hui, quelque soin qu'on emploie,
Sont comme les enfants, que l'on conçoit en joie,
Et dont avecque peine on fait l'accouchement.
L'argent dans notre bourse entre agréablement ;
Mais le terme venu que nous devons le rendre,
C'est lors que les douleurs commencent à nous pren-
dre.
Baste, ce n'est pas peu que deux mille francs, dus
Depuis deux ans entiers, me soient enfin rendus;
Encore est-ce un bonheur.

MASCARILLE, à part les quatre premiers vers.

O Dieu ! la belle proie
A tirer en volant ! Chut, il faut que je voie
Si je pourrois un peu de près le caresser :
Je sais bien les discours dont il le faut berger.
Je viens de voir, Anselme...

ANSELME.

Et qui ?

MASCARILLE.

Votre Nérine.

ANSELME.

Que dit-elle de moi, cette gente assassine?

MASCARILLE.

Pour vous elle est de flamme...

ANSELME.

Elle?

MASCARILLE.

Et vous aime tant,
Que c'est grande pitié.

ANSELME.

Que tu me rends content!

MASCARILLE.

Peu s'en faut que d'amour la pauvrette ne meure.
Anselme, mon mignon, crie-t-elle à toute heure,
Quand est-ce que l'hymen unira nos deux cœurs,
Et que tu daigneras éteindre mes ardeurs?

ANSELME.

Mais pourquoi jusqu'ici me les avoir célées?
Les filles, par ma foi, sont bien dissimulées!
Mascarille, en effet, qu'en dis-tu? quoique vieux,
J'ai de la mine encore assez pour plaire aux yeux.

MASCARILLE.

Oui, vraiment, ce visage est encor fort mettable;
S'il n'est pas des plus beaux, il est des-agréable.

ANSELME.

Si bien donc...?

MASCARILLE *veut prendre la bourse.*

Si bien donc qu'elle est sotte de vous,
Ne vous regarde plus...

ANSELME.

Quoi ?

MASCARILLE.

Que comme un époux ;
Et vous veut...

ANSELME.

Et me veut ?

MASCARILLE.

Et vous veut, quoi qu'il tienne,
Prendre la bourse...

ANSELME.

La... ?

MASCARILLE *prend la bourse et la laisse tomber.*

La bouche avec la sienne.

ANSELME.

Ah ! je t'entends. Viens çà : lorsque tu la verras,
Vante-lui mon mérite autant que tu pourras.

MASCARILLE.

Laissez-moi faire.

ANSELME.

Adieu.

MASCARILLE.

Que le ciel vous conduise !

ANSELME, *revenant.*

Ah ! vraiment, je faisois une étrange sottise,

Et tu pouvois pour toi m'accuser de froideur :
Je t'engage à servir mon amoureuse ardeur,
Je reçois par ta bouche une bonne nouvelle
Sans du moindre présent récompenser ton zèle !
Tiens, tu te souviendras.

MASCARILLE.

Ah ! non pas, s'il vous plaît.

ANSELME.

Laisse-moi...

MASCARILLE.

Point du tout. J'agis sans intérêt.

ANSELME.

Je le sais, mais pourtant...

MASCARILLE.

Non, Anselme, vous dis-je.
Je suis homme d'honneur ; cela me désoblige.

ANSELME.

Adieu donc, Mascarille.

MASCARILLE, à part.

O longs discours !

ANSELME, revenant.

Je veux
Régaler par tes mains cet objet de mes vœux ;
Et je vais te donner de quoi faire pour elle
L'achat de quelque bague, ou telle bagatelle
Que tu trouveras bon.

MASCARILLE.

Non, laissez votre argent :
Sans vous mettre en souci, je ferai le présent ;
Et l'on m'a mis en main une bague à la mode,
Qu'après vous paierez, si cela l'accommode.

ANSELME.

Soit ; donne-la pour moi : mais surtout fais si bien,
Qu'elle garde toujours l'ardeur de me voir sien.

SCÈNE VII.

LÉLIE, ANSELME, MASCARILLE.

LÉLIE, *ramassant la bourse.*

A qui la bourse ?

ANSELME.

Ah dieux ! elle m'étoit tombée,
Et j'aurois après cru qu'on me l'eût dérobée !
Je vous suis bien tenu de ce soin obligeant
Qui m'épargne un grand trouble et me rend mon argent :
Je vais m'en décharger au logis tout à l'heure.

SCÈNE VIII.

LÉLIE, MASCARILLE.

MASCARILLE.

C'est être officieux, et très-fort, ou je meure.

LÉLIE.

Ma foi, sans moi, l'argent étoit perdu pour lui.

MASCARILLE.

Certes, vous faites rage, et payez aujourd'hui

D'un jugement très-rare et d'un bonheur extrême :
Nous avancerons fort, continuez de même.

LÉLIE.

Qu'est-ce donc? Qu'ai-je fait?

MASCARILLE.

Le sot, en bon françois,
Puisque je puis le dire, et qu'enfin je le dois.
Il sait bien l'impuissance où son père le laisse ;
Qu'un rival, qu'il doit craindre, étrangement nous presse ;
Cependant, quand je tente un coup pour l'obliger,
Dont je cours moi tout seul la honte et le danger...

LÉLIE.

Quoi! c'étoit...?

MASCARILLE.

Oui, bourreau, c'étoit pour la captive
Que j'attrapois l'argent dont votre soin nous prive.

LÉLIE.

S'il est ainsi, j'ai tort. Mais qui l'eût deviné !

MASCARILLE.

Il falloit en effet être bien raffiné !

LÉLIE.

Tu me devois par signe avertir de l'affaire.

MASCARILLE.

Oui, je devois au dos avoir mon luminaire.
Au nom de Jupiter, laissez-nous en repos,
Et ne nous chantez plus d'impertinents propos.
Un autre après cela quitteroit tout peut-être ;
Mais j'avois médité tantôt un coup de maître,

Dont tout présentement je veux voir les effets,
A la charge que si...

LÉLIE.

Non, je te le promets,
De ne me mêler plus de rien dire ou rien faire.

MASCARILLE.

Allez donc : votre vue excite ma colère.

LÉLIE.

Mais surtout hâte-toi, de peur qu'en ce dessein...

MASCARILLE.

Allez, encore un coup ; j'y vais mettre la main.

(Lélie sort.)

Menons bien ce projet : la fourbe sera fine,
S'il faut qu'elle succède ainsi que j'imagine.
Allons voir... Bon ! voici mon homme justement.

SCÈNE IX.

PANDOLFE, MASCARILLE.

PANDOLFE.

Mascarille !

MASCARILLE.

Monsieur.

PANDOLFE.

A parler franchement,
Je suis mal satisfait de mon fils.

MASCARILLE.

De mon maître !
Vous n'êtes pas le seul qui se plaigne de l'être :

Sa mauvaise conduite, insupportable en tout,
Met à chaque moment ma patience à bout.

PANDOLFE.

Je vous croyois pourtant assez d'intelligence
Ensemble.

MASCARILLE.

Moi? Monsieur, perdez cette croyance :
Toujours de son devoir je tâche à l'avertir,
Et l'on nous voit sans cesse avoir maille à partir (*).
A l'heure même encor nous avons eu querelle
Sur l'hymen d'Hippolyte, où je le vois rebelle,
Où, par l'indignité d'un refus criminel,
Je le vois offenser le respect paternel.

PANDOLFE.

Querelle?

MASCARILLE.

Oui, querelle, et bien avant poussée.

PANDOLFE.

Je me trompois donc bien, car j'avois la pensée
Qu'à tout ce qu'il faisoit tu donnois de l'appui.

MASCARILLE.

Moi? Voyez ce que c'est que du monde aujourd'hui,

(*) *Maille à partir.* La *maille* étoit une petite pièce de monnoie carrée de la valeur d'un demi-denier. *Partir*, vieux mot qui signifioit partager. De là l'expression proverbiale *avoir maille à partir avec quelqu'un*, pour être en discussion avec lui.

Et comme l'innocence est toujours opprimée.
Si mon intégrité vous étoit confirmée,
Je suis auprès de lui gagé pour serviteur,
Vous me voudriez(*) encor payer pour précepteur :
Oui, vous ne pourriez pas lui dire davantage
Que ce que je lui dis pour le faire être sage.
Monsieur, au nom de Dieu, lui fais-je assez souvent,
Cessez de vous laisser conduire au premier vent :
Réglez-vous : regardez l'honnête homme de père
Que vous avez du ciel, comme on le considère ;
Cessez de lui vouloir donner la mort au cœur,
Et, comme lui, vivez en personne d'honneur.

PANDOLFE.

C'est parler comme il faut. Et que peut-il répondre ?

MASCARILLE.

Répondre ? des chansons dont il me vient confondre.
Ce n'est pas qu'en effet, dans le fond de son cœur,
Il ne tienne de vous des semences d'honneur ;
Mais sa raison n'est pas maintenant sa maîtresse.
Si je pouvois parler avecque hardiesse,
Vous le verriez dans peu soumis sans nul effort.

(*) A cette époque où les règles de la versification n'étoient pas bien fixées, plusieurs mots, tels que *voudriez*, *devriez*, *meurtrier*, étoient de deux ou trois syllabes, selon qu'il convenoit au poëte. Molière, dans ses premières pièces en vers, se permit beaucoup d'autres licences.

L'ÉTOURDI.

PANDOLFE.

Parle.

MASCARILLE.

C'est un secret qui m'importeroit fort
S'il étoit découvert : mais à votre prudence
Je puis le confier avec toute assurance.

PANDOLFE.

Tu dis bien.

MASCARILLE.

Sachez donc que vos vœux sont trahis
Par l'amour qu'une esclave imprime à votre fils.

PANDOLFE.

On m'en avoit parlé ; mais l'action me touche
De voir que je l'apprenne encore par ta bouche.

MASCARILLE.

Vous voyez si je suis le secret confident...

PANDOLFE.

Vraiment je suis ravi de cela.

MASCARILLE.

Cependant
A son devoir, sans bruit, désirez-vous le rendre ?
Il faut....... J'ai toujours peur qu'on nous vienne
surprendre !
Ce seroit fait de moi, s'il savoit ce discours.
Il faut, dis-je, pour rompre à toute chose cours,
Acheter sourdement l'esclave idolâtrée,
Et la faire passer en une autre contrée.

ACTE I, SCÈNE IX.

Anselme a grand accès auprès de Trufaldin ;
Qu'il aille l'acheter pour vous dès ce matin :
Après, si vous voulez en mes mains la remettre,
Je connois des marchands, et puis bien vous pro-
mettre

D'en retirer l'argent qu'elle pourra coûter,
Et, malgré votre fils, de la faire écarter.
Car enfin, si l'on veut qu'à l'hymen il se range,
A cet amour naissant il faut donner le change ;
Et de plus, quand bien même il seroit résolu
Qu'il auroit pris le joug que vous avez voulu,
Cet autre objet, pouvant réveiller son caprice,
Au mariage encor peut porter préjudice.

PANDOLFE.

C'est très-bien raisonner, ce conseil me plaît fort...
Je vois Anselme ; va, je m'en vais faire effort
Pour avoir promptement cette esclave funeste,
Et la mettre en tes mains pour achever le reste.

MASCARILLE, seul.

Bon ! allons avertir mon maître de ceci.
Vive la fourberie, et les fourbes aussi !

SCÈNE X.

HIPPOLYTE, MASCARILLE.

HYPPOLYTE.

Oui, traître, c'est ainsi que tu me rends service ?
Je viens de tout entendre et voir ton artifice.

A moins que de cela, l'eussé-je soupçonné ?
Tu payes d'imposture, et tu m'en as donné.
Tu m'avois promis, lâche, et j'avois lieu d'attendre
Qu'on te verroit servir mes ardeurs pour Léandre ;
Que du choix de Lélie, où l'on veut m'obliger,
Ton adresse et tes soins sauroient me dégager ;
Que tu m'affranchirois du projet de mon père :
Et cependant ici tu fais tout le contraire !
Mais tu t'abuseras : je sais un sûr moyen
Pour rompre cet achat où tu pousses si bien ;
Et je vais de ce pas...

MASCARILLE.

Ah ! que vous êtes prompte !
La mouche tout d'un coup à la tête vous monte,
Et, sans considérer s'il a raison ou non,
Votre esprit contre moi fait le petit démon.
J'ai tort, et je devrois, sans finir mon ouvrage,
Vous faire dire vrai, puisque ainsi l'on m'outrage.

HIPPOLYTE.

Par quelle illusion penses-tu m'éblouir ?
Traître, peux-tu nier ce que je viens d'ouïr ?

MASCARILLE.

Non. Mais il faut savoir que tout cet artifice
Ne va directement qu'à vous rendre service ;
Que ce conseil adroit qui semble être sans fard
Jette dans le panneau l'un et l'autre vieillard ;
Que mon soin par leurs mains ne veut avoir Célie
Qu'à dessein de la mettre au pouvoir de Lélie,

ACTE I, SCÈNE X.

Et faire que, l'effet de cette invention
Dans le dernier excès portant sa passion,
Anselme, rebuté de son prétendu gendre,
Puisse tourner son choix du côté de Léandre.

HIPPOLYTE.

Quoi ! tout ce grand projet qui m'a mise en courroux,
Tu l'as formé pour moi, Mascarille ?

MASCARILLE.

Oui, pour vous.
Mais puisqu'on reconnoît si mal mes bons offices,
Qu'il me faut de la sorte essuyer vos caprices,
Et que, pour récompense, on s'en vient de hauteur
Me traiter de faquin, de lâche, d'imposteur,
Je m'en vais réparer l'erreur que j'ai commise,
Et, dès ce même pas, rompre mon entreprise.

HIPPOLYTE, l'arrêtant.

Hé ! ne me traite pas si rigoureusement,
Et pardonne aux transports d'un premier mouvement !

MASCARILLE.

Non, non, laissez-moi faire ; il est en ma puissance
De détourner le coup qui si fort vous offense.
Vous ne vous plaindrez point de mes soins désormais ;
Oui, vous aurez mon maître, et je vous le promets.

HIPPOLYTE.

Hé ! mon pauvre garçon, que ta colère cesse !
J'ai mal jugé de toi ; j'ai tort, je le confesse.

(*tirant sa bourse.*)

Mais je veux réparer ma faute par ceci.
Pourrois-tu te résoudre à me quitter ainsi?

MASCARILLE.

Non, je ne le saurois, quelque effort que je fasse :
Mais votre promptitude est de mauvaise grâce.
Apprenez qu'il n'est rien qui blesse un noble cœur
Comme quand il peut voir qu'on le touche en
l'honneur.

HIPPOLYTE.

Il est vrai, je t'ai dit de trop grosses injures :
Mais que ces deux louis guérissent tes blessures.

MASCARILLE.

Hé! tout cela n'est rien : je suis tendre à ces coups.
Mais déjà je commence à perdre mon courroux :
Il faut de ses amis endurer quelque chose.

HIPPOLYTE.

Pourras-tu mettre à fin ce que je me propose?
Et crois-tu que l'effet de tes desseins hardis
Produise à mon amour le succès que tu dis?

MASCARILLE.

N'ayez point pour ce fait l'esprit sur des épines.
J'ai des ressorts tout prêts pour diverses machines;
Et quand ce stratagème à nos vœux manqueroit,
Ce qu'il ne feroit pas, un autre le feroit.

HIPPOLYTE.

Crois qu'Hippolyte au moins ne sera pas ingrate.

MASCARILLE.

L'espérance du gain n'est pas ce qui me flatte.

HIPPOLYTE.

Ton maître te fait signe, et veut parler à toi :
Je te quitte ; mais songe à bien agir pour moi.

SCÈNE XI.

LÉLIE, MASCARILLE.

LÉLIE.

Que diable fais-tu là ? Tu me promets merveille ;
Mais ta lenteur d'agir est pour moi sans pareille.
Sans que mon bon génie au-devant m'a poussé,
Déjà tout mon bonheur eût été renversé ;
C'étoit fait de mon bien, c'étoit fait de ma joie :
D'un regret éternel je devenois la proie :
Bref, si je ne me fusse en ce lieu rencontré,
Anselme avoit l'esclave, et j'en étois frustré ;
Il l'emmenoit chez lui. Mais j'ai paré l'atteinte,
J'ai détourné le coup, et tant fait, que, par crainte,
Le pauvre Trufaldin l'a retenue.

MASCARILLE.

      Et trois :
Quand nous serons à dix, nous ferons une croix.
C'étoit par mon adresse, ô cervelle incurable !
Qu'Anselme entreprenoit cet achat favorable :
Entre mes propres mains on la devoit livrer ;
Et vos soins endiablés nous en viennent sevrer.

Et puis pour votre amour je m'emploirois encore!
J'aimerois mieux cent fois être grosse pécore,
Devenir cruche, chou, lanterne, loup-garou,
Et que monsieur Satan vous vînt tordre le cou.

LÉLIE, seul.

Il nous le faut mener en quelque hôtellerie,
Et faire sur les pots décharger sa furie.

FIN DU PREMIER ACTE.

ACTE SECOND.

SCÈNE I.
LÉLIE, MASCARILLE.

MASCARILLE.

A vos désirs enfin il a fallu se rendre :
Malgré tous mes serments, je n'ai pu m'en défendre ;
Et, pour vos intérêts, que je voulois laisser,
En de nouveaux périls viens de m'embarrasser.
Je suis ainsi facile ; et si de Mascarille
Madame la nature avoit fait une fille,
Je vous laisse à penser ce que ç'auroit été.
Toutefois n'allez pas, sur cette sûreté,
Donner de vos revers au projet que je tente,
Me faire une bévue et rompre mon attente.
Auprès d'Anselme encor nous vous excuserons,
Pour en pouvoir tirer ce que nous désirons :
Mais si dorénavant votre imprudence éclate,
Adieu, vous dis, mes soins pour l'espoir qui vous
                                        flatte.

LÉLIE.

Non, je serai prudent, te dis-je ; ne crains rien :
Tu verras seulement...

MASCARILLE.

               Souvenez-vous-en bien ;

J'ai commencé pour vous un hardi stratagème.
Votre père fait voir une paresse extrême
A rendre par sa mort tous vos désirs contents ;
Je viens de le tuer (de parole, j'entends) :
Je fais courir le bruit que d'une apoplexie
Le bon homme surpris a quitté cette vie.
Mais avant, pour pouvoir mieux feindre ce trépas,
J'ai fait que vers sa grange il a porté ses pas :
On est venu lui dire, et par mon artifice,
Que les ouvriers qui sont après son édifice,
Parmi les fondements qu'ils en jettent encor,
Avoient fait par hasard rencontre d'un trésor.
Il a volé d'abord ; et, comme à la campagne
Tout son monde à présent, hors nous deux, l'ac-
       compagne,
Dans l'esprit d'un chacun je le tue aujourd'hui,
Et produis un fantôme enseveli pour lui.
Enfin je vous ai dit à quoi je vous engage :
Jouez bien votre rôle. Et pour mon personnage,
Si vous apercevez que j'y manque d'un mot,
Dites absolument que je ne suis qu'un sot.

SCÈNE II.

LÉLIE.

Son esprit, il est vrai, trouve une étrange voie
Pour adresser mes vœux au comble de leur joie :
Mais, quand d'un bel objet on est bien amoureux,
Que ne feroit-on pas pour devenir heureux ?

Si l'amour est au crime une assez belle excuse,
Il en peut bien servir à la petite ruse
Que sa flamme aujourd'hui me force d'approuver,
Par la douceur du bien qui m'en doit arriver.
Juste ciel! qu'ils sont prompts! je les vois en parole.
Allons nous préparer à jouer notre rôle.

SCÈNE III.
ANSELME, MASCARILLE.

MASCARILLE.

La nouvelle a sujet de vous surprendre fort.

ANSELME.

Être mort de la sorte !

MASCARILLE.

Il a, certes, grand tort.
Je lui sais mauvais gré d'une telle incartade.

ANSELME.

N'avoir pas seulement le temps d'être malade !

MASCARILLE.

Non, jamais homme n'eut si hâte de mourir.

ANSELME.

Et Lélie ?

MASCARILLE.

Il se bat, et ne peut rien souffrir ;
Il s'est fait en maint lieu contusion et bosse,
Et veut accompagner son papa dans la fosse :
Enfin pour achever l'excès de son transport
M'a fait en grande hâte ensevelir le mort,

De peur que cet objet qui le rend hypocondre,
A faire un vilain coup ne me l'allât semondre (*).

ANSELME.

N'importe, tu devois attendre jusqu'au soir ;
Outre qu'encore un coup j'aurois voulu le voir.
Qui tôt ensevelit bien souvent assassine ;
Et tel est cru défunt qui n'en a que la mine.

MASCARILLE.

Je vous le garantis trépassé comme il faut.
Au reste, pour venir au discours de tantôt,
Lélie, et l'action lui sera salutaire,
D'un bel enterrement veut régaler son père,
Et consoler un peu ce défunt de son sort
Par le plaisir de voir faire honneur à sa mort.
Il hérite beaucoup : mais, comme en ses affaires
Il se trouve assez neuf et ne voit encor guères,
Que son bien la plupart n'est point en ces quartiers,
Ou que ce qu'il y tient consiste en des papiers,
Il voudroit vous prier, ensuite de l'instance,
D'excuser de tantôt son trop de violence,
De lui prêter au moins pour ce dernier devoir...

ANSELME.

Tu me l'as déjà dit ; et je m'en vais le voir.

MASCARILLE, seul.

Jusques ici du moins tout va le mieu du monde.

(*) Semondre, du latin submonere, signifioit conseiller, porter faire une chose.

Tâchons à ce progrès que le reste réponde ;
Et, de peur de trouver dans le port un écueil,
Conduisons le vaisseau de la main et de l'œil.

SCÈNE IV.
ANSELME, LÉLIE, MASCARILLE.

ANSELME.

Sortons ; je ne saurois qu'avec douleur très-forte
Le voir empaqueté de cette étrange sorte.
Las ! en si peu de temps ! Il vivoit ce matin.

MASCARILLE.

En peu de temps parfois on fait bien du chemin.

LÉLIE, *pleurant*.

Ah !

ANSELME.

Mais quoi, cher Lélie ! enfin il étoit homme.
On n'a point pour la mort de dispense de Rome.

LÉLIE.

Ah !

ANSELME.

Sans leur dire gare, elle abat les humains,
Et contre eux de tout temps a de mauvais desseins.

LÉLIE.

Ah !

ANSELME.

Ce fier animal, pour toutes les prières,
Ne perdroit pas un coup de ses dents meurtrières.
Tout le monde y passe.

LÉLIE.

Ah !

MASCARILLE.

Vous avez beau prêcher,
Ce deuil enraciné ne se peut arracher.

ANSELME.

Si malgré ces raisons votre ennui persévère,
Mon cher Lélie, au moins faites qu'il se modère.

LÉLIE.

Ah !

MASCARILLE.

Il n'en fera rien, je connois son humeur.

ANSELME.

Au reste, sur l'avis de votre serviteur,
J'apporte ici l'argent qui vous est nécessaire
Pour faire célébrer les obsèques d'un père.

LÉLIE.

Ah ! ah !

MASCARILLE.

Comme à ce mot s'augmente sa douleur !
Il ne peut sans mourir songer à ce malheur.

ANSELME.

Je sais que vous verrez aux papiers du bon homme
Que je suis débiteur d'une plus grande somme :
Mais, quand par ces raisons je ne vous devrois rien,
Vous pourriez librement disposer de mon bien.
Tenez ; je suis tout vôtre, et le ferai paroître.

ACTE II, SCÈNE IV.

LÉLIE, s'en allant.

Ah !

MASCARILLE.

Le grand déplaisir que sent monsieur mon maître !

ANSELME.

Mascarille, je crois qu'il seroit à propos
Qu'il me fît de sa main un reçu de deux mots.

MASCARILLE.

Ah !

ANSELME.

Des événements l'incertitude est grande.

MASCARILLE.

Ah !

ANSELME.

Faisons-lui signer le mot que je demande.

MASCARILLE.

Las ! en l'état qu'il est, comment vous contenter ?
Donnez-lui le loisir de se désattrister :
Et quand ses déplaisirs auront quelque allégeance,
J'aurai soin d'en tirer d'abord votre assurance.
Adieu. Je sens mon cœur qui se gonfle d'ennui,
Et m'en vais tout mon soûl pleurer avecque lui.
Hi !

ANSELME, seul.

Le monde est rempli de beaucoup de traverses,
Chaque homme tous les jours en ressent de diverses ;
Et jamais ici bas...

SCÈNE V.

PANDOLFE, ANSELME.

ANSELME.

Ah bons dieux ! je frémi !
Pandolfe qui revient ! Fût-il bien endormi !
Comme depuis sa mort sa face est amaigrie !
Las ! ne m'approchez pas de plus près, je vous prie !
J'ai trop de répugnance à coudoyer un mort.

PANDOLFE.

D'où peut donc provenir ce bizarre transport ?

ANSELME.

Dites-moi de bien loin quel sujet vous amène.
Si pour me dire adieu vous prenez tant de peine,
C'est trop de courtoisie, et véritablement
Je me serois passé de votre compliment.
Si votre âme est en peine et cherche des prières,
Las ! je vous en promets, et ne m'effrayez guères !
Foi d'homme épouvanté, je vais faire à l'instant
Pier tant Dieu pour vous, que vous serez content.
    Disparoissez donc, je vous prie,
    Et que le ciel, par sa bonté,
    Comble de joie et de santé
    Votre défunte seigneurie !

PANDOLFE, *riant.*

Malgré tout mon dépit, il m'y faut prendre part.

ANSELME.

Las ! pour un trépassé, vous êtes bien gaillard ?

PANDOLFE.

Est-ce jeu, dites-nous, ou bien si c'est folie
Qui traite de défunt une personne en vie ?

ANSELME.

Hélas, vous êtes mort, et je viens de vous voir...

PANDOLFE.

Quoi, j'aurois trépassé sans m'en apercevoir ?

ANSELME.

Sitôt que Mascarille en a dit la nouvelle,
J'en ai senti dans l'âme une douleur mortelle.

PANDOLFE.

Mais enfin dormez-vous ? Êtes-vous éveillé ?
Me connoissez-vous pas ?

ANSELME.

     Vous êtes habillé
D'un corps aérien qui contrefait le vôtre,
Mais qui dans un moment peut devenir tout autre.
Je crains fort de vous voir comme un géant grandir,
Et tout votre visage affreusement laidir.
Pour Dieu, ne prenez point de vilaine figure ;
J'ai prou (*) de ma frayeur en cette conjoncture.

PANDOLFE.

En une autre saison, cette naïveté
Dont vous accompagnez votre crédulité,

(*) *Prou.* Ce mot signifioit *assez, beaucoup* ; il vient de *pro*, qui est italien et espagnol, et qui, dans les deux langues, signifie *avantage*.

Anselme, me seroit un charmant badinage,
Et j'en prolongerois le plaisir davantage :
Mais, avec cette mort, un trésor supposé,
Dont parmi les chemins on m'a désabusé,
Fomente dans mon âme un soupçon légitime.
Mascarille est un fourbe, et fourbe fourbissime,
Sur qui ne peuvent rien la crainte et les remords,
Et qui pour ses desseins a d'étranges ressorts.

ANSELME.

M'auroit-on joué pièce et fait supercherie ?
Ah ! vraiment, ma raison, vous seriez fort jolie !
Touchons un peu pour voir. En effet, c'est bien lui.
Malepeste du sot que je suis aujourd'hui !
De grâce, n'allez pas divulguer un tel conte ;
On en feroit jouer quelque farce à ma honte.
Mais, Pandolfe, aidez-moi vous-même à retirer
L'argent que j'ai donné pour vous faire enterrer.

PANDOLFE.

De l'argent, dites-vous ? Ah ! voilà l'enclouure !
C'est là le nœud secret de toute l'aventure !
A votre dam. Pour moi, sans me mettre en souci,
Je vais faire informer de cette affaire-ci
Contre ce Mascarille ; et, si l'on peut le prendre,
Quoi qu'il puisse coûter, je le veux faire pendre.

ANSELME, seul.

Et moi, la bonne dupe à trop croire un vaurien,
Il faut donc qu'aujourd'hui je perde et sens et bien :

Il me sied bien, ma foi, de porter tête grise,
Et d'être encor si prompt à faire une sottise;
D'examiner si peu, sur un premier rapport...
Mais je vois...

SCÈNE VI.
LÉLIE, ANSELME.

LÉLIE.

Maintenant avec ce passe-port
Je puis à Trufaldin rendre aisément visite.

ANSELME.

A ce que je puis voir, votre douleur vous quitte?

LÉLIE.

Que dites-vous? Jamais elle ne quittera
Un cœur qui chèrement toujours la gardera.

ANSELME.

Je reviens sur mes pas vous dire avec franchise
Que tantôt avec vous j'ai fait une méprise;
Que parmi ces louis, quoiqu'ils semblent très-beaux,
J'en ai, sans y penser, mêlé que je tiens faux;
Et j'apporte sur moi de quoi mettre en leur place.
De nos faux monnoyeurs l'insupportable audace
Pullule en cet État d'une telle façon,
Qu'on ne reçoit plus rien qui soit hors de soupçon.
Mon Dieu! qu'on feroit bien de les faire tous pendre!

LÉLIE.

Vous me faites plaisir de les vouloir reprendre :
Mais je n'en ai point vu de faux, comme je crois.

ANSELME.

Je les connoîtrai bien, montrez, montrez-les-moi.
Est-ce tout ?

LÉLIE.

Oui.

ANSELME.

Tant mieux. Enfin je vous raccroche,
Mon argent bien aimé; rentrez dedans ma poche.
Et vous, mon brave escroc, vous ne tenez plus rien.
Vous tuez donc des gens qui se portent fort bien ?
Et qu'auriez-vous donc fait sur moi chétif beau-père ?
Ma foi, je m'engendrois d'une belle manière,
Et j'allois prendre en vous un beau-fils fort discret !
Allez, allez mourir de honte et de regret.

LÉLIE, seul.

Il faut dire, j'en tiens. Quelle surprise extrême !
D'où peut-il avoir su sitôt le stratagème ?

SCÈNE VII.

LÉLIE, MASCARILLE.

MASCARILLE.

Quoi ! vous étiez sorti ? Je vous cherchois partout.
Hé bien ! en sommes-nous enfin venus à bout ?
Je le donne en six coups au fourbe le plus brave.
Çà, donnez-moi que j'aille acheter notre esclave ;
Votre rival après sera bien étonné.

ACTE II, SCÈNE VII.

LÉLIE.

Ah! mon pauvre garçon, la chance a bien tourné!
Pourrois-tu de mon sort deviner l'injustice?

MASCARILLE.

Quoi? que seroit-ce?

LÉLIE.

Anselme, instruit de l'artifice,
M'a repris maintenant tout ce qu'il nous prêtoit,
Sous couleur de changer de l'or que l'on doutoit.

MASCARILLE.

Vous vous moquez peut-être.

LÉLIE.

Il est trop véritable.

MASCARILLE.

Tout de bon?

LÉLIE.

Tout de bon; j'en suis inconsolable.
Tu te vas emporter d'un courroux sans égal.

MASCARILLE.

Moi, monsieur? quelque sot: la colère fait mal;
Et je veux me choyer, quoi qu'enfin il arrive.
Que Célie, après tout, soit ou libre ou captive,
Que Léandre l'achète, ou qu'elle reste là,
Pour moi, je m'en soucie autant que de cela.

LÉLIE.

Ah! n'aye point pour moi si grande indifférence,
Et sois plus indulgent à ce peu d'imprudence;

Sans ce dernier malheur, ne m'avoûras-tu pas
Que j'avois fait merveille, et qu'en ce feint trépas
J'éludois un chacun d'un deuil si vraisemblable,
Que les plus clairvoyants l'auroient cru véritable?

MASCARILLE.

Vous avez en effet sujet de vous louer.

LÉLIE.

Hé bien ! je suis coupable, et je veux l'avouer;
Mais si jamais mon bien te fut considérable,
Répare ce malheur, et me sois secourable.

MASCARILLE.

Je vous baise les mains ; je n'ai pas le loisir.

LÉLIE.

Mascarille, mon fils !

MASCARILLE.

    Point.

LÉLIE.

      Fais-moi ce plaisir.

MASCARILLE.

Non, je n'en ferai rien.

LÉLIE.

    Si tu m'es inflexible,
Je m'en vais me tuer.

MASCARILLE.

    Soit ; il vous est loisible.

LÉLIE.

Je ne te puis fléchir !

MASCARILLE.

Non.

LÉLIE.

Vois-tu le fer prêt?

MASCARILLE.

Oui.

LÉLIE.

Je vais le pousser.

MASCARILLE.

Faites ce qu'il vous plaît.

LÉLIE.

Tu n'auras pas regret de m'arracher la vie?

MASCARILLE.

Non.

LÉLIE.

Adieu, Mascarille.

MASCARILLE.

Adieu, monsieur Lélie.

LÉLIE.

Quoi!

MASCARILLE.

Tuez-vous donc vite. Ah! que de longs devis!

LÉLIE.

Tu voudrois bien, ma foi, pour avoir mes habits,
Que je fisse le sot, et que je me tuasse.

MASCARILLE.

Savois-je pas qu'enfin ce n'étoit que grimace;

Et, quoi que ces esprits jurent d'effectuer,
Qu'on n'est point aujourd'hui si prompt à se tuer ?

SCÈNE VIII.
TRUFALDIN, LÉANDRE, LÉLIE, MASCARILLE.

(Trufaldin parle bas à Léandre dans le fond du théâtre.)

LÉLIE.

Que vois-je ? Mon rival et Trufaldin ensemble !
Il achète Célie. Ah ! de frayeur je tremble !

MASCARILLE.

Il ne faut point douter qu'il fera ce qu'il peut ;
Et, s'il a de l'argent, qu'il pourra ce qu'il veut.
Pour moi, j'en suis ravi. Voilà la récompense
De vos brusques erreurs, de votre impatience.

LÉLIE.

Que dois-je faire ? dis : veuille me conseiller.

MASCARILLE.

Je ne sais.

LÉLIE.

Laisse-moi, je vais le quereller.

MASCARILLE.

Qu'en arrivera-t-il ?

LÉLIE.

Que veux-tu que je fasse
Pour empêcher ce coup ?

MASCARILLE.

Allez, je vous fais grâce ;

ACTE II, SCÈNE VIII.

Je jette encore un œil pitoyable sur vous.
Laissez-moi l'observer : par des moyens plus doux
Je vais, comme je crois, savoir ce qu'il projette.
(Lélie sort.)

TRUFALDIN, à Léandre.

Quand on viendra tantôt, c'est une affaire faite.
(Trufaldin sort.)

MASCARILLE, à part, en s'en allant.

Il faut que je l'attrappe, et que de ses desseins
Je sois le confident, pour mieux les rendre vains.

LÉANDRE, seul.

Grâces au ciel, voilà mon bonheur hors d'atteinte,
J'ai su me l'assurer, et je n'ai plus de crainte.
Quoi que désormais puisse entreprendre un rival,
Il n'est plus en pouvoir de me faire du mal.

SCÈNE IX.
LÉANDRE, MASCARILLE.

MASCARILLE dit ces deux vers dans la maison, et entre sur le théâtre.

Aie! aie! à l'aide! au meurtre! au secours! on m'assomme!
Ah! ah! ah! ah! ah! ah! ô traître! ô bourreau d'homme!

LÉANDRE.

D'où procède cela? Qu'est-ce? que te fait-on?

MASCARILLE.

On vient de me donner deux cents coups de bâton.

LÉANDRE.

Qui?

L'ÉTOURDI.

MASCARILLE.

Lélie.

LÉANDRE.

Et pourquoi?

MASCARILLE.

Pour une bagatelle
Il me chasse et me bat d'une façon cruelle.

LÉANDRE.

Ah! vraiment, il a tort!

MASCARILLE.

Mais, ou je ne pourrai,
Ou je jure bien fort que je m'en vengerai.
Oui, je te ferai voir, batteur que Dieu confonde!
Que ce n'est pas pour rien qu'il faut rouer le monde;
Que je suis un valet, mais fort homme d'honneur;
Et qu'après m'avoir eu quatre ans pour serviteur,
Il ne me falloit pas payer en coups de gaules,
Et me faire un affront si sensible aux épaules.
Je te le dis encor, je saurai m'en venger.
Une esclave te plaît, tu voulois m'engager
A la mettre en tes mains; et je veux faire en sorte
Qu'un autre te l'enlève, ou le diable m'emporte!

LÉANDRE.

Écoute, Mascarille, et quitte ce transport.
Tu m'as plu de tout temps, et je souhaitois fort
Qu'un garçon comme toi, plein d'esprit et fidèle,
A mon service un jour pût attacher son zèle.

ACTE II, SCÈNE IX.

Enfin, si le parti te semble bon pour toi,
Si tu veux me servir, je t'arrête avec moi.

MASCARILLE.

Oui, monsieur; d'autant mieux, que le destin pro-
                                            pice
M'offre à me bien venger en vous rendant service;
Et que dans mes efforts pour vos contentements
Je puis à mon brutal trouver des châtiments :
De Célie, en un mot, par mon adresse extrême....

LÉANDRE.

Mon amour s'est rendu cet office lui-même.
Enflammé d'un objet qui n'a point de défaut,
Je viens de l'acheter moins encor qu'il ne vaut.

MASCARILLE.

Quoi! Célie est à vous?

LÉANDRE.

     Tu la verrois paroître,
Si de mes actions j'étois tout-à-fait maître :
Mais quoi! mon père l'est; comme il a volonté,
Ainsi que je l'apprends d'un paquet apporté,
De me déterminer à l'hymen d'Hippolyte,
J'empêche qu'un rapport de tout ceci l'irrite.
Donc avec Trufaldin, car je sors de chez lui,
J'ai voulu tout exprès agir au nom d'autrui ;
Et, l'achat fait, ma bague est la marque choisie
Sur laquelle au premier il doit livrer Célie.
Je songe auparavant à chercher les moyens
D'ôter aux yeux de tous ce qui charme les miens,

A trouver promptement un endroit favorable
Où puisse être en secret cette captive aimable.

MASCARILLE.

Hors de la ville un peu, je puis avec raison
D'un vieux parent que j'ai vous offrir la maison :
Là vous pourrez la mettre avec toute assurance,
Et de cette action nul n'aura connoissance.

LÉANDRE.

Oui? Ma foi, tu me fais un plaisir souhaité.
Tiens donc, et va pour moi prendre cette beauté :
Dès que par Trufaldin ma bague sera vue,
Aussitôt en tes mains elle sera rendue,
Et dans cette maison tu me la conduiras.
Quand... Mais chut, Hippolyte est ici sur nos pas.

SCÈNE X.
HIPPOLYTE, LÉANDRE, MASCARILLE.

HIPPOLYTE.

Je dois vous annoncer, Léandre, une nouvelle;
Mais la trouverez-vous agréable, ou cruelle?

LÉANDRE.

Pour en pouvoir juger, et répondre soudain,
Il faudroit la savoir.

HIPPOLYTE.

    Donnez-moi donc la main
Jusqu'au temple ; en marchant je pourrai vous
      l'apprendre.

LÉANDRE, à Mascarille.

Va, va-t'en me servir sans davantage attendre.

SCÈNE XI.

MASCARILLE.

Oui, je te vais servir d'un plat de ma façon.
Fut-il jamais au monde un plus heureux garçon !
Oh ! que dans un moment Lélie aura de joie !
Sa maîtresse en nos mains tomber par cette voie !
Recevoir tout son bien d'où l'on attend son mal,
Et devenir heureux par la main d'un rival !
Après ce rare exploit, je veux que l'on s'apprête
A me peindre en héros un laurier sur la tête,
Et qu'au bas du portrait on mette en lettres d'or:
Vivat Mascarillus fourbum imperator !

SCÈNE XII.

TRUFALDIN, MASCARILLE.

MASCARILLE.

Hola !

TRUFALDIN.

Que voulez-vous ?

MASCARILLE.

Cette bague connue
Vous dira le sujet qui cause ma venue.

TRUFALDIN.

Oui, je reconnois bien la bague que voilà.
Je vais quérir l'esclave, arrêtez un peu là.

L'ÉTOURDI.

SCÈNE XIII.

TRUFALDIN, UN COURRIER, MASCARILLE.

LE COURRIER, à Trufaldin.

Seigneur, obligez-moi de m'enseigner un homme...

TRUFALDIN.

Et qui ?

LE COURRIER.

Je crois que c'est Trufaldin qu'il se nomme.

TRUFALDIN.

Et que lui voulez-vous ? Vous le voyez ici.

LE COURRIER.

Lui rendre seulement la lettre que voici.

TRUFALDIN lit.

« Le ciel, dont la bonté prend pitié de ma vie,
» Vient de me faire ouïr par un bruit assez doux,
» Que ma fille, à quatre ans par des voleurs ravie,
» Sous le nom de Célie est esclave chez vous.
» Si vous sûtes jamais ce que c'est qu'être père,
» Et vous trouvez sensible aux tendresses du sang,
» Conservez-moi chez vous cette fille si chère,
» Comme si de la vôtre elle tenoit le rang.
» Pour l'aller retirer, je pars d'ici moi-même,
» Et vous vais de vos soins récompenser si bien,

» Que par votre bonheur, que je veux rendre
extrême,
» Vous bénirez le jour où vous causez le mien. »
   De Madrid   Don Pedro de Gusman,
                  marquis de Montalcane.

(Il continue.)

Quoiqu'à leur nation bien peu de foi soit due,
Ils me l'avoient bien dit, ceux qui me l'ont vendue,
Que je verrois dans peu quelqu'un la retirer,
Et que je n'aurois pas sujet d'en murmurer :
Et cependant j'allois, dans mon impatience,
Perdre aujourd'hui les fruits d'une haute espérance.

(au courrier.)

Un seul moment plus tard tous vos pas étoient vains,
J'allois mettre à l'instant cette fille en ses mains,
Mais suffit ; j'en aurai tout le soin qu'on désire.
                        (Le courrier sort.)

(à Mascarille.)

Vous-même vous voyez ce que je viens de lire.
Vous direz à celui qui vous a fait venir
Que je ne lui saurois ma parole tenir ;
Qu'il vienne retirer son argent.

         MASCARILLE.

                       Mais l'outrage
Que vous lui faites...

         TRUFALDIN.

                 Va, sans causer davantage.

       MASCARILLE, seul.

Ah ! le fâcheux paquet que nous venons d'avoir !

Le sort a bien donné la baie (*) à mon espoir ;
Et bien à la malheure est-il venu d'Espagne
Ce courrier, que la foudre ou la grêle accompagne !
Jamais, certes, jamais plus beau commencement
N'eut en si peu de temps plus triste événement.

SCÈNE XIV.

LÉLIE, riant ; MASCARILLE.

MASCARILLE.

Quel beau transport de joie à présent vous inspire ?

LÉLIE.

Laisse-m'en rire encore avant que te le dire.

MASCARILLE.

Çà, rions donc bien fort, nous en avons sujet.

LÉLIE.

Ah ! je ne serai plus de tes plaintes l'objet :
Tu ne me diras plus, toi qui toujours me cries,
Que je gâte en brouillon toutes tes fourberies.
J'ai bien joué moi-même un tour des plus adroits.
Ils est vrai, je suis prompt, et m'emporte parfois :
Mais pourtant, quand je veux, j'ai l'imaginative
Aussi bonne, en effet, que personne qui vive ;

(*) *Donné la baie.* Cette expression proverbiale vient de l'ancienne farce de *l'Avocat Patelin*. Un berger, accusé d'avoir tué les moutons de M. Guillaume, ne répond que *baie* au juge, et même à l'avocat Patelin, lorsque ce dernier lui demande de l'argent. De là, *donner la baie*, pour *tromper*.

Et toi-même avoûras que ce que j'ai fait, part
D'une pointe d'esprit où peu de monde a part.

MASCARILLE.

Sachons donc ce qu'a fait cette imaginative.

LÉLIE.

Tantôt, l'esprit ému d'une frayeur bien vive
D'avoir vu Trufaldin avecque mon rival,
Je songeois à trouver un remède à ce mal ;
Lorsque, me ramassant tout entier en moi-même,
J'ai conçu, digéré, produit un stratagème
Devant qui tous les tiens, dont tu fais tant de cas
Doivent, sans contredit, mettre pavillon bas.

MASCARILLE.

Mais qu'est-ce ?

LÉLIE.

Ah ! s'il te plaît, donne-toi patience.
J'ai donc fait une lettre avecque diligence,
Comme d'un grand seigneur écrite à Trufaldin,
Qui mande qu'ayant su, par un heureux destin,
Qu'une esclave qu'il tient sous le nom de Célie
Est sa fille, autrefois par des voleurs ravie ;
Il veut la venir prendre, et le conjure au moins
De la garder toujours, de lui rendre des soins ;
Qu'à ce sujet il part d'Espagne, et doit pour elle
Par de si grands présents reconnoître son zèle,
Qu'il n'aura point regret de causer son bonheur.

MASCARILLE.

Fort bien.

LÉLIE.

Écoute donc : voici bien le meilleur.
La lettre que je dis a donc été remise.
Mais sais-tu bien comment? En saison si bien prise,
Que le porteur m'a dit que, sans ce trait falot(1),
Un homme l'emmenoit, qui s'est trouvé fort sot.

MASCARILLE.

Vous avez fait ce coup sans vous donner au diable?

LÉLIE.

Oui. D'un tour si subtil m'aurois-tu cru capable ?
Loue au moins mon adresse, et la dextérité
Dont je romps d'un rival le dessein concerté.

MASCARILLE.

A vous pouvoir louer selon votre mérite
Je manque d'éloquence, et ma force est petite.
Oui, pour bien étaler cet effort relevé,
Ce bel exploit de guerre à nos yeux achevé,
Ce grand et rare effet d'une imaginative
Qui ne cède en vigueur à personne qui vive,
Ma langue est impuissante, et je voudrois avoir
Celle de tous les gens du plus exquis savoir,
Pour vous dire en beaux vers, ou bien en docte prose,
Que vous serez toujours, quoi que l'on se propose,
Tout ce que vous avez été durant vos jours,
C'est-à-dire un esprit chaussé tout à rebours,
Une raison malade et toujours en débauche,

---

(1) *Falot*, vieux mot qui signifioit *plaisant*.

Un envers du bon sens, un jugement à gauche,
Un brouillon, une bête, un brusque, un étourdi,
Que sais-je? un... cent fois plus encor que je ne di.
C'est faire en abrégé votre panégyrique.

LÉLIE.

Apprends-moi le sujet qui contre moi te pique.
Ai-je fait quelque chose? Éclaircis-moi ce point.

MASCARILLE.

Non, vous n'avez rien fait. Mais ne me suivez point.

LÉLIE.

Je te suivrai partout pour savoir ce mystère.

MASCARILLE.

Oui! Sus donc préparez vos jambes à bien faire;
Car je vais vous fournir de quoi les exercer.

LÉLIE, seul.

Il m'échappe. O malheur qui ne se peut forcer!
Au discours qu'il m'a fait que saurois-je comprendre?
Et quel mauvais office aurois-je pu me rendre!

FIN DU SECOND ACTE.

ACTE TROISIÈME.

SCÈNE I.

MASCARILLE.

Taisez-vous, ma bonté, cessez votre entretien,
Vous êtes une sotte, et je n'en ferai rien.
Oui, vous avez raison, mon courroux, je l'avoue;
Relier tant de fois ce qu'un brouillon dénoue,
C'est trop de patience; et je dois en sortir,
Après de si beaux coups qu'il a su divertir.
Mais aussi raisonnons un peu sans violence.
Si je suis maintenant ma juste impatience,
On dira que je cède à la difficulté,
Que je me trouve à bout de ma subtilité.
Et que deviendra lors cette publique estime
Qui te vante partout pour un fourbe sublime,
Et que tu t'es acquise en tant d'occasions
A ne t'être jamais vu court d'inventions?
L'honneur, ô Mascarille, est une belle chose!
A tes nobles travaux ne fais aucune pause;
Et quoi qu'un maître ait fait pour te faire enrager,
Achève pour ta gloire, et non pour l'obliger.
Mais quoi! que feras-tu, que de l'eau toute claire?

Traversé sans repos par ce démon contraire,
Tu vois qu'à chaque instant il te fait déchanter,
Et que c'est battre l'eau de prétendre arrêter
Ce torrent effréné qui de tes artifices
Renverse en un moment les plus beaux édifices.
Hé bien ! pour toute grâce, encore un coup du moins,
Au hasard du succès sacrifions des soins ;
Et s'il poursuit encore à rompre notre chance,
J'y consens, ôtons-lui toute notre assistance.
Cependant notre affaire encor n'iroit pas mal,
Si par-là nous pouvions perdre notre rival,
Et que Léandre enfin, lassé de sa poursuite,
Nous laissât jour entier pour ce que je médite.
Oui, je roule en ma tête un trait ingénieux,
Dont je promettrois bien un succès glorieux,
Si je puis n'avoir plus cet obstacle à combattre.
Bon : voyons si son feu se rend opiniâtre.

SCÈNE II.
LÉANDRE, MASCARILLE.

MASCARILLE.

Monsieur, j'ai perdu temps; votre homme se dédit.

LÉANDRE.

De la chose lui-même il m'a fait le récit :
Mais c'est bien plus ; j'ai su que tout ce beau mystère
D'un rapt d'Égyptiens, d'un grand seigneur pour père,
Qui doit partir d'Espagne et venir en ces lieux,
N'est qu'un pur stratagème, un trait facétieux,

Une histoire à plaisir, un conte dont Lélie
A voulu détourner notre achat de Célie.

MASCARILLE.

Voyez un peu la fourbe !

LÉANDRE.

Et pourtant Trufaldin
Est si bien imprimé de ce conte badin,
Mord si bien à l'appât de cette foible ruse,
Qu'il ne veut point souffrir que l'on le désabuse.

MASCARILLE.

C'est pourquoi désormais il la gardera bien,
Et je ne vois pas lieu d'y prétendre plus rien.

LÉANDRE.

Si d'abord à mes yeux elle parut aimable,
Je viens de la trouver tout-à-fait adorable ;
Et je suis en suspens si, pour me l'acquérir,
Aux extrêmes moyens je ne dois point courir,
Par le don de ma foi rompre sa destinée,
Et changer ses liens en ceux de l'hyménée.

MASCARILLE.

Vous pourriez l'épouser ?

LÉANDRE.

Je ne sais : mais enfin,
Si quelque obscurité se trouve en son destin,
Sa grâce et sa vertu sont de douces amorces
Qui pour tirer les cœurs ont d'incroyables forces.

MASCARILLE.

Sa vertu, dites-vous ?

LÉANDRE.

Quoi ? que murmures-tu ?
Achève : explique-toi sur ce mot de vertu.

MASCARILLE.

Monsieur, votre visage en un moment s'altère,
Et je ferai bien mieux peut-être de me taire.

LÉANDRE.

Non, non, parle.

MASCARILLE.

Hé bien donc, très-charitablement
Je vous veux retirer de votre aveuglement.
Cette fille...

LÉANDRE.

Poursuis.

MASCARILLE.

N'est rien moins qu'inhumaine;
Dans le particulier elle oblige sans peine :
Et son cœur, croyez-moi, n'est point roche, après tout,
A quiconque la sait prendre par le bon bout :
Elle fait la sucrée, et veut passer pour prude.
Mais je puis en parler avecque certitude :
Vous savez que je suis quelque peu du métier
A me devoir connoître en un pareil gibier.

LÉANDRE.

Célie...

MASCARILLE.

Oui, sa pudeur n'est que franche grimace,
Qu'une ombre de vertu qui garde mal la place,

Et qui s'évanouit, comme l'on peut savoir,
Aux rayons du soleil qu'une bourse fait voir.

LÉANDRE.

Las! que dis-tu? Croirai-je un discours de la sorte?

MASCARILLE.

Monsieur, les volontés sont libres; que m'importe?
Non, ne me croyez pas, suivez votre dessein :
Prenez cette matoise, et lui donnez la main ;
Toute la ville en corps reconnoîtra ce zèle,
Et vous épouserez le bien public en elle.

LÉANDRE.

Quelle surprise étrange !

MASCARILLE, à part.

Il a pris l'hameçon.
Courage ! s'il se peut enferrer tout de bon,
Nous nous ôtons du pied une fâcheuse épine.

LÉANDRE.

Oui, d'un coup étonnant ce discours m'assassine.

MASCARILLE.

Quoi ! vous pourriez...?

LÉANDRE.

Va-t'en jusqu'à la poste, et voi
Je ne sais quel paquet qui doit venir pour moi.

(seul, après avoir rêvé.)

Qui ne s'y fût trompé? Jamais l'air d'un visage,
Si ce qu'il dit est vrai, n'imposa davantage.

SCÈNE III.
LÉLIE, LÉANDRE.

LÉLIE.

Du chagrin qui vous tient quel peut-être l'objet ?

LÉANDRE.

Moi ?

LÉLIE.

Vous-même.

LÉANDRE.

Pourtant je n'en ai point sujet.

LÉLIE.

Je vois bien ce que c'est, Célie en est la cause.

LÉANDRE.

Mon esprit ne court pas après si peu de chose.

LÉLIE.

Pour elle vous aviez pourtant de grands desseins :
Mais il faut dire ainsi, lorsqu'ils se trouvent vains.

LÉANDRE.

Si j'étois assez sot pour chérir ses caresses,
Je me moquerois bien de toutes vos finesses.

LÉLIE.

Quelles finesses donc ?

LÉANDRE.

Mon Dieu ! nous savons tout.

LÉLIE.

Quoi ?

LÉANDRE.
Votre procédé de l'un à l'autre bout.
LÉLIE.
C'est de l'hébreu pour moi, je n'y puis rien com-
prendre.
LÉANDRE.
Feignez, si vous voulez, de ne me pas entendre ;
Mais, croyez-moi, cessez de craindre pour un bien
Où je serois fâché de vous disputer rien.
J'aime fort la beauté qui n'est point profanée,
Et ne veux point brûler pour une abandonnée.
LÉLIE.
Tout beau, tout beau, Léandre !
LÉANDRE.
Ah ! que vous êtes bon !
Allez, vous dis-je encor, servez-la sans soupçon ;
Vous pourrez vous nommer homme à bonnes for-
tunes.
Il est vrai, sa beauté n'est pas des plus communes ;
Mais en revanche aussi le reste est fort commun.
LÉLIE.
Léandre, arrêtez là ce discours importun.
Contre moi tant d'efforts qu'il vous plaira pour elle,
Mais surtout retenez cette atteinte mortelle.
Sachez que je m'impute à trop de lâcheté
D'entendre mal parler de ma divinité,
Et que j'aurai toujours bien moins de répugnance
A souffrir votre amour qu'un discours qui l'offense.
LÉANDRE.
Ce que j'avance ici me vient de bonne part.

ACTE III, SCÈNE III.

LÉLIE.

Quiconque vous l'a dit est un lâche, un pendard.
On ne peut imposer de tache à cette fille,
Je connois bien son cœur.

LÉANDRE.

      Mais enfin Mascarille
D'un semblable procès est juge compétent;
C'est lui qui la condamne.

LÉLIE.

  Oui!

LÉANDRE.

     Lui-même.

LÉLIE.

        Il prétend
D'une fille d'honneur insolemment médire,
Et que peut-être encor je n'en ferai que rire?
Gage qu'il se dédit.

LÉANDRE.

  Et moi, gage que non.

LÉLIE.

Parbleu! je le ferois mourir sous le bâton,
S'il m'avoit soutenu des faussetés pareilles.

LÉANDRE.

Moi, je lui couperois sur-le-champ les oreilles,
S'il n'étoit pas garant de tout ce qu'il m'a dit.

SCÈNE IV.
LÉLIE, LÉANDRE, MASCARILLE.

LÉLIE.

Ah! bon, bon, le voilà! Venez çà, chien maudit!

MASCARILLE.

Quoi?

LÉLIE.

Langue de serpent fertile en impostures,
Vous osez sur Célie attacher vos morsures,
Et lui calomnier la plus rare vertu
Qui puisse faire éclat sous un sort abattu?

MASCARILLE, bas à Lélie.

Doucement; ce discours est de mon industrie.

LÉLIE.

Non, non, point de clin d'œil et point de raillerie:
Je suis aveugle à tout, sourd à quoi que ce soit;
Fût-ce mon propre frère, il me la payeroit;
Et sur ce que j'adore oser porter le blâme,
C'est me faire une plaie au plus tendre de l'âme.
Tous ces signes sont vains. Quels discours as-tu faits?

MASCARILLE.

Mon Dieu! ne cherchons point querelle, ou je m'en vais.

LÉLIE.

Tu n'échapperas pas.

MASCARILLE.

Ahi!

ACTE III, SCÈNE IV.

LÉLIE.

Parle donc, confesse.

MASCARILLE, bas à Lélie.

Laissez-moi ; je vous dis que c'est un tour d'adresse.

LÉLIE.

Dépêche, qu'as-tu dit? vide entre nous ce point.

MASCARILLE, bas à Lélie.

J'ai dit ce que j'ai dit : ne vous emportez point.

LÉLIE, mettant l'épée à la main.

Ah! je vous ferai bien parler d'une autre sorte.

LÉANDRE, l'arrêtant.

Halte un peu ; retenez l'ardeur qui vous emporte.

MASCARILLE, à part.

Fut-il jamais au monde un esprit moins sensé?

LÉLIE.

Laissez-moi contenter mon courage offensé.

LÉANDRE.

C'est trop que de vouloir le battre en ma présence.

LÉLIE.

Quoi! châtier mes gens n'est pas en ma puissance?

LÉANDRE.

Comment vos gens?

MASCARILLE, à part.

Encore! il va tout découvrir.

LÉLIE.

Quand j'aurois volonté de le battre à mourir,
Hé bien, c'est mon valet.

LÉANDRE.

    C'est maintenant le nôtre.

LÉLIE.

Le trait est admirable! Et comment donc le vôtre?

LÉANDRE.

Sans doute.

MASCARILLE, bas à Lélie.

Doucement.

LÉLIE.

    Hem, que veux-tu conter?

MASCARILLE, à part.

Ah! le double bourreau, qui me va tout gâter,
Et qui ne comprend rien, quelque signe qu'on donne!

LÉLIE.

Vous rêvez bien, Léandre, et me la baillez bonne.
Il n'est pas mon valet?

LÉANDRE.

    Pour quelque mal commis,
Hors de votre service il n'a pas été mis?

LÉLIE.

Je ne sais ce que c'est.

LÉANDRE.

    Et, plein de violence,
Vous n'avez pas chargé son dos avec outrance?

LÉLIE.

Point du tout. Moi, l'avoir chassé, roué de coups?
Vous vous moquez de moi, Léandre, ou lui de vous.

ACTE III, SCÈNE IV.

MASCARILLE, à part.

Pousse, pousse, bourreau ; tu fais bien tes affaires.

LÉANDRE, à Mascarille.

Donc les coups de bâton ne sont qu'imaginaires !

MASCARILLE.

Il ne sait ce qu'il dit ; sa mémoire...

LÉANDRE.

Non, non.
Tous ces signes pour toi ne disent rien de bon.
Oui, d'un tour délicat mon esprit te soupçonne ;
Mais pour l'invention, va, je te le pardonne.
C'est bien assez pour moi qu'il m'ait désabusé,
De voir par quels motifs tu m'avois imposé,
Et que, m'étant commis à ton zèle hypocrite,
A si bon compte encor je m'en sois trouvé quitte.
Ceci doit s'appeler *un avis au lecteur*.
Adieu, Lélie, adieu ; très-humble serviteur.

SCÈNE V.

LÉLIE, MASCARILLE.

MASCARILLE.

Courage, mon garçon ! tout heur nous accompagne
Mettons flamberge au vent, et bravoure en campagne
Faisons *l'Olibrius, l'occiseur d'innocents*.

LÉLIE.

Il t'avoit accusé de discours médisants
Contre...

MASCARILLE.

Et vous ne pouviez souffrir mon artifice,
Lui laisser son erreur qui vous rendoit service,
Et par qui son amour s'en étoit presque allé?
Non, il a l'esprit franc et point dissimulé.
Enfin chez son rival je m'ancre avec adresse,
Cette fourbe en mes mains va mettre sa maîtresse:
Il me la fait manquer. Avec de faux rapports
Je veux de son rival ralentir les transports :
Mon brave incontinent vient qui le désabuse.
J'ai beau lui faire signe, et montrer que c'est ruse :
Point d'affaire ; il poursuit sa pointe jusqu'au bout,
Et n'est point satisfait qu'il n'ait découvert tout.
Grand et sublime effort d'une imaginative
Qui ne le cède point à personne qui vive !
C'est une rare pièce, et digne, sur ma foi,
Qu'on en fasse présent au cabinet d'un roi.

LÉLIE.

Je ne m'étonne pas si je romps tes attentes ;
A moins d'être informé des choses que tu tentes,
J'en ferois encor cent de la sorte.

MASCARILLE.

Tant pis.

LÉLIE.

Au moins pour t'emporter à de justes dépits,

ACTE III, SCENE V.

Fais-moi dans tes desseins entrer de quelque chose.
Mais que de leurs ressorts la porte me soit close,
C'est ce qui fait toujours que je suis pris sans vert (*).

MASCARILLE.

Ah! voilà tout le mal. C'est cela qui nous perd.
Ma foi, mon cher patron, je vous le dis encore,
Vous ne serez jamais qu'une pauvre pécore.

LÉLIE.

Puisque la chose est faite, il n'y faut plus penser.
Mon rival, en tout cas, ne peut me traverser;
Et pourvu que tes soins, en qui je me repose...

MASCARILLE.

Laissons là ce discours, et parlons d'autre chose.
Je ne m'apaise pas, non, si facilement;
Je suis trop en colère. Il faut premièrement
Me rendre un bon office; et nous verrons ensuite
Si je dois de vos feux reprendre la conduite.

LÉLIE.

S'il ne tient qu'à cela, je n'y résiste pas.
As-tu besoin, dis-moi, de mon sang, de mon bras?

MASCARILLE.

De quel vision sa cervelle est frappée!
Vous êtes de l'humeur de ces amis d'épée

(*) *Pris sans vert. Le vert*, jeu anciennement en usage au mois de mai. Ceux qui le jouoient étoient obligés de porter pendant tout le mois une feuille verte, cueillie le jour même. Celui qui étoit pris sans avoir cette feuille payoit une amende convenue. De là l'expression *pris sans vert*, pour *pris au dépourvu*.

Que l'on trouve toujours plus prompts à dégaîner
Qu'à tirer un teston (*), s'il falloit le donner.

LÉLIE.

Que puis-je donc pour toi ?

MASCARILLE.

C'est que de votre père
Il faut absolument apaiser la colère.

LÉLIE.

Nous avons fait la paix.

MASCARILLE.

Oui, mais non pas pour nous.
Je l'ai fait ce matin mort pour l'amour de vous :
La vision le choque ; et de pareilles feintes
Aux vieillards comme lui sont de dures atteintes,
Qui, sur l'état prochain de leur condition,
Leur font faire à regret triste réflexion.
Le bon homme, tout vieux, chérit fort la lumière,
Et ne veut point de jeu dessus cette matière ;
Il craint le pronostic ; et, contre moi fâché,
On m'a dit qu'en justice il m'avoit recherché.
J'ai peur, si le logis du roi fait ma demeure,
De m'y trouver si bien dès le premier quart d'heure,
Que j'aie peine aussi d'en sortir par après.
Contre moi dès long-temps on a force décrets ;
Car enfin la vertu n'est jamais sans envie,

(*) *Teston.* Pièce de monnoie qui valoit dix sous tournois.

ACTE III, SCÈNE V.

Et dans ce maudit siècle est toujours poursuivie.
Allez donc le fléchir.

LÉLIE.

Oui, nous le fléchirons ;
Mais aussi tu promets...

MASCARILLE.

Ah mon Dieu ! nous verrons.

(Lélie sort.)

Ma foi, prenons haleine après tant de fatigues.
Cessons pour quelque temps le cours de nos intrigues,
Et de nous tourmenter de même qu'un lutin.
Léandre pour nous nuire est hors de garde enfin
Et Célie arrêtée avecque l'artifice...

SCÈNE VI.
ERGASTE, MASCARILLE.

ERGASTE.

Je te cherchois partout pour te rendre un service,
Pour te donner avis d'un secret important.

MASCARILLE.

Quoi donc ?

ERGASTE.

N'avons-nous point ici quelque écoutant ?

MASCARILLE.

Non.

ERGASTE.

Nous sommes amis autant qu'on le peut être :
Je sais tous tes desseins et l'amour de ton maître,

Songez à vous tantôt. Léandre fait parti
Pour enlever Célie ; et je suis averti
Qu'il a mis ordre à tout, et qu'il se persuade
D'entrer chez Trufaldin par une mascarade,
Ayant su qu'en ce temps, assez souvent, le soir,
Des femmes du quartier en masque l'alloient voir.

MASCARILLE.

Oui ? Suffit ; il n'est pas au comble de sa joie :
Je pourrai bien tantôt lui souffler cette proie ;
Et contre cet assaut je sais un coup fourré
Par qui je veux qu'il soit de lui-même enferré.
Il ne sait pas les dons dont mon âme est pourvue.
Adieu ; nous boirons pinte à la première vue.

SCÈNE VII.

MASCARILLE.

Il faut, il faut tirer à nous ce que d'heureux
Pourroit avoir en soi ce projet amoureux,
Et par une surprise adroite et non commune,
Sans courir le danger, en tenter la fortune.
Si je vais me masquer pour devancer ses pas,
Léandre assurément ne nous bravera pas ;
Et là, premier que lui, si nous faisons la prise,
Il aura fait pour nous les frais de l'entreprise,
Puisque, par son dessein déjà presque éventé,
Le soupçon tombera toujours de son côté,
Et que nous, à couvert de toutes ses poursuites,

De ce coup hasardeux ne craindrons point de suites;
C'est ne se point commettre à faire de l'éclat,
Et tirer les marrons de la patte du chat.
Allons donc nous masquer avec quelques bons frères;
Pour prévenir nos gens il ne faut tarder guères.
Je sais où gît le lièvre, et me puis sans travail
Fournir en un moment d'hommes et d'attirail.
Croyez que je mets bien mon adresse en usage :
Si j'ai reçu du ciel des fourbes en partage,
Je ne suis point au rang de ces esprits mal nés
Qui cachent les talents que Dieu leur a donnés.

SCÈNE VIII.

LÉLIE, ERGASTE.

LÉLIE.

Il prétend l'enlever avec sa mascarade ?

ERGASTE.

Il n'est rien plus certain. Quelqu'un de sa brigade
M'ayant de ce dessein instruit, sans m'arrêter,
A Mascarille alors j'ai couru tout conter,
Qui s'en va, m'a-t-il dit, rompre cette partie
Par une invention dessus le champ bâtie ;
Et, comme je vous ai rencontré par hasard,
J'ai cru que je devois du tout vous faire part.

LÉLIE.

Tu m'obliges par trop avec cette nouvelle :
Va, je reconnoîtrai ce service fidèle.

SCÈNE IX.

LÉLIE.

Mon drôle assurément leur joûra quelque trait.
Mais je veux de ma part seconder son projet :
Il ne sera pas dit qu'en un fait qui me touche
Je ne me sois non plus remué qu'une souche.
Voici l'heure ; ils seront surpris à mon aspect.
Foin ! que n'ai-je avec moi pris mon porte-respect !
Mais vienne qui voudra contre notre personne,
J'ai deux bons pistolets, et mon épée est bonne.
Holà ! quelqu'un ; un mot.

SCÈNE X.

TRUFALDIN, A SA FENÊTRE ; LÉLIE.

TRUFALDIN.

Qu'est-ce ? Qui me vient voir ?

LÉLIE.

Fermez soigneusement votre porte ce soir.

TRUFALDIN.

Pourquoi ?

LÉLIE.

Certaines gens font une mascarade
Pour vous venir donner une fâcheuse aubade ;
Ils veulent enlever votre Célie.

TRUFALDIN.

O dieux !

ACTE III, SCÈNE X.

LÉLIE.

Et sans doute bientôt ils viendront en ces lieux :
Demeurez; vous pourrez voir tout de la fenêtre.
Hé bien! qu'avois-je dit? Les voyez-vous paroître?
Chut! je veux à vos yeux leur en faire l'affront.
Nous allons voir beau jeu, si la corde ne rompt.

SCÈNE XI.

LÉLIE, TRUFALDIN; MASCARILLE
ET SA SUITE, MASQUES.

TRUFALDIN.

O les plaisants robins qui pensent me surprendre!

LÉLIE.

Masques, où courez-vous? Le pourroit-on apprendre?
Trufaldin, ouvrez-leur pour jouer un momon (*).
    (à Mascarille déguisé en femme.)
Bon Dieu! qu'elle est jolie, et qu'elle a l'air mignon!
Eh quoi vous murmurez? Mais, sans vous faire
                                            outrage,
Peut-on lever le masque, et voir votre visage?

TRUFALDIN.

Allez, fourbes, méchants; retirez-vous d'ici,
Canaille. Et vous, seigneur, bonsoir, et grand merci.

(*). *Momon*, mascarade. Selon Ménage, ce mot vient de *Momus*.

SCÈNE XII.

LÉLIE, MASCARILLE.

LÉLIE, *après avoir démasqué Mascarille.*

MASCARILLE, est-ce toi ?

MASCARILLE.

Nenni-dà, c'est quelque autre.

LÉLIE.

Hélas ! quelle surprise ! et quel sort est le nôtre !
L'aurois-je deviné n'étant point averti
Des secrètes raisons qui t'avoient travesti ?
Malheureux que je suis d'avoir dessous ce masque
Été, sans y penser, te faire cette frasque !
Il me prendroit envie en mon juste courroux,
De me battre moi-même et me donner cent coups.

MASCARILLE.

Adieu, sublime esprit, rare imaginative.

LÉLIE.

Las ! si de ton secours ta colère me prive,
A quel saint me voûrai-je ?

MASCARILLE.

Au grand diable d'enfer.

LÉLIE.

Ah ! si ton cœur pour moi n'est de bronze ou de fer,
Qu'encore un coup du moins mon imprudence ait
grâce.
S'il faut, pour l'obtenir, que tes genoux j'embrasse,
Vois-moi...

MASCARILLE.

Tarare! Allons, camarades, allons;
J'entends venir des gens qui sont sur nos talons.

SCÈNE XIII.

LÉANDRE ET SA SUITE, MASQUÉS;
TRUFALDIN A SA FENÊTRE.

LÉANDRE.

Sans bruit ; ne faisons rien que de la bonne sorte.

TRUFALDIN.

Quoi! masques toute nuit assiégeront ma porte!
Messieurs, ne gagnez point de rhumes à plaisir ;
Tout cerveau qui le fait est, certes, de loisir.
Il est un peu trop tard pour enlever Célie ;
Dispensez-l'en ce soir, elle vous en supplie :
La belle est dans le lit, et ne peut vous parler.
J'en suis fâché pour vous : mais, pour vous régaler
Du souci qui pour elle ici vous inquiète,
Elle vous fait présent de cette cassolette.

LÉANDRE.

Fi! cela sent mauvais, et je suis tout gâté.
Nous sommes découverts, tirons de ce côté.

FIN DU TROISIÈME ACTE.

ACTE QUATRIÈME.

SCÈNE I.

LÉLIE, DÉGUISÉ EN ARMÉNIEN ;
MASCARILLE.

MASCARILLE.

Vous voilà fagoté d'une plaisante sorte !

LÉLIE.

Tu ranimes par-là mon espérance morte.

MASCARILLE.

Toujours de ma colère on me voit revenir ;
J'ai beau jurer, pester, je ne m'en puis tenir.

LÉLIE.

Aussi crois, si jamais je suis dans la puissance,
Que tu seras content de ma reconnoissance,
Et que, quand je n'aurois qu'un seul morceau de
pain...

MASCARILLE.

Baste, songez à vous dans ce nouveau dessein.
Au moins, si l'on vous voit commettre une sottise,
Vous n'imputerez plus l'erreur à la surprise ;
Votre rôle en ce jeu par cœur doit être su.

LÉLIE.

Mais comment Trufaldin chez lui t'a-t-il reçu ?

ACTE IV, SCÈNE I.

MASCARILLE.

D'un zèle simulé j'ai bridé le bon sire :
Avec empressement je suis venu lui dire,
S'il ne songeoit à lui, que l'on le surprendroit;
Que l'on couchoit en joue, et de plus d'un endroit,
Celle dont il a vu qu'une lettre en avance
Avoit si faussement divulgué la naissance ;
Qu'on avoit bien voulu m'y mêler quelque peu,
Mais que j'avois tiré mon épingle du jeu ;
Et que, touché d'ardeur pour ce qui le regarde,
Je venois l'avertir de se donner de garde.
De là, moralisant, j'ai fait de grands discours
Sur les fourbes qu'on voit ici-bas tous les jours;
Que, pour moi, las du monde et de sa vie infâme,
Je voulois travailler au salut de mon âme,
A m'éloigner du trouble, et pouvoir longuement
Près de quelque honnête homme être paisiblement;
Que, s'il le trouvoit bon, je n'aurois d'autre envie
Que de passer chez lui le reste de ma vie ;
Et que même à tel point il m'avoit su ravir,
Que, sans lui demander gages pour le servir,
Je mettrois en ses mains, que je tenois certaines,
Quelque bien de mon père, et le fruit de mes peines,
Dont, avenant que Dieu de ce monde m'ôtât,
J'entendois tout de bon que lui seul héritât.
C'étoit le vrai moyen d'acquérir sa tendresse.
Et comme, pour résoudre avec votre maîtresse
Des biais qu'on doit prendre à terminer vos vœux,
Je voulois en secret vous aboucher tous deux,

Lui-même a su m'ouvrir une voie assez belle
De pouvoir hautement vous loger avec elle,
Venant m'entretenir d'un fils privé du jour,
Dont cette nuit en songe il a vu le retour :
A ce propos, voici l'histoire qu'il m'a dite,
Et sur quoi j'ai tantôt notre fourbe construite.

LÉLIE.

C'est assez, je sais tout : tu me l'as dit deux fois.

MASCARILLE.

Oui, oui; mais, quand j'aurois passé jusques à trois,
Peut-être encore qu'avec toute sa suffisance
Votre esprit manquera dans quelque circonstance.

LÉLIE.

Mais à tant différer je me fais de l'effort.

MASCARILLE.

Ah! de peur de tomber, ne courons pas si fort :
Voyez-vous? vous avez la caboche un peu dure.
Rendez-vous affermi dessus cette aventure.
Autrefois Trufaldin de Naples est sorti,
Et s'appeloit alors Zanobio Ruberti.
Un parti qui causa quelque émeute civile,
Dont il fut seulement soupçonné dans sa ville
(De fait, il n'est pas homme à troubler un État),
L'obligea d'en sortir une nuit sans éclat.
Une fille fort jeune et sa femme laissées
A quelque temps de là se trouvant trépassées,
Il en eut la nouvelle, et dans ce grand ennui,

ACTE IV, SCÈNE I.

Voulant dans quelque ville emmener avec lui,
Outre ses biens, l'espoir qui restoit de sa race,
Un sien fils écolier, qui se nommoit Horace,
Il écrit à Bologne, où, pour mieux être instruit,
Un certain maître Albert jeune l'avoit conduit.
Mais, pour se joindre tous, le rendez-vous qu'il
donne
Durant deux ans entiers ne lui fit voir personne :
Si bien que, les jugeant morts après ce temps-là,
Il vint en cette ville, et prit le nom qu'il a,
Sans que de cet Albert ni de ce fils Horace
Douze ans aient découvert jamais la moindre trace.
Voilà l'histoire en gros, redite seulement
Afin de vous servir ici de fondement.
Maintenant vous serez un marchand d'Arménie,
Qui les aurez vus sains l'un et l'autre en Turquie.
Si j'ai plus tôt qu'aucun un tel moyen trouvé
Pour les ressusciter sur ce qu'il a rêvé,
C'est qu'en fait d'aventure il est très-ordinaire
De voir gens pris sur mer par quelque Turc corsaire,
Puis être à leur famille à point nommé rendus,
Après quinze ou vingt ans qu'on les a crus perdus.
Pour moi, j'ai vu déjà cent contes de la sorte.
Sans nous alambiquer, servons-nous-en, qu'im-
porte ?
Vous leur aurez ouï leur disgrâce conter,
Et leur aurez fourni de quoi se racheter ;
Mais que, parti plus tôt pour chose nécessaire,
Horace vous chargea de voir ici son père,
Dont il a su le sort, et chez qui vous devez

Attendre quelques jours qu'ils y soient arrivés.
Je vous ai fait tantôt des leçons étendues.

LÉLIE.

Ces répétitions ne sont que superflues;
Dès l'abord mon esprit a compris tout le fait.

MASCARILLE.

Je m'en vais là-dedans donner le premier trait.

LÉLIE.

Écoute, Mascarille; un seul point me chagrine.
S'il alloit de son fils me demander la mine?

MASCARILLE.

Belle difficulté! Devez-vous pas savoir
Qu'il étoit fort petit alors qu'il l'a pu voir?
Et puis, outre cela, le temps et l'esclavage
Pourroient-ils pas avoir changé tout son visage?

LÉLIE.

Il est vrai. Mais, dis-moi, s'il connoît qu'il m'a vu,
Que faire?

MASCARILLE.

De mémoire êtes-vous dépourvu?
Nous avons dit tantôt qu'outre que votre image,
N'avoit dans son esprit pu faire qu'un passage,
Pour ne vous avoir vu que durant un moment,
Et le poil et l'habit déguisent grandement.

LÉLIE.

Fort bien. Mais, à propos, cet endroit de Turquie?

MASCARILLE.

Tout, vous dis-je, est égal, Turquie ou Barbarie.

ACTE IV, SCÈNE I.

LÉLIE.

Mais le nom de la ville où j'aurai pu les voir?

MASCARILLE.

Tunis. Il me tiendra, je crois, jusques au soir.
La répétition, dit-il, est inutile,
Et j'ai déjà nommé douze fois cette ville.

LÉLIE.

Va, va-t'en commencer; il ne me faut plus rien.

MASCARILLE.

Au moins soyez prudent, et vous conduisez bien:
Ne donnez point ici de l'imaginative.

LÉLIE.

Laisse-moi gouverner. Que ton âme est craintive!

MASCARILLE.

Horace, dans Bologne écolier; Trufaldin,
Zanobio Ruberti, dans Naples citadin;
Le précepteur, Albert....

LÉLIE.

Ah! c'est me faire honte
Que de me tant prêcher! Suis-je un sot, à ton compte?

MASCARILLE.

Non, pas du tout, mais bien quelque chose approchant.

SCÈNE II.

LÉLIE.

Quand il m'est inutile, il fait le chien couchant;
Mais parce qu'il sent bien le secours qu'il me donne,

Sa familiarité jusques-là s'abandonne.
Je vais être de près éclairé des beaux yeux
Dont la force m'impose un joug si précieux ;
Je m'en vais sans obstacle, avec des traits de
flamme,
Peindre à cette beauté les tourments de mon âme;
Je saurai quel arrêt je dois.... Mais les voici.

SCÈNE III.
TRUFALDIN, CÉLIE, MASCARILLE.

TRUFALDIN.
Sois béni, juste ciel, de mon sort adouci !

MASCARILLE.
C'est à vous de rêver et de faire des songes,
Puisqu'en vous il est faux que songes sont menson-
ges.

TRUFALDIN, à Lélie.
Quelle grâce, quels biens vous rendrai-je, seigneur,
Vous que je dois nommer l'ange de mon bonheur ?

LÉLIE.
Ce sont soins superflus, et je vous en dispense.

TRUFALDIN, à Mascarille.
J'ai, je ne sais pas où, vu quelque ressemblance
De cet Arménien.

MASCARILLE.
C'est ce que je disois ;
Mais on voit des rapports admirables parfois.

TRUFALDIN.
Vous avez vu ce fils où mon espoir se fonde ?

LÉLIE.

Oui, seigneur Trufaldin, le plus gaillard du monde.

TRUFALDIN.

Il vous a dit sa vie, et parlé fort de moi?

LÉLIE.

Plus de dix mille fois.

MASCARILLE.

     Quelque peu moins, je croi.

LÉLIE.

Il vous a dépeint tel que je vous vois paroître,
Le visage, le port...

TRUFALDIN.

     Cela pourroit-il être,
Si lorsqu'il m'a pu voir il n'avoit que sept ans,
Et si son précepteur même, depuis ce temps,
Auroit peine à pouvoir connoître mon visage?

MASCARILLE.

Le sang, bien autrement, conserve cette image;
Par des traits si profonds ce portrait est tracé,
Que mon père...

TRUFALDIN.

    Suffit. Où l'avez-vous laissé?

LÉLIE.

En Turquie, à Turin.

TRUFALDIN.

     Turin? Mais cette ville
Est, je pense, en Piémont.

MASCARILLE, à part.

O cerveau malhabile !
(à Trufaldin)
Vous ne l'entendez pas, il veut dire Tunis ;
Et c'est en effet là qu'il laissa votre fils :
Mais les Arméniens ont tous par habitude
Certain vice de langue à nous autres fort rude ;
C'est que dans tous les mots ils changent *nis* en *rin*,
Et pour dire Tunis ils prononcent Turin.

TRUFALDIN.

Il falloit, pour l'entendre, avoir cette lumière.
Quel moyen vous dit-il de rencontrer son père ?

MASCARILLE.

(à part.) (à Trufaldin, après s'être escrimé.)
Voyez s'il répondra ! Je repassois un peu
Quelque leçon d'escrime : autrefois en ce jeu
Il n'étoit point d'adresse à mon adresse égale,
Et j'ai battu le fer en mainte et mainte salle.

TRUFALDIN, à Mascarille.

Ce n'est pas maintenant ce que je veux savoir.
(à Lélie.)
Quel autre nom dit-il que je devois avoir ?

MASCARILLE.

Ah ! seigneur Zanobio Ruberti, quelle joie
Est celle maintenant que le ciel vous envoie !

LÉLIE.

C'est là votre vrai nom, et l'autre est emprunté.

TRUFALDIN.

Mais où vous a-t-il dit qu'il reçut la clarté ?

MASCARILLE.

Naples est un séjour qui paroît agréable ;
Mais pour vous ce doit être un lieu fort haïssable.

TRUFALDIN.

Ne peux-tu, sans parler, souffrir notre discours ?

LÉLIE.

Dans Naples son destin a commencé son cours.

TRUFALDIN.

Où l'envoyai-je jeune, et sous quelle conduite ?

MASCARILLE.

Ce pauvre maître Albert a beaucoup de mérite
D'avoir depuis Bologne accompagné ce fils
Qu'à sa discrétion vos soins avoient commis !

TRUFALDIN.

Ah !

MASCARILLE, à part.

Nous sommes perdus si cet entretien dure.

TRUFALDIN.

Je voudrois bien savoir de vous leur aventure,
Sur quel vaisseau le sort qui m'a su travailler...

MASCARILLE.

Je ne sais ce que c'est, je ne fais que bâiller.
Mais, seigneur Trufaldin, songez-vous que peut-être
Ce monsieur l'étranger a besoin de repaître,
Et qu'il est tard aussi ?

LÉLIE.

Pour moi point de repas.

MASCARILLE.

Ah ! vous avez plus faim que vous ne pensez pas.

TRUFALDIN.

Entrez donc.

LÉLIE.

Après vous.

MASCARILLE, à Trufaldin.

Monsieur, en Arménie
Les maîtres du logis sont sans cérémonie.
(à Lélie, après que Trufaldin est entré dans sa maison.)
Pauvre esprit ! pas deux mots !

LÉLIE.

D'abord il m'a surpris :
Mais n'appréhende plus, je reprends mes esprits,
Et m'en vais débiter avecque hardiesse...

MASCARILLE.

Voici notre rival, qui ne sait pas la pièce.
(Ils entrent dans la maison de Trufaldin.

SCÈNE IV.

ANSELME, LÉANDRE.

ANSELME.

Arrêtez-vous, Léandre, et souffrez un discours
Qui cherche le repos et l'honneur de vos jours.
Je ne vous parle point en père de ma fille,
En homme intéressé pour ma propre famille,

Mais comme votre père, ému pour votre bien,
Sans vouloir vous flatter et vous déguiser rien ;
Bref, comme je voudrois d'une âme franche et pure
Que l'on fît à mon sang en pareille aventure.
Savez-vous de quel œil chacun voit cet amour
Qui dedans une nuit vient d'éclater au jour ?
A combien de discours et de traits de risée
Votre entreprise d'hier est partout exposée ?
Quel jugement on fait du choix capricieux
Qui pour femme, dit-on, vous désigne en ces lieux
Un rebut de l'Égypte, une fille coureuse,
De qui le noble emploi n'est qu'un métier de gueuse ?
J'en ai rougi pour vous encor plus que pour moi,
Qui me trouve compris dans l'éclat que je voi ;
Moi, dis-je, dont la fille, à vos ardeurs promise,
Ne peut, sans quelque affront, souffrir qu'on la
méprise.
Ah ! Léandre, sortez de cet abaissement ;
Ouvrez un peu les yeux sur votre aveuglement.
Si notre esprit n'est pas sage à toutes les heures,
Les plus courtes erreurs sont toujours les meilleures.
Quand on ne prend en dot que la seule beauté,
Le remords est bien près de la solennité ;
Et la plus belle femme a très-peu de défense
Contre cette tiédeur qui suit la jouissance.
Je vous le dis encor, ces bouillants mouvements,
Ces ardeurs de jeunesse et ces emportemens,
Nous font trouver d'abord quelques nuits agréables ;
Mais ces félicités ne sont guère durables,
Et notre passion, alentissant son cours,
Après ces bonnes nuits, donne de mauvais jours :

De là viennent les soins, les soucis, les misères,
Les fils déshérités par le courroux des pères.

LÉANDRE.

Dans tout votre discours je n'ai rien écouté
Que mon esprit déjà ne m'ait représenté.
Je sais combien je dois à cet honneur ins
Que vous me voulez faire et dont je suis indigne;
Et vois, malgré l'effort dont je suis combattu,
Ce que vaut votre fille, et quelle est sa vertu :
Aussi veux-je tâcher...

ANSELME.

     On ouvre cette porte :
Retirons-nous plus loin, de crainte qu'il n'en sorte
Quelque secret poison dont vous seriez surpris.

SCÈNE V.

LÉLIE, MASCARILLE.

MASCARILLE.

Bientôt de notre fourbe on verra le débris;
Si vous continuez des sottises si grandes.

LÉLIE.

Dois-je éternellement ouïr tes réprimandes ?
De quoi te peux-tu plaindre ? Ai-je pas réussi
En tout ce que j'ai dit depuis ?

MASCARILLE.

     Couci-couci :

Témoins les Turcs par vous appelés hérétiques,
Et que vous assurez par sermens authentiques
Adorer pour leurs dieux la lune et le soleil.
Passe. Ce qui me donne un dépit nonpareil,
C'est qu'ici votre amour étrangement s'oublie ;
Près de Célie, il est ainsi que la bouillie,
Qui par un trop grand feu, s'enfle, croît jusqu'aux bords,
Et de tous les côtés se répand au-dehors.

LÉLIE.

Pourroit-on se forcer à plus de retenue ?
Je ne l'ai presque point encore entretenue.

MASCARILLE.

Oui : mais ce n'est pas tout que de ne parler pas ;
Par vos gestes, durant un moment de repas,
Vous avez aux soupçons donné plus de matière
Que d'autres ne feroient dans une année entière.

LÉLIE.

Et comment donc !

MASCARILLE.

Comment ? chacun a pu le voir.
A table, où Trufaldin l'oblige de se seoir,
Vous n'avez toujours fait qu'avoir les yeux sur elle,
Rouge, tout interdit, jouant de la prunelle,
Sans prendre jamais garde à ce qu'on vous servoit ;
Vous n'aviez point de soif qu'alors qu'elle buvoit ;
Et dans ses propres mains vous saisissant du verre,
Sans le vouloir rincer, sans rien jeter à terre,
Vous buviez sur son reste, et montriez d'affecter

Le côté qu'à sa bouche elle avoit su porter ;
Sur les morceaux touchés de sa main délicate,
Ou mordus de ses dents, vous étendiez la patte
Plus brusquement qu'un chat dessus une souris,
Et les avaliez tous ainsi que des pois gris.
Puis, outre tout cela, vous faisiez sous la table
Un bruit, un triquetrac de pieds insupportable,
Dont Trufaldin, heurté de deux coups trop pressants,
A puni par deux fois deux chiens très-innocents,
Qui, s'ils eussent osé, vous eussent fait querelle.
Et puis après cela, votre conduite est belle ?
Pour moi, j'en ai souffert la gêne sur mon corps.
Malgré le froid, je sue encor de mes efforts.
Attaché dessus vous comme un joueur de boule
Après le mouvement de la sienne qui roule,
Je pensois retenir toutes vos actions,
En faisant de mon corps mille contorsions.

LÉLIE.

Mon Dieu ! qu'il t'est aisé de condamner des choses
Dont tu ne ressens pas les agréables causes !
Je veux bien néanmoins, pour te plaire une fois,
Faire force à l'amour qui m'impose des lois.
Désormais...

SCÈNE VI.

TRUFALDIN, LÉLIE, MASCARILLE.

MASCARILLE.

Nous parlions des fortunes d'Horace.

TRUFALDIN.

(à Lélie.)

C'est bien fait. Cependant me ferez-vous la grâce
Que je puisse lui dire un seul mot en secret?

LÉLIE.

Il faudroit autrement être fort indiscret.

(Lélie entre dans la maison de Trufaldin.)

SCÈNE VII.

TRUFALDIN, MASCARILLE.

TRUFALDIN.

Écoute : sais-tu bien ce que je viens de faire?

MASCARILLE.

Non ; mais, si vous voulez, je ne tarderai guère
Sans doute, à le savoir.

TRUFALDIN.

D'un chêne grand et fort,
Dont près de deux cents ans ont déjà fait le sort,
Je viens de détacher une branche admirable,
Choisie expressément de grosseur raisonnable,
Dont j'ai fait sur-le-champ, avec beaucoup d'ardeur,

(Il montre son bras.)

Un bâton à peu près... oui, de cette grandeur,

Moins gros par l'un des bouts, mais plus que trente gaules,
Propre, comme je pense, à rosser les épaules ;
Car il est bien en main, vert, noueux et massif.

MASCARILLE.

Mais pour qui, je vous prie, un tel préparatif ?

TRUFALDIN.

Pour toi premièrement ; puis pour ce bon apôtre,
Qui veut m'en donner d'une, et m'en jouer d'une autre,
Pour cet Arménien, ce marchand déguisé,
Introduit sous l'appât d'un conte supposé.

MASCARILLE.

Quoi ! vous ne croyez pas...?

TRUFALDIN.

Ne cherche point d'excuse :
Lui-même heureusement a découvert sa ruse,
En disant à Célie, en lui serrant la main,
Que pour elle il venoit sous ce prétexte vain ;
Il n'a pas aperçu Jeannette, ma fillole,
Laquelle a tout ouï parole pour parole :
Et je ne doute point, quoiqu'il n'en ait rien dit,
Que tu ne sois de tout le complice maudit.

MASCARILLE.

Ah ! vous me faites tort ! S'il faut qu'on vous affronte,
Croyez qu'il m'a trompé le premier à ce conte.

TRUFALDIN.

Veux-tu me faire voir que tu dis vérité ?
Qu'à le chasser mon bras soit du tien assisté ;

ACTE IV, SCÈNE VII.

Donnons-en à ce fourbe et du long et du large ;
Et de tout crime, après, mon esprit te décharge.

MASCARILLE.

Oui-dà, très-volontiers ; je l'épousterai bien,
Et par-là vous verrez que je n'y trempe en rien.
(à part.)
Ah ! vous serez rossé, monsieur de l'Arménie,
Qui toujours gâtez tout !

SCÈNE VIII.

LÉLIE, TRUFALDIN, MASCARILLE.

TRUFALDIN, à Lélie, après avoir heurté à sa porte.

Un mot, je vous supplie.
Donc, monsieur l'imposteur, vous osez aujourd'hui
Duper un honnête homme, et vous jouer de lui ?

MASCARILLE.

Feindre avoir vu son fils en une autre contrée,
Pour vous donner chez lui plus librement entrée?

TRUFALDIN bat Lélie.

Vidons, vidons sur l'heure.

LÉLIE, à Mascarille qui le bat aussi.

Ah coquin !

MASCARILLE.

C'est ainsi
Que les fourbes...

LÉLIE.

Bourreau !

L'ÉTOURDI.

MASCARILLE.

Sont ajustés ici.
Gardez-moi bien cela.

LÉLIE.

Quoi donc! je serois homme...

MASCARILLE, le battant toujours et le chassant.

Tirez, tirez, vous dis-je, ou bien je vous assomme.

TRUFALDIN.

Voilà qui me plaît fort, rentre, je suis content.
(Mascarille suit Trufaldin qui rentre dans sa maison.)

LÉLIE, revenant.

A moi par un valet cet affront éclatant!
L'auroit-on pu prévoir l'action de ce traître
Qui vient insolemment de maltraiter son maître?

MASCARILLE, à la fenêtre de Trufaldin.

Peut-on vous demander comment va votre dos?

LÉLIE.

Quoi! tu m'oses encor tenir un tel propos?

MASCARILLE.

Voilà, voilà que c'est de ne voir pas Jeannette,
Et d'avoir eu tout temps une langue indiscrète.
Mais pour cette fois-ci je n'ai point de courroux,
Je cesse d'éclater, de pester contre vous;
Quoique de l'action l'imprudence soit haute,
Ma main sur votre échine a lavé votre faute.

LÉLIE.

Ah! je me vengerai de ce trait déloyal.

ACTE IV, SCÈNE VIII.

MASCARILLE.

Vous vous êtes causé vous-même tout le mal.

LÉLIE.

Moi ?

MASCARILLE.

Si vous n'étiez pas une cervelle folle,
Quand vous avez parlé naguère à votre idole,
Vous auriez aperçu Jeannette sur vos pas,
Dont l'oreille subtile a découvert le cas.

LÉLIE.

On auroit pu surprendre un mot dit à Célie ?

MASCARILLE.

Et d'où doncques viendroit cette prompte sortie ?
Oui, vous n'êtes dehors que par votre caquet.
Je ne sais si souvent vous jouez au piquet ;
Mais au moins faites-vous des écarts admirables.

LÉLIE.

O le plus malheureux de tous les misérables !
Mais encore, pourquoi me voir chassé par toi ?

MASCARILLE.

Je ne fis jamais mieux que d'en prendre l'emploi ;
Par-là, j'empêche au moins que de cet artifice
Je ne sois soupçonné d'être auteur ou complice.

LÉLIE.

Tu devois donc pour toi frapper plus doucement.

MASCARILLE.

Quelque sot. Trufaldin lorgnoit exactement :
Et puis, je vous dirai, sous ce prétexte utile,

Je n'étois point fâché d'évaporer ma bile.
Enfin, la chose est faite, et, si j'ai votre foi
Qu'on ne vous verra point vouloir venger sur moi,
Soit ou directement, ou par quelque autre voie,
Les coups sur votre râble assenés avec joie,
Je vous promets, aidé par le poste où je suis,
De contenter vos vœux avant qu'il soit deux nuits.

LÉLIE.

Quoique ton traitement ait un peu de rudesse,
Qu'est-ce que dessus moi ne peut cette promesse?

MASCARILLE.

Vous le promettez donc?

LÉLIE.

Oui, je te le promets.

MASCARILLE.

Ce n'est pas encor tout : promettez que jamais
Vous ne vous mêlerez dans quoi que j'entreprenne.

LÉLIE.

Soit.

MASCARILLE.

Si vous y manquez, votre fièvre quartaine...

LÉLIE.

Mais tiens-moi donc parole, et songe à mon repos.

MASCARILLE.

Allez quitter l'habit et graisser votre dos.

LÉLIE, seul

Faut-il que le malheur qui me suit à la trace
Me fasse voir toujours disgrâce sur disgrâce !

ACTE IV, SCÈNE VIII.

MASCARILLE, *sortant de chez Trufaldin.*

Quoi ! vous n'êtes pas loin ! sortez vite d'ici ;
Mais surtout gardez-vous de prendre aucun souci.
Puisque je suis pour vous, que cela vous suffise :
N'aidez point mon projet de la moindre entreprise;
Demeurez en repos.

LÉLIE, *en sortant.*

Oui, va, je m'y tiendrai.

MASCARILLE, *seul.*

Il faut voir maintenant quel biais je prendrai.

SCÈNE IX.

ERGASTE, MASCARILLE.

ERGASTE.

Mascarille, je viens te dire une nouvelle
Qui donne à tes desseins une atteinte cruelle.
A l'heure que je parle, un jeune Égyptien,
Qui n'est pas noir pourtant, et sent assez son bien,
Arrive accompagné d'une vieille fort hâve,
Et vient chez Trufaldin racheter cette esclave
Que vous vouliez : pour elle il paroît fort zélé.

MASCARILLE.

Sans doute c'est l'amant dont Célie a parlé.
Fut-il jamais destin plus brouillé que le nôtre !
Sortant d'un embarras, nous entrons dans un autre.
En vain nous apprenons que Léandre est au point
De quitter la partie, et ne nous troubler point ;

Que son père, arrivé contre toute espérance,
Du côté d'Hippolyte emporte la balance,
Qu'il a tout fait changer par son autorité,
Et va dès aujourd'hui conclure le traité :
Lorsqu'un rival s'éloigne, un autre plus funeste
S'en vient nous enlever tout l'espoir qui nous reste !
Toutefois, par un trait merveilleux de mon art,
Je crois que je pourrai retarder leur départ,
Et me donner le temps qui sera nécessaire
Pour tâcher de finir cette fameuse affaire.
Il s'est fait un grand vol : par qui ? l'on n'en sait rien.
Eux autres rarement passent pour gens de bien ;
Je veux adroitement, sur un soupçon frivole,
Faire pour quelques jours emprisonner ce drôle.
Je sais des officiers de justice altérés,
Qui sont pour de tels coups de vrais délibérés :
Dessus l'avide espoir de quelque paraguante (*),
Il n'est rien que leur art aveuglément ne tente ;
Et du plus innocent, toujours à leur profit,
La bourse est criminelle, et paye son délit.

(*) *Paraguante*, gratification que l'on donnoit à ceux qui apportoient une bonne nouvelle. Ce mot, qui n'est plus en usage, étoit pris en mauvaise part. Il vient de l'espagnol *para* pour, *guantes*, gants.

FIN DU QUATRIÈME ACTE.

ACTE CINQUIÈME.

SCÈNE I.

MASCARILLE, ERGASTE.

MASCARILLE.

Ah chien ! ah double chien ! mâtine de cervelle,
Ta persécution sera-t-elle éternelle ?

ERGASTE.

Par les soins vigilants de l'exempt Balafré,
Ton affaire alloit bien, le drôle étoit coffré,
Si ton maître au moment ne fût venu lui-même,
En vrai désespéré, rompre ton stratagème :
Je ne saurois souffrir, a-t-il dit hautement,
Qu'un honnête homme soit traîné honteusement
J'en réponds sur sa mine, et je le cautionne.
Et, comme on résistoit à lâcher sa personne,
D'abord il a chargé si bien sur les recors,
Qui sont gens d'ordinaire à craindre pour leur corps,
Qu'à l'heure que je parle ils sont encore en fuite,
Et pensent tous avoir un Lélie à leur suite.

MASCARILLE.

Le traître ne sait pas que cet Égyptien
Est déjà là-dedans pour lui ravir son bien.

ERGASTE.

Adieu. Certaine affaire à te quitter m'oblige.

SCÈNE II.

MASCARILLE.

Oui, je suis stupéfait de ce dernier prodige.
On diroit, et, pour moi j'en suis persuadé,
Que ce démon brouillon dont il est possédé
Se plaise à me braver, et me l'aille conduire
Partout où sa présence est capable de nuire.
Pourtant je veux poursuivre, et, malgré tous ses coups,
Voir qui l'emportera de ce diable ou de nous.
Célie est quelque peu de notre intelligence,
Et ne voit son départ qu'avecque répugnance.
Je tâche à profiter de cette occasion...
Mais ils viennent, songeons à l'exécution.
Cette maison meublée est en ma bienséance,
Je puis en disposer avec grande licence :
Si le sort nous en dit, tout sera bien réglé ;
Nul que moi ne s'y tient, et j'en garde la clé.
O Dieu ! qu'en peu de temps on a vu d'aventures,
Et qu'un fourbe est contraint de prendre de figures !

SCÈNE III.

CÉLIE, ANDRÈS.

ANDRÈS.

Vous le savez, Célie, il n'est rien que mon cœur
N'ait fait pour vous prouver l'excès de son ardeur.
Chez les Vénitiens, dès un assez jeune âge,
La guerre en quelque estime avoit mis mon courage,

ACTE V, SCÈNE III.

Et j'y pouvois un jour, sans trop croire de moi,
Prétendre, en les servant, un honorable emploi;
Lorsqu'on me vit pour vous oublier toute chose,
Et que le prompt effet d'une métamorphose
Qui suivit de mon cœur le soudain changement
Parmi vos compagnons sut ranger votre amant;
Sans que mille accidents, ni votre indifférence,
Aient pu me détacher de ma persévérance.
Depuis, par un hasard, d'avec vous séparé
Pour beaucoup plus de temps que je n'eusse auguré,
Je n'ai, pour vous rejoindre, épargné temps ni peine:
Enfin, ayant trouvé la vieille Égyptienne,
Et plein d'impatience apprenant votre sort,
Que, pour certain argent qui leur importoit fort;
Et qui de tous vos gens détourna le naufrage,
Vous aviez en ces lieux été mise en otage,
J'accours vite y briser ces chaînes d'intérêt,
Et recevoir de vous les ordres qu'il vous plaît.
Cependant on vous voit une morne tristesse
Alors que dans vos yeux doit briller l'allégresse.
Si pour vous la retraite avoit quelques appas,
Venise, du butin fait parmi les combats,
Me garde pour tous deux de quoi pouvoir y vivre:
Que si, comme devant, il vous faut encor suivre,
J'y consens, et mon cœur n'ambitionnera
Que d'être auprès de vous tout ce qu'il vous plaira.

CÉLIE.

Votre zèle pour moi visiblement éclate;

Pour en paroître triste il faudroit être ingrate :
Et mon visage aussi, par son émotion,
N'explique point mon cœur en cette occasion ;
Une douleur de tête y peint sa violence :
Et, si j'avois sur vous quelque peu de puissance,
Notre voyage, au moins pour trois ou quatre jours,
Attendroit que ce mal eût pris un autre cours.

ANDRÈS.

Autant que vous voudrez faites qu'il se diffère ;
Toutes mes volontés ne butent qu'à vous plaire.
Cherchons une maison à vous mettre en repos.
L'écriteau que voici s'offre tout à propos.

SCÈNE IV.

CÉLIE, ANDRÈS; MASCARILLE,
DÉGUISÉ EN SUISSE.

ANDRÈS.

Seigneur Suisse, êtes-vous de ce logis le maître ?

MASCARILLE.

Moi pour serfir à fous.

ANDRÈS.

Pourrions-nous y bien être ?

MASCARILLE.

Oui; moi pour d'étrancher chappons champre garni.
Mas che non point locher te gente méchant fi.

ANDRÈS.

Je crois votre maison franche de tout ombrage.

ACTE V, SCÈNE IV.

MASCARILLE.

Fous noufeau dans sti fil, moi foir à la fissage.

ANDRÈS.

Oui.

MASCARILLE.

La matame est-il mariache al monsieur?

ANDRÈS.

Quoi?

MASCARILLE.

S'il être son fame, ou s'il être son sœur?

ANDRÈS.

Non.

MASCARILLE.

Mon foi, pien choli. Fenir pour marchantice,
Ou bien pour temanter à la palais choustice?
La procès il faut rien, il coûter tant t'archant!
La procurer larron, l'afocat pien méchant.

ANDRÈS.

Ce n'est pas pour cela.

MASCARILLE.

Fous tonc mener sti file
Pour fenir pourmener et recarter la file?

ANDRÈS.

(à Célie.)

Il n'importe. Je suis à vous dans un moment.
Je vais faire venir la vieille promptement,
Contremander aussi notre voiture prête,

MASCARILLE.

Li ne porte pas pien.

ANDRÈS.

Elle a mal à la tête.

MASCARILLE.

Moi chavoir de pon fin, et de fromache pon.
Entre fous, entre fous dans mon petit maison.
(Célio, Andrès et Mascarille entrent dans la maison.)

SCÈNE V.

LÉLIE.

Quel que soit le transport d'une âme impatiente,
Ma parole m'engage à rester en attente,
A laisser faire un autre, et voir, sans rien oser,
Comme de mes destins le ciel veut disposer.

SCÈNE VI.

ANDRÈS, LÉLIE.

LÉLIE, *à Andrès qui sort de la maison.*

Demandiez-vous quelqu'un dedans cette demeure?

ANDRÈS.

C'est un logis garni que j'ai pris tout à l'heure.

LÉLIE.

A mon père pourtant la maison appartient;
Et mon valet, la nuit, pour la garder s'y tient.

ACTE V, SCÈNE VI.

ANDRÈS.

Je ne sais : l'écriteau marque au moins qu'on la loue.
Lisez.

LÉLIE.

Certes, ceci me surprend, je l'avoue.
Qui diantre l'auroit mis ? et par quel intérêt...
Ah ! ma foi, je devine à peu près ce que c'est :
Cela ne peut venir que de ce que j'augure.

ANDRÈS.

Peut-on vous demander qu'elle est cette aventure?

LÉLIE.

Je voudrois à tout autre en faire un grand secret ;
Mais pour vous il n'importe, et vous serez discret.
Sans doute l'écriteau que vous voyez paroître,
Comme je conjecture au moins, ne sauroit être
Que quelque invention du valet que je di,
Que quelque nœud subtil qu'il doit avoir ourdi
Pour mettre en mon pouvoir certaine Égyptienne
Dont j'ai l'âme piquée, et qu'il faut que j'obtienne.
Je l'ai déjà manquée, et même plusieurs coups.

ANDRÈS.

Vous l'appelez ?

LÉLIE.

Célie.

ANDRÈS.

Hé ! que ne disiez-vous ?
Vous n'aviez qu'à parler, je vous aurois sans doute
Épargné tous les soins que ce projet vous coûte.

LÉLIE.

Quoi ! vous la connoissez ?

ANDRÈS.

C'est moi qui maintenant
Viens de la racheter.

LÉLIE.

O discours surprenant !

ANDRÈS.

Sa santé de partir ne nous pouvant permettre,
Au logis que voilà je venois de la mettre ;
Et je suis très-ravi, dans cette occasion,
Que vous m'ayez instruit de votre intention.

LÉLIE.

Quoi! j'obtiendrois de vous le bonheur que j'espère?
Vous pourriez...?

ANDRÈS, *allant frapper à la porte.*

Tout à l'heure on va vous satisfaire.

LÉLIE.

Que pourrai-je vous dire ? et quel remerciment...?

ANDRÈS.

Non, ne m'en faites point, je n'en veux nullement.

SCÈNE VII.

LÉLIE, ANDRÈS, MASCARILLE.

MASCARILLE, *à part.*

Hé bien ! ne voilà pas mon enragé de maître !
Il va nous faire encor quelque nouveau bicêtre.

ACTE V, SCÈNE VII.

LÉLIE.

Sous ce grotesque habit qui l'auroit reconnu ?
Approche, Mascarille, et sois le bien venu.

MASCARILLE.

Moi souisse ein chant t'honneur, moi non point maquerille,
Chai point fentre chamais le femme ni le fille.

LÉLIE.

Le plaisant baragouin ! Il est bon, sur ma foi !

MASCARILLE.

Allez fous pourmener, sans toi rire te moi.

LÉLIE.

Va, va, lève le masque et reconnois ton maître.

MASCARILLE.

Partieu, tiable, mon foi, chamais toi chai connoître.

LÉLIE.

Tout est accommodé, ne te déguise point.

MASCARILLE.

Si toi point en aller, chai paille ein cou te poing.

LÉLIE.

Ton jargon allemand est superflu, te dis-je ;
Car nous sommes d'accord, et sa bonté m'oblige.
J'ai tout ce que mes vœux lui peuvent demander,
Et tu n'as pas sujet de rien appréhender.

MASCARILLE.

Si vous êtes d'accord par un bonheur extrême,
Je me dessuisse donc, et redeviens moi-même.

ANDRÈS.

Ce valet vous servoit avec beaucoup de feu.
Mais je reviens à vous, demeurez quelque peu.

SCÈNE VIII.

LÉLIE, MASCARILLE.

LÉLIE.

Hé bien ! que diras-tu ?

MASCARILLE.

Que j'ai l'âme ravie
De voir d'un beau succès notre peine suivie.

LÉLIE.

Tu feignois à sortir de ton déguisement,
Et ne pouvois me croire en cet événement.

MASCARILLE.

Comme je vous connois, j'étois dans l'épouvante,
Et trouve l'aventure aussi fort surprenante.

LÉLIE.

Mais confesse qu'enfin c'est avoir fait beaucoup.
Au moins j'ai réparé mes fautes à ce coup,
Et j'aurai cet honneur d'avoir fini l'ouvrage.

MASCARILLE.

Soit, vous aurez été bien plus heureux que sage.

SCÈNE IX.
CÉLIE, ANDRÈS, LÉLIE, MASCARILLE.

ANDRÈS.

N'est-ce pas là l'objet dont vous m'avez parlé ?

LÉLIE.

Ah ! quel bonheur au mien pourroit être égalé !

ANDRÈS.

Il est vrai, d'un bienfait je vous suis redevable ;
Si je ne l'avouois, je serois condamnable :
Mais enfin ce bienfait auroit trop de rigueur,
S'il falloit le payer aux dépens de mon cœur.
Jugez, dans le transport où sa beauté me jette,
Si je dois à ce prix vous acquitter ma dette ;
Vous êtes généreux, vous ne le voudriez pas.
Adieu pour quelques jours : retournons sur nos pas.

SCÈNE X.
LÉLIE, MASCARILLE.

MASCARILLE, après avoir chanté.

Je chante, et toutefois je n'en ai guère envie.
Vous voilà bien d'accord, il vous donne Célie :
Hem, vous m'entendez bien.

LÉLIE.

C'est trop, je ne veux plus
Te demander pour moi des secours superflus.
Je suis un chien, un traître, un bourreau détestable,

Indigne d'aucun soin, de rien faire incapable.
Va, cesse tes efforts pour un malencontreux
Qui ne sauroit souffrir que l'on le rende heureux.
Après tant de malheurs, après mon imprudence,
Le trépas me doit seul prêter son assistance.

SCÈNE XI.

MASCARILLE.

Voilà le vrai moyen d'achever son destin ;
Il ne lui manque plus que de mourir enfin
Pour le couronnement de toutes ses sottises.
Mais en vain son dépit pour ses fautes commises
Lui fait licencier mes soins et mon appui ;
Je veux, quoi qu'il en soit, le servir malgré lui,
Et dessus son lutin obtenir la victoire.
Plus l'obstacle est puissant, plus on reçoit de gloire:
Et les difficultés dont on est combattu
Sont les dames d'atour qui parent la vertu.

SCÈNE XII.

CÉLIE, MASCARILLE.

CÉLIE, à Mascarille qui lui a parlé bas.

Quoi que tu veuilles dire, et que l'on se propose,
De ce retardement j'attends fort peu de chose.
Ce qu'on voit de succès peut bien persuader
Qu'ils ne sont pas encor fort près de s'accorder :
Et je t'ai déjà dit qu'un cœur comme le nôtre

ACTE V, SCÈNE XII.

Ne voudroit pas pour l'un faire injustice à l'autre;
Et que très-fortement par de différens nœuds
Je me trouve attachée au parti de tous deux.
Si Lélie a pour lui l'amour et sa puissance,
Andrès pour son partage a la reconnoissance,
Qui ne souffrira point que mes pensers secrets
Consultent jamais rien contre ses intérêts :
Oui, s'il ne peut avoir plus de place en mon âme,
Si le don de mon cœur ne couronne sa flamme,
Au moins dois-je le prix à ce qu'il fait pour moi
De n'en choisir point d'autre au mépris de sa foi,
Et de faire à mes vœux autant de violence
Que j'en fais aux désirs qu'il met en évidence.
Sur ces difficultés qu'oppose mon devoir,
Juge ce que tu peux te permettre d'espoir.

MASCARILLE.

Ce sont, à dire vrai, de très-fâcheux obstacles ;
Et je ne sais point l'art de faire des miracles :
Mais je vais employer mes efforts plus puissants,
Remuer terre et ciel, m'y prendre de tous sens,
Pour tâher de trouver un biais salutaire,
Et vous dirai bientôt ce qui se pourra faire.

SCÈNE XIII.

HIPPOLYTE, CÉLIE.

HIPPOLYTE.

Depuis votre séjour, les dames de ces lieux
Se plaignent justement des larcins de vos yeux,

Si vous leur dérobez leurs conquêtes plus belles,
Et de tous leurs amants faites des infidèles :
Il n'est guère de cœurs qui puissent échapper
Aux traits dont à l'abord vous savez les frapper ;
Et mille libertés à vos chaînes offertes
Semblent vous enrichir chaque jour de nos pertes.
Quant à moi, toutefois je ne me plaindrois pas
Du pouvoir absolu de vos rares appas,
Si lorsque mes amants sont devenus les vôtres,
Un seul m'eût consolé de la perte des autres :
Mais qu'inhumainement vous me les ôtiez tous,
C'est un dur procédé dont je me plains à vous.

CÉLIE.

Voilà d'un air galant faire une raillerie :
Mais épargnez un peu celle qui vous en prie.
Vos yeux, vos propres yeux se connoissent trop bien
Pour pouvoir de ma part redouter jamais rien ;
Ils sont fort assurés du pouvoir de leurs charmes,
Et ne prendront jamais de pareilles alarmes.

HIPPOLYTE.

Pourtant en ce discours je n'ai rien avancé
Qui dans tous les esprits ne soit déjà passé ;
Et, sans parler du reste, on sait bien que Célie
A causé des désirs à Léandre et Lélie.

CÉLIE.

Je crois qu'étant tombés dans cet aveuglement
Vous vous consoleriez de leur perte aisément,
Et trouveriez pour vous l'amant peu souhaitable
Qui d'un si mauvais choix se trouveroit capable.

HIPPOLYTE.

Au contraire, j'agis d'un air tout différent,
Et trouve en vos beautés un mérite si grand,
J'y vois tant de raisons capables de défendre
L'inconstance de ceux qui s'en laissent surprendre,
Que je ne puis blâmer la nouveauté des feux
Dont envers moi Léandre a parjuré ses vœux,
Et le vais voir tantôt, sans haine et sans colère,
Ramené sous mes lois par le pouvoir d'un père.

SCÈNE XIV.
CÉLIE, HIPPOLYTE, MASCARILLE.

MASCARILLE.

Grande, grande nouvelle, et succès surprenant
Que ma bouche vous vient annoncer maintenant!

CÉLIE.

Qu'est-ce donc?

MASCARILLE.

Écoutez, voici sans flatterie....

CÉLIE.

Quoi?

MASCARILLE.

La fin d'une vraie et pure comédie:
La vieille Égyptienne à l'heure même.

CÉLIE.

Hé bien?

MASCARILLE.

Passoit dedans la place et ne songeoit à rien,

Alors qu'une autre vieille assez défigurée,
L'ayant de près au nez long-temps considérée,
Par un bruit enroué de mots injurieux
A donné le signal d'un combat furieux,
Qui pour armes pourtant, mousquets, dagues ou
                                             flèches,
Ne faisoit voir en l'air que quatre griffes sèches,
Dont ces deux combattants s'efforçoient d'arracher
Ce peu que sur leurs os les ans laissent de chair.
On n'entend que ces mots, chienne, louve, bagasse.
D'abord leurs escoffions (*) ont volé par la place,
Et, laissant voir à nu deux têtes sans cheveux,
Ont rendu le combat risiblement affreux.
Andrès et Trufaldin, à l'éclat du murmure,
Ainsi que force monde, accourus d'aventure,
Ont à les décharpir (**) eu de la peine assez,
Tant leurs esprits étoient par la fureur poussés.
Cependant que chacune, après cette tempête,
Songe à cacher aux yeux la honte de sa tête,
Et que l'on veut savoir qui causoit cette humeur;
Celle qui la première avoit fait la rumeur,
Malgré la passion dont elle étoit émue,
Ayant sur Trufaldin tenu long-temps la vue :
C'est vous, si quelque erreur n'abuse ici mes yeux,
Qu'on m'a dit qui vivez inconnu dans ces lieux,
A-t-elle dit tout haut. O rencontre opportune!
Oui, seigneur Zanobio Ruberti, la fortune

_____

(*) *Escoffions*, espèces de coiffes que portoient les femmes de ce temps-là.
(**) *Décharpir*, vieux mot qui signifioit *séparer*.

ACTE V, SCÈNE XIV. 287

Me fait vous reconnoître ; et dans le même instant
Que pour votre intérêt je me tourmentois tant,
Lorsque Naples vous vit quitter votre famille,
J'avois, vous le savez, en mes mains votre fille,
Dont j'élevois l'enfance, et qui, par mille traits,
Faisoit voir dès quatre ans sa grâce et ses attraits.
Celle que vous voyez, cette infâme sorcière,
Dedans notre maison se rendant familière,
Me vola ce trésor. Hélas ! de ce malheur
Votre femme, je crois, conçut tant de douleur,
Que cela servit fort pour avancer sa vie.
Si bien qu'entre mes mains cette fille ravie
Me faisant redouter un reproche fâcheux,
Je vous fis annoncer la mort de toutes deux.
Mais il faut maintenant, puisque je l'ai connue,
Qu'elle fasse savoir ce qu'elle est devenue.
 Au nom de Zanobio Ruberti, que sa voix
Pendant tout ce récit répétoit plusieurs fois,
Andrés, ayant changé quelque temps de visage,
A Trufaldin surpris a tenu ce langage :
Quoi donc ! le ciel me fait trouver heureusement
Celui que jusqu'ici j'ai cherché vainement,
Et que j'avois pu voir sans pourtant reconnoître
La source de mon sang et l'auteur de mon être !
Oui, mon père, je suis Horace votre fils.
D'Albert, qui me gardoit, les jours étant finis,
Me sentant naître au cœur d'autres inquiétudes,
Je sortis de Bologne, et, quittant mes études,
Portai durant six ans mes pas en divers lieux,
Selon que me poussoit un désir curieux.
Pourtant, après ce temps, une secrète envie

Me pressa de revoir les miens et ma patrie :
Mais dans Naples, hélas ! je ne vous trouvai plus,
Et n'y sus votre sort que par des bruits confus.
Si bien qu'à votre quête ayant perdu mes peines,
Venise pour un temps borna mes courses vaines :
Et j'ai vécu depuis sans que de ma maison
J'eusse d'autres clartés que d'en savoir le nom.

Je vous laisse à juger si, pendant ces affaires,
Trufaldin ressentoit des transports ordinaires.
Enfin, pour retrancher ce que plus à loisir,
Vous aurez le moyen de vous faire éclaircir
Par la confession de votre Égyptienne,
Trufaldin maintenant vous reconnoît pour sienne ;
Andrès est votre frère ; et, comme de sa sœur
Il ne peut plus songer à se voir possesseur,
Une obligation qu'il prétend reconnoître
A fait qu'il vous obtient pour épouse à mon maître,
Dont le père, témoin de tout l'événement,
Donne à cet hyménée un plein consentement ;
Et, pour mettre une joie entière en sa famille,
Pour le nouvel Horace a proposé sa fille.
Voyez que d'incidents à la fois enfantés !

CÉLIE.

Je demeure immobile à tant de nouveautés.

MASCARILLE.

Tous viennent sur mes pas, hors les deux cham-
         pionnes,
Qui du combat encor remettent leurs personnes.
Léandre est de la troupe, et votre père aussi.
Moi, je vais avertir mon maître de ceci,

Et que, lorsqu'à ses vœux on croit le plus d'obstacle,
Le ciel en sa faveur produit comme un miracle.
(Mascarille sort.)

HYPPOLYTE.

Un tel ravissement rend mes esprits confus,
Que pour mon propre sort je n'en aurois pas plus...
Mais les voici venir.

SCÈNE XV.

TRUFALDIN, ANSELME, PANDOLFE, CÉLIE, HIPPOLYTE, LÉANDRE, ANDRÈS.

TRUFALDIN.

Ah ma fille !

CÉLIE.

Ah mon père !

TRUFALDIN.

Sais-tu déjà comment le ciel nous est prospère ?

CÉLIE.

J'en viens d'entendre ici le succès merveilleux.

HIPPOLYTE, à Léandre.

En vain vous parleriez pour excuser vos feux,
Si j'ai devant les yeux ce que vous pouvez dire.

LÉANDRE.

Un généreux pardon est ce que je désire :
Mais j'atteste les cieux qu'en ce retour soudain
Mon père fait bien moins que mon propre dessein.

ANDRÈS, à Célie.

Qui l'auroit jamais cru que cette ardeur si pure
Pût être condamnée un jour par la nature !

Toutefois tant d'honneur la sut toujours régir,
Qu'en y changeant fort peu je puis la retenir.

####### CÉLIE.

Pour moi, je me blâmois et croyois faire faute
Quand je n'avois pour vous qu'une estime très-haute:
Je ne pouvois savoir quel obstacle puissant
M'arrêtoit sur un pas si doux et si glissant,
Et détournoit mon cœur de l'aveu d'une flamme
Que mes sens s'efforçoient d'introduire en mon âme.

####### TRUFALDIN, à Célie.

Mais, en te recouvrant, que diras-tu de moi,
Si je songe aussitôt à me priver de toi,
Et t'engage à son fils sous les lois d'hyménée?

####### CÉLIE.

Que de vous maintenant dépend ma destinée.

SCÈNE XVI.

TRUFALDIN, ANSELME, PANDOLFE, CÉLIE, HIPPOLYTE, LÉLIE, LÉANDRE, ANDRÈS, MASCARILLE.

####### MASCARILLE, à Lélie.

Voyons si votre diable aura bien le pouvoir
De détruire à ce coup un si solide espoir,
Et si, contre l'excès du bien qui nous arrive,
Vous armerez encore votre imaginative.
Par un coup imprévu des destins les plus doux,
Vos vœux sont couronnés, et Célie est à vous.

####### LÉLIE.

Croirai-je que du ciel la puissance absolue...?

TRUFALDIN.

Oui, mon gendre, il est vrai.

PANDOLFE.

La chose est résolue.

ANDRÈS, à Lélie.

Je m'acquitte par-là de ce que je vous dois.

LÉLIE, à Mascarille.

Il faut que je t'embrasse et mille et mille fois.
Dans cette joie...

MASCARILLE.

Aie! Aie! doucement, je vous prie.
Il m'a presque étouffé. Je crains fort pour Célie,
Si vous la caressez avec tant de transport.
De vos embrassements on se passeroit fort.

TRUFALDIN, à Lélie.

Vous savez le bonheur que le ciel me renvoie.
Mais puisqu'un même jour nous met tous dans la joie,
Ne nous séparons point qu'il ne soit terminé;
Et que son père aussi nous soit vite amené.

MASCARILLE.

Vous voilà tous pourvus. N'est-il point quelque fille
Qui pût accommoder le pauvre Mascarille?
A voir chacun se joindre à sa chacune ici,
J'ai des démangeaisons de mariage aussi.

ANSELME.

J'ai ton fait.

MASCARILLE.

Allons donc; et que les cieux prospères
Nous donnent des enfans dont nous soyons les pères!

FIN DE L'ÉTOURDI.

RÉFLEXIONS
SUR
L'ÉTOURDI.

On trouve ordinairement dans les premières productions des grands hommes quelques germes des talents qu'ils doivent développer dans la suite. C'est principalement sous ce rapport que la comédie de L'Étourdi mérite d'être examinée. Elle n'offre ni ces belles combinaisons de caractères, ni ces conceptions hardies et profondes qui distinguent les chefs-d'œuvre de l'auteur; mais elle a dans le dialogue et dans l'action le mouvement et la vivacité qui conviennent à la bonne comédie. Les deux écueils que présentoient les théâtres italien et espagnol, alors les modèles du nôtre, y sont évités avec art : on n'y trouve ni gaîté forcée, ni fausse grandeur; et l'on y remarque quelques peintures de mœurs d'autant plus curieuses, que l'auteur, en commençant sa carrière, ne s'étoit pas encore proposé de les réformer. Ces tableaux lui échappoient pour ainsi dire sans qu'il s'en aperçût, parce que son génie l'entraînoit d'une manière irrésistible vers un genre qu'il devoit porter au plus haut degré de perfection.

Le personnage le plus comique de la pièce, celui qui donne du mouvement et de la vie à l'action, est le personnage de Mascarille. Ce rôle n'est plus dans nos mœurs; mais lorsque Molière donna cette comédie, il pouvoit avoir plus d'un modèle. On a vu, dans le Discours préliminaire, que les intrigues du ministère du cardinal de Richelieu, la guerre de la Fronde, les dangers auxquels presque tout le monde fut exposé à ces deux époques, avoient fait naître une grande familiarité entre les maîtres et les valets. La manière dont s'établissoient et s'entretenoient les correspondances d'amour avoit aussi contribué à augmenter cette familiarité : on y mettoit plus de mystère et de circonspection qu'aujourd'hui : il falloit se ménager des intelligences auprès de celle qu'on aimoit; l'intervention des soubrettes étoit nécessaire : de là ces scènes de valets qu'on trouve dans quelques pièces de Molière, mais dont il s'est abstenu dans ses chefs-d'œuvre; scènes qui sont devenues aujourd'hui des lieux communs de comédie, et qu'on a eu tort de reproduire sur notre théâtre, lorsqu'elles ont cessé d'être dans nos mœurs.

Mascarille est d'une activité extraordinaire : il remplit presque toujours la scène; et la variété des expédients qu'il invente pour réparer les étourderies de son maître, répand dans cette pièce la gaîté la plus vive et la plus vraie.

Molière, en suivant tous les fils de cette intrigue compliquée, a indiqué, comme nous l'avons dit, quelques travers particuliers à son siècle, et d'autres qui sont de tous les temps. On avoit la vanité de faire des enterremens somptueux aux parents qu'on aimoit le moins ; il sembloit qu'on réparât par cette dépense tous les torts qu'on avoit eus avec eux. Mascarille et Lélie se moquent de ce travers lorsqu'ils s'entretiennent de la prétendue mort de Pandolfe. Une des scènes les plus comiques de cette pièce est celle où Anselme, croyant Pandolfe mort, le voit tout à coup paroître, et le prend pour un revenant. Cette scène produisoit beaucoup plus d'effet du temps de Molière, parce qu'on croyoit alors assez généralement aux revenants : cette superstition ne se bornoit pas au bas peuple ; elle s'étendoit à la bourgeoisie, et même à la classe supérieure. On voit dans les Mémoires du cardinal de Retz la frayeur qu'inspirèrent quelques moines, qui alloient se baigner pendant la nuit, à une société composée de plusieurs personnes qui revenoit en carrosse, accompagnée d'un grand nombre de domestiques : Turenne et le prélat osèrent seuls les affronter.

De tout temps quelques vieillards ont eu la foiblesse de se croire encore propres à l'amour ; mais ce ridicule étoit plus plaisant pendant le dix-septième siècle que de nos jours, parce que les mœurs étoient plus graves. Un vieillard n'auroit osé s'habiller en jeune homme ; et le contraste entre son costume et sa galanterie devoit produire plus d'effet qu'à une époque où tous les hommes, de quelque âge qu'ils soient, peuvent se mettre de même sans blesser les convenances. Une scène charmante de l'Étourdi relève ce travers : Mascarille fait perdre au vieil Anselme l'idée de ses affaires et de ses intérêts en flattant sa passion pour la jeune Nérine, et en lui faisant croire qu'il en est sincèrement aimé.

Cette pièce, qui donna une idée de ce que Molière pourroit faire dans la suite, est remarquable par l'extrême difficulté qu'il a vaincue. Obligé d'employer une multitude d'incidents singuliers et souvent contradictoires, il a eu l'art de les enchaîner d'une manière si naturelle, que la curiosité ne languit jamais : ils se prêtent un mutuel appui, tirent leur force de leur union, et se suivent avec rapidité jusqu'au moment où Lélie, ne pouvant plus faire d'étourderies, devient heureux pour ainsi dire en dépit de lui-même.

Quelques personnes se sont élevées contre le caractère de L'Étourdi : elles ont pensé qu'il se prêtoit aux fourberies de Mascarille ; mais elles n'ont pas remarqué que Molière ne cherche nullement à justifier les vices de ce jeune homme ; il est humilié, puni, et même battu. Lorsque Anselme a découvert une de ses ruses, il le traite d'*escroc*, et lui adresse ce vers terrible :

Allez, allez mourir de honte et de regret.

Certainement on ne peut présumer que Molière ait voulu inspirer de l'intérêt pour un pareil personnage.

Le style de cette pièce est très-inférieur à celui des chefs-d'œuvre de l'auteur : on y trouve de l'incorrection, du vague et de mauvais jeux de mots : cependant il offre cette facilité entraînante et cette tournure comique qui annonçoient un grand écrivain. Quelques traits se retrouvent dans ses autres pièces, mais rendus avec beaucoup plus de force et de précision ; tel est celui-ci : Célie dit à son amant qui se plaint des tourments qu'il éprouve :

>Mon cœur, qu'avec raison votre discours étonne,
>N'entend pas que mes yeux fassent mal à personne.

Cette naïveté est bien mieux exprimée dans le rôle d'Agnès de l'ÉCOLE DES FEMMES.

>Mes yeux ont-ils du mal pour en donner au monde?

L'idée de L'ÉTOURDI se trouve dans une pièce italienne du commencement du dix-septième siècle, composée par le comédien Nicolo Barbieri, et intitulée : L'INAVVERTITO OVVERO SCAPINO DISTURBATO ; mais Molière n'en a imité ni le plan, ni le style. La prétendue mort de Pandolfe, la scène comique de ce personnage avec Anselme qui le prend pour un revenant, sont indiquées dans un conte d'Eutrapel, dont Molière a tiré le meilleur parti possible. La même idée a été depuis employée par Hauteroche, dans sa comédie du DEUIL.

Molière, qui ne croyoit pas cet essai digne de lui, ne fit point imprimer L'ÉTOURDI, quoiqu'il eût beaucoup de succès à la représentation : cette pièce ne fut publiée qu'après sa mort.

LE
DÉPIT AMOUREUX,
COMÉDIE
EN CINQ ACTES ET EN VERS,

Représentée pour la première fois à Béziers en 1654 ; et à Paris, sur le théâtre du Petit-Bourbon, en décembre 1658.

PERSONNAGES.

ALBERT, père de Lucile et d'Ascagne.
POLIDORE, père de Valère.
LUCILE, fille d'Albert.
ASCAGNE, fille d'Albert, déguisée en homme.
ÉRASTE, amant de Lucile.
VALÈRE, fils de Polidore.
MARINETTE, suivante de Lucile.
FROSINE, confidente d'Ascagne.
MÉTAPHRASTE, pédant.
GROS-RENÉ, valet d'Éraste.
MASCARILLE, valet de Valère.
LA RAPIÈRE, bretteur.

La scène est à Paris.

LE DÉPIT AMOUREUX,

ACTE PREMIER.

SCÈNE I.

ÉRASTE, GROS-RENÉ.

ÉRASTE.

Veux-tu que je te die ? une atteinte secrète
Ne laisse point mon âme en une bonne assiette :
Oui, quoi qu'à mon amour tu puisses repartir,
Il craint d'être la dupe à ne te point mentir ;
Qu'en faveur d'un rival ta foi ne se corrompe,
Ou du moins qu'avec moi toi-même on ne te trompe.

GROS-RENÉ.

Pour moi, me soupçonner de quelque mauvais tour,
Je dirai, n'en déplaise à monsieur votre amour,
Que c'est injustement blesser ma prud'homie,
Et se connoître mal en physionomie.
Les gens de mon minois ne sont point accusés
D'être, grâces à Dieu, ni fourbes, ni rusés.
Cet honneur qu'on nous fait, je ne le démens guères,
Et suis homme fort rond de toutes les manières.
Pour que l'on me trompât, cela se pourroit bien,
Le doute est mieux fondé, pourtant je n'en crois rien,

Je ne vois point encore, ou je suis une bête,
Sur quoi vous avez pu prendre martel en tête.
Lucile, à mon avis, vous montre assez d'amour ;
Elle vous voit, vous parle à toute heure du jour ;
Et Valère, après tout, qui cause votre crainte,
Semble n'être à présent souffert que par contrainte.

ÉRASTE.

Souvent d'un faux espoir un amant est nourri,
Le mieux reçu toujours n'est pas le plus chéri ;
Et tout ce que d'ardeur font paroître les femmes
Parfois n'est qu'un beau voile à couvrir d'autres flammes.
Valère, enfin, pour être un amant rebuté,
Montre depuis un temps trop de tranquillité ;
Et ce qu'à ces faveurs dont tu crois l'apparence
Il témoigne de joie ou bien d'indifférence
M'empoisonne à tous coups leurs plus charmants appas,
Me donne ce chagrin que tu ne comprends pas,
Tient mon bonheur en doute, et me rend difficile
Une entière croyance aux propos de Lucile.
Je voudrois, pour trouver un tel destin bien doux,
Y voir entrer un peu de son transport jaloux ;
Et, sur ses déplaisirs et son impatience,
Mon âme prendroit lors une pleine assurance.
Toi-même penses-tu qu'on puisse, comme il fait,
Voir chérir un rival d'un esprit satisfait ?
Et si tu n'en crois rien, dis-moi, je t'en conjure,
Si j'ai lieu de rêver dessus cette aventure.

GROS-RENÉ.

Peut-être que son cœur a changé de désirs,
Connoissant qu'il poussoit d'inutiles soupirs.

ACTE I, SCÈNE I.

ÉRASTE.

Lorsque par les rebuts une âme est détachée,
Elle veut fuir l'objet dont elle fut touchée,
Et ne rompt point sa chaîne avec si peu d'éclat,
Qu'elle puisse rester en un paisible état :
De ce qu'on a chéri la fatale présence
Ne nous laisse jamais dedans l'indifférence ;
Et, si de cette vue on n'accroît son dédain,
Notre amour est bien près de nous rentrer au sein.
Enfin, crois-moi, si bien qu'on éteigne une flamme,
Un peu de jalousie occupe encore une âme ;
Et l'on ne sauroit voir, sans en être piqué,
Possédé par un autre un cœur qu'on a manqué.

GROS-RENÉ.

Pour moi, je ne sais point tant de philosophie ;
Ce que voyent mes yeux, franchement je m'y fie,
Et ne suis point de moi si mortel ennemi,
Que je m'aille affliger sans sujet ni demi :
Pourquoi subtiliser, et faire le capable
A chercher des raisons pour être misérable ?
Sur des soupçons en l'air je m'irois alarmer !
Laissons venir la fête avant que la chômer.
Le chagrin me paroît une incommode chose :
Je n'en prends point, pour moi, sans bonne et
         juste cause ;
Et même à mes yeux cent sujets d'en avoir
S'offrent le plus souvent, que je ne veux pas voir.
Avec vous en amour je cours même fortune ;
Celle que vous aurez me doit être commune :
La maîtresse ne peut abuser votre foi,
Au moins, que la suivante en fasse autant pour moi ;

Mais j'en fuis la pensée avec un soin extrême.
Je veux croire les gens, quand on me dit, Je t'aime;
Et ne vais point chercher, pour m'estimer heureux,
Si Mascarille ou non s'arrache les cheveux.
Que tantôt Marinette endure qu'à son aise
Jodelet par plaisir la caresse et la baise,
Et que ce beau rival en rie ainsi qu'un fou;
A son exemple aussi j'en rirai tout mon soûl,
Et l'on verra qui rit avec meilleure grâce.

ÉRASTE.

Voilà de tes discours.

GROS-RENÉ.

Mais je la vois qui passe.

SCÈNE II.

ÉRASTE, MARINETTE, GROS-RENÉ.

GROS-RENÉ

S't, Marinette!

MARINETTE.

Ho, ho! que fais-tu là?

GROS-RENÉ.

Ma foi,
Demande; nous étions tout à l'heure sur toi.

MARINETTE.

Vous êtes aussi là, monsieur! Depuis une heure
Vous m'avez fait trotter comme un Basque, ou je meure.

ÉRASTE.

Comment?

MARINETTE.
Pour vous chercher j'ai fait dix mille pas,
Et vous promets, ma foi...
ÉRASTE.
Quoi ?
MARINETTE.
Que vous n'êtes pas
Au temple, au cours, chez vous, ni dans la grande
place.
GROS-RENÉ.
Il en falloit jurer.
ÉRASTE.
Apprends-moi donc, de grâce,
Qui te fait me chercher.
MARINETTE.
Quelqu'un, en vérité,
Qui pour vous n'a pas trop mauvaise volonté;
Ma maîtresse, en un mot.
ÉRASTE.
Ah! chère Marinette,
Ton discours de son cœur est-il bien l'interprète ?
Ne me déguise point un mystère fatal;
Je ne t'en voudrois pas pour cela plus de mal :
Au nom des dieux, dis-moi si ta belle maîtresse
N'abuse point mes vœux d'une fausse tendresse.

MARINETTE.
Hé, hé! d'où vous vient donc ce plaisant mouvement?
Elle ne fait pas voir assez son sentiment!
Quel garant est-ce encor' que votre amour demande?
Que lui faut-il ?

GROS-RENÉ.

A moins que Valère se pende,
Bagatelle ; son cœur ne s'assurera point.

MARINETTE.

Comment!

GROS-RENÉ.

Il est jaloux jusques en un tel point.

MARINETTE.

De Valère ? ah ! vraiment la pensée est bien belle !
Elle peut seulement naître en votre cervelle.
Je vous croyois du sens, et jusqu'à ce moment
J'avois de votre esprit quelque bon sentiment;
Mais, à ce que je vois, je m'étois fort trompée.
Ta tête de ce mal est-elle aussi frappée ?

GROS-RENÉ.

Moi, jaloux ! Dieu m'en garde, et d'être assez badin
Pour m'aller amaigrir avec un tel chagrin !
Outre que de ton cœur ta foi me cautionne,
L'opinion que j'ai de moi-même est trop bonne
Pour croire auprès de moi que quelque autre te plût.
Où diantre pourrois-tu trouver qui me valût ?

MARINETTE.

En effet, tu dis bien ; voilà comme il faut être.
Jamais de ces soupçons qu'un jaloux fait paroître :
Tout le fruit qu'on en cueille, est de se mettre mal,
Et d'avancer par-là les desseins d'un rival.
Au mérite souvent de qui l'éclat vous blesse
Vos chagrins font ouvrir les yeux d'une maîtresse;
Et j'en sais tel qui doit son destin le plus doux
Aux soins trop inquiets de son rival jaloux.

Enfin, quoiqu'il en soit, témoigner de l'ombrage,
C'est jouer en amour un mauvais personnage,
Et se rendre, après tout, misérable à crédit.
Cela, seigneur Éraste, en passant vous soit dit.

ÉRASTE.

Hé bien, n'en parlons plus. Que venois-tu m'apprendre ?

MARINETTE.

Vous mériteriez bien que l'on vous fît attendre,
Qu'afin de vous punir je vous tinsse caché
Le grand secret pourquoi je vous ai tant cherché.
Tenez, voyez ce mot, et sortez hors de doute.
Lisez-le donc tout haut, personne ici n'écoute.

ÉRASTE lit.

« Vous m'avez dit que votre amour
» Étoit capable de tout faire ;
» Il se couronnera lui-même dans ce jour,
» S'il peut avoir l'aveu d'un père.
» Faites parler les droits qu'on a dessus mon cœur,
» Je vous en donne la licence ;
» Et, si c'est en votre faveur,
» Je vous réponds de mon obéissance. »

Ah quel bonheur ! O toi, qui me l'as apporté,
Je te dois regarder comme une déité !

GROS-RENÉ.

Je vous le disois bien : contre votre croyance,
Je ne me trompe guère aux choses que je pense.

ÉRASTE relit.

» Faites parler les droits qu'on a dessus mon cœur,
» Je vous en donne la licence ;
» Et, si c'est en votre faveur,
» Je vous réponds de mon obéissance. »

MARINETTE.

Si je lui rapportois vos foiblesses d'esprit,
Elle désavoûroit bientôt un tel écrit.

ÉRASTE.

Ah! cache-lui, de grâce, une peur passagère
Où mon âme a cru voir quelque peu de lumière;
Ou si tu la lui dis, ajoute que ma mort
Est prête d'expier l'erreur de ce transport;
Que je vais à ses pieds, si j'ai pu lui déplaire,
Sacrifier ma vie à sa juste colère.

MARINETTE.

Ne parlons point de mort, ce n'en est pas le temps.

ÉRASTE.

Au reste, je te dois beaucoup, et je prétends
Reconnoître dans peu, de la bonne manière,
Les soins d'une si noble et si belle courrière.

MARINETTE.

A propos; savez-vous où je vous ai cherché
Tantôt encore?

ÉRASTE.

Hé bien?

MARINETTE.

Tout proche du marché,
Où vous savez.

ÉRASTE.

Où donc?

MARINETTE.

Là... dans cette boutique
Où dès le mois passé votre cœur magnifique
Me promit, de sa grâce, une bague.

ÉRASTE.

Ah ! j'entends.

GROS-RENÉ.

La matoise !

ÉRASTE.

Il est vrai, j'ai tardé trop long-temps
A m'acquitter vres toi d'une telle promesse :
Mais...

MARINETTE.

Ce que j'en ai dit n'est pas que je vous presse.

GROS-RENÉ.

Ho ! que non !

ÉRASTE *lui donne sa bague.*

Celle-ci peut-être aura de quoi
Te plaire ; accepte-la pour celle que je doi.

MARINETTE.

Monsieur, vous vous moquez ; j'aurois honte à la
prendre ;

GROS-RENÉ.

Pauvre honteuse ; prends, sans davantage attendre;
Refuser ce qu'on donne est bon à faire aux fous.

MARINETTE.

Ce sera pour garder quelque chose de vous.

ÉRASTE.

Quand puis-je rendre grâce à cet ange adorable?

MARINETTE.

Travaillez à vous rendre un père favorable.

ÉRASTE.

Mais, s'il me rebutoit, dois-je...?

MARINETTE.
       Alors comme alors :
Pour vous on emploîra toutes sortes d'efforts.
D'une façon ou d'autre il faut qu'elle soit vôtre.
Faites votre pouvoir, et nous ferons le nôtre.

ÉRASTE.
Adieu : nous en saurons le succès dans ce jour.
  (Éraste relit la lettre tout bas.)

MARINETTE, à Gros-René.
Et nous, que dirons-nous aussi de notre amour ?
Tu ne m'en parles point.

GROS-RENÉ.
     Un hymen qu'on souhaite,
Entre gens comme nous, est chose bientôt faite.
Je te veux ; me veux-tu de même ?

MARINETTE.
       Avec plaisir.

GROS-RENÉ.
Touche : il suffit.

MARINETTE.
   Adieu, Gros-René, mon désir.

GROS-RENÉ.
Adieu, mon astre.

MARINETTE.
   Adieu, beau tison de ma flamme.

GROS-RENÉ.
Adieu, chère comète, arc-en-ciel de mon âme.
 (Marinette sort.)
Le bon Dieu soit loué, nos affaires vont bien ;
Albert n'est pas un homme à vous refuser rien.

ÉRASTE.

Valère vient à nous.

GROS-RENÉ.

Je plains le pauvre hère,
Sachant ce qui se passe.

SCÈNE III.

VALÈRE, ÉRASTE, GROS-RENÉ.

ÉRASTE.

Hé bien, seigneur Valère?

VALÈRE.

Hé bien, seigneur Éraste?

ÉRASTE.

En quel état l'amour?

VALÈRE.

En quel état vos feux?

ÉRASTE.

Plus forts de jour en jour.

VALÈRE.

Et mon amour plus fort.

ÉRASTE.

Pour Lucile?

VALÈRE.

Pour elle.

ÉRASTE.

Certes, je l'avoûrai, vous êtes le modèle
D'une rare constance.

VALÈRE.

Et votre fermeté
Doit être un rare exemple à la postérité.

ÉRASTE.

Pour moi, je suis peu fait à cet amour austère
Qui dans les seuls regards trouve à se satisfaire,
Et je ne forme point d'assez beaux sentiments
Pour souffrir constamment les mauvais traitements :
Enfin, quand j'aime bien, j'aime fort que l'on m'aime.

VALÈRE.

Il est très-naturel, et j'en suis bien de même,
Le plus parfait objet dont je serois charmé
N'auroit pas mes tributs, n'en étant point aimé.

ÉRASTE.

Lucile cependant...

VALÈRE.

Lucile, dans son âme,
Rend tout ce que je veux qu'elle rende à ma flamme.

ÉRASTE.

Vous êtes donc facile à contenter ?

VALÈRE.

Pas tant
Que vous pourriez penser.

ÉRASTE.

Je puis croire pourtant,
Sans trop de vanité, que je suis en sa grâce.

VALÈRE.

Moi, je sais que j'y tiens une assez bonne place.

ÉRASTE.

Ne vous abusez point, croyez-moi.

VALÈRE.

Croyez-moi,
Ne laissez point duper vos yeux à trop de foi.

ACTE I, SCÈNE III.

ÉRASTE.

Si j'osois vous montrer une preuve assurée
Que son cœur... Non, votre âme en seroit altérée.

VALÈRE.

Si je vous osois, moi, découvrir un secret...
Mais je vous fâcherois, et veux être discret.

ÉRASTE.

Vraiment, vous me poussez ; et, contre mon envie,
Votre présomption veut que je l'humilie.
Lisez.

VALÈRE, *après avoir lu.*

Ces mots sont doux.

ÉRASTE.

Vous connoissez la main ?

VALÈRE.

Oui, de Lucile.

ÉRASTE.

Hé bien ! cet espoir si certain...

VALÈRE, *riant et s'en allant.*

Adieu, seigneur Éraste.

GROS RENÉ.

Il est fou, le bon sire :
Où vient-il donc pour lui d'avoir le mot pour rire ?

ÉRASTE.

Certes, il me surprend, et j'ignore entre nous,
Quel diable de mystère est caché là-dessous.

GROS-RENÉ.

Son valet vient, je pense.

ÉRASTE.

Oui, je le vois paroître.
Feignons, pour le jeter sur l'amour de son maître.

SCÈNE IV.
ÉRASTE, MASCARILLE, GROS-RENÉ.

MASCARILLE, à part.

Non, je ne trouve point d'état plus malheureux
Que d'avoir un patron jeune et fort amoureux.

GROS-RENÉ.

Bonjour.

MASCARILLE.

Bonjour.

GROS-RENÉ.

Où tend Mascarille à cette heure ?
Que fait-il? Revient-il? va-t-il? ou s'il demeure?

MASCARILLE.

Non, je ne reviens pas, car je n'ai pas été ;
Je ne vais pas aussi, car je suis arrêté ;
Et ne demeure pas, car, tout de ce pas même,
Je prétends m'en aller.

ÉRASTE.

La rigueur est extrême :
Doucement, Mascarille.

MASCARILLE.

Ah! monsieur, serviteur

ÉRASTE.

Vous nous fuyez bien vite! hé quoi! vous fais-je peur

MASCARILLE.

Je ne crois pas cela de votre courtoisie.

ACTE I, SCÈNE IV.

ÉRASTE.

Touche : nous n'avons plus sujet de jalousie ;
Nous devenons amis ; et mes feux que j'éteins
Laissent la place libre à vos heureux desseins.

MASCARILLE.

Plût à Dieu !

ÉRASTE.

Gros-René sait qu'ailleurs je me jette.

GROS-RENÉ.

Sans doute : et je te cède aussi la Marinette.

MASCARILLE.

Passons sur ce point-là ; notre rivalité
N'est pas pour en venir à grande extrémité.
Mais est-ce un coup bien sûr que votre seigneurie
Soit désenamourée (*) ? ou si c'est raillerie ?

ÉRASTE.

J'ai su qu'en ses amours ton maître étoit trop bien;
Et je serois un fou de prétendre plus rien
Aux étroites faveurs qu'il a de cette belle.

MASCARILLE.

Certes, vous me plaisez avec cette nouvelle :
Outre qu'en nos projets je vous craignois un peu,
Vous tirez sagement votre épingle du jeu.
Oui, vous avez bien fait de quitter une place
Où l'on vous caressoit pour la seule grimace;
Et mille fois, sachant tout ce qui se passoit,
J'ai plaint le faux espoir dont on vous repaissoit :

(*) *Désenamourée*. Le mot *énamouré* se trouve dans le dictionnaire de Monnet. Il peut venir de l'italien *inamorato*, ou de l'espagnol *enamorando*. Molière en a fait le privatif *désenamouré*.

On offense un brave homme alors que l'on l'abuse.
Mais d'où diantre, après tout, avez-vous su la ruse?
Car cet engagement mutuel de leur foi
N'eut pour témoins, la nuit, que deux autres et moi;
Et l'on croit jusqu'ici la chaîne fort secrète
Qui rend de nos amants la flamme satisfaite.

ÉRASTE.

Hé! que dis-tu?

MASCARILLE.

Je dis que je suis interdit,
Et ne sais pas, monsieur, qui peut vous avoir dit
Que, sous ce faux semblant qui trompe tout le monde
En vous trompant aussi, leur ardeur sans seconde
D'un secret mariage a serré le lien.

ÉRASTE.

Vous en avez menti.

MASCARILLE.

Monsieur, je le veux bien.

ÉRASTE.

Vous êtes un coquin.

MASCARILLE.

D'accord.

ÉRASTE.

Et cette audace
Mériteroit cent coups de bâton sur la place.

MASCARILLE.

Vous avez tout pouvoir.

ÉRASTE.

Ah! Gros-René!

GROS-RENÉ.

Monsieur.

ACTE I, SCÈNE IV.

ÉRASTE.

Je démens un discours dont je n'ai que trop peur.
(à Mascarille.)
Tu penses fuir.

MASCARILLE.

Nenni.

ÉRASTE.

Quoi ! Lucile est la femme...?

MASCARILLE.

Non, monsieur ; je raillois.

ÉRASTE.

Ah ! vous railliez, infâme !

MASCARILLE.

Non, je ne raillois point.

ÉRASTE.

Il est donc vrai ?

MASCARILLE.

Non pas :
Je ne dis pas cela.

ÉRASTE.

Que dis-tu donc ?

MASCARILLE.

Hélas !
Je ne dis rien, de peur de mal parler.

ÉRASTE.

Assure
Ou si c'est chose vraie, ou si c'est imposture.

MASCARILLE.

C'est ce qu'il vous plaira ; je ne suis pas ici
Pour vous rien contester.

ÉRASTE, tirant son épée.

      Veux-tu dire ? Voici,
Sans marchander, de quoi te délier la langue.

MASCARILLE.

Elle ira faire encor quelque sotte harangue.
Hé! de grâce, plutôt, si vous le trouvez bon,
Donnez-moi vitement quelques coups de bâton,
Et me laissez tirer mes chausses sans murmure.

ÉRASTE.

Tu mourras, ou je veux que la vérité pure
S'exprime par ta bouche.

MASCARILLE.

     Hélas! je la dirai :
Mais peut-être, monsieur, que je vous fâcherai.

ÉRASTE.

Parle : mais prends bien garde à ce que tu vas faire.
À ma juste fureur rien ne te peut soustraire,
Si tu mens d'un seul mot en ce que tu diras.

MASCARILLE.

J'y consens, rompez-moi les jambes et les bras ;
Faites-moi pis encor, tuez-moi, si j'impose,
En tout ce que j'ai dit ici, la moindre chose.

ÉRASTE.

Ce mariage est vrai ?

MASCARILLE.

     Ma langue en cet endroit
A fait un pas de clerc dont elle s'aperçoit :
Mais enfin cette affaire est comme vous la dites :
Et c'est après cinq jours de nocturnes visites,

Tandis que vous serviez à mieux ouvrir leur jeu,
Que depuis avant-hier ils sont joints de ce nœud;
Et Lucile depuis fait encore moins paroître
Le violent amour qu'elle porte à mon maître,
Et veut absolument que tout ce qu'il verra,
Et qu'en votre faveur son cœur témoignera,
Il l'impute à l'effet d'une haute prudence,
Qui veut de leurs secrets ôter la connoissance.
Si, malgré mes serments, vous doutez de ma foi,
Gros-René peut venir une nuit avec moi;
Et je lui ferai voir, étant en sentinelle,
Que nous ayons dans l'ombre un libre accès chez elle.

ÉRASTE.

Ote-toi de mes yeux, maraud!

MASCARILLE.

Et de grand cœur;
C'est ce que je demande.

SCÈNE V.

ÉRASTE, GROS-RENÉ.

ÉRASTE.

Hé bien?

GROS-RENÉ.

Hé bien, monsieur,
Nous en tenons tous deux, si l'autre est véritable.

ÉRASTE.

Las! il ne l'est que trop, le bourreau détestable!
Je vois trop d'apparence à tout ce qu'il a dit;
Et ce qu'a fait Valère en voyant cet écrit

Marque bien leur concert, et que c'est une baie (*)
Qui sert sans doute aux feux dont l'ingrate le paie.

SCÈNE VI.
ÉRASTE, MARINETTE, GROS-RENÉ.

MARINETTE.

Je viens vous avertir que tantôt, sur le soir,
Ma maîtresse au jardin vous permet de la voir.

ÉRASTE.

Oses-tu me parler? âme double et traîtresse!
Va, sors de ma présence, et dis à ta maîtresse
Qu'avecque ses écrits elle me laisse en paix,
Et que voilà l'état, infâme! que j'en fais.
(Il déchire la lettre et sort.)

MARINETTE.

Gros-René, dis-moi donc quelle mouche le pique?

GROS-RENÉ.

M'oses-tu bien encor parler? femelle inique,
Crocodille trompeur, de qui le cœur félon
Est pire qu'un satrape, ou bien qu'un Lestrigon!
Va, va rendre réponse à ta bonne maîtresse;
Et dis-lui bien et beau que, malgré sa souplesse,
Nous ne sommes plus sots, ni mon maître, ni moi,
Et désormais qu'elle aille au diable avecque toi.

MARINETTE, seule.

Ma pauvre Marinette, es-tu bien éveillée?
De quel démon est donc leur âme travaillée?
Quoi! faire un tel accueil à nos soins obligeants!
Oh! que ceci chez nous va surprendre les gens!

(*) Baie signifioit *ruse*, *tromperie*. Voy. la note, page 221.

FIN DU PREMIER ACTE.

ACTE SECOND.

SCÈNE I.
ASCAGNE, FROSINE.

FROSINE.

Ascagne, je suis fille à secret, Dieu merci.

ASCAGNE.

Mais, pour un tel discours, sommes-nous bien ici ?
Prenons garde qu'aucun ne nous vienne surprendre,
Ou que de quelque endroit on ne nous puisse en-
                                    tendre.

FROSINE.

Nous serions au logis beaucoup moins sûrement :
Ici de tous côtés on découvre aisément,
Et nous pouvons parler avec toute assurance.

ASCAGNE.

Hélas ! que j'ai de peine à rompre mon silence !

FROSINE.

Ouais ! ceci doit donc être un important secret !

ASCAGNE.

Trop, puisque je le dis à vous-même à regret,
Et que, si je pouvois le cacher davantage,
Vous ne le sauriez point.

FROSINE.
                    Ah ! c'est me faire outrage !
Feindre à s'ouvrir à moi, dont vous avez connu
Dans tous vos intérêts l'esprit si retenu !

Moi, nourrie avec vous, et qui tiens sous silence
Des choses qui vous sont de si grande importance!
Qui sais...

ASCAGNE.

Oui, vous savez la secrète raison
Qui cache aux yeux de tous mon sexe et ma maison:
Vous savez que dans celle où passa mon bas âge
Je suis pour y pouvoir retenir l'héritage
Que relâchoit ailleurs le jeune Ascagne mort,
Dont mon déguisement fait revivre le sort ;
Et c'est aussi pourquoi ma bouche se dispense
A vous ouvrir mon cœur avec plus d'assurance.
Mais avant que passer, Frosine, à ce discours,
Éclaircissez un doute où je tombe toujours.
Se pourroit-il qu'Albert ne sût rien du mystère
Qui masque ainsi mon sexe, et l'a rendu mon père?

FROSINE.

En bonne foi, ce point sur quoi vous me pressez
Est une affaire aussi qui m'embarrasse assez :
Le fond de cette intrigue est pour moi lettre close:
Et ma mère ne put m'éclaircir mieux la chose.
Quand il mourut ce fils, l'objet de tant d'amour,
Au destin de qui même, avant qu'il vînt au jour,
Le testament d'un oncle abondant en richesses
D'un soin particulier avoit fait des largesses ;
Et que sa mère fit un secret de sa mort,
De son époux absent redoutant le transport,
S'il voyoit chez un autre aller tout l'héritage
Dont sa maison tiroit un si grand avantage ;
Quand, dis-je, pour cacher un tel événement,
La supposition fut de son sentiment,

ACTE II, SCÈNE I.

Et qu'on vous prit chez nous où vous étiez nourrie
(Votre mère d'accord de cette tromperie
Qui remplaçoit ce fils à sa garde commis),
En faveur des présents le secret fut promis.
Albert ne l'a point su de nous; et pour sa femme,
L'ayant plus de douze ans conservé dans son âme,
Comme le mal fut prompt dont on la vit mourir,
Son trépas imprévu ne put rien découvrir.
Mais cependant je vois qu'il garde intelligence
Avec celle de qui vous tenez la naissance :
J'ai su qu'en secret même il lui faisoit du bien,
Et peut-être cela ne se fait pas pour rien.
D'autre part, il vous veut porter au mariage,
Et, comme il le prétend, c'est un mauvais langage.
Je ne sais s'il sauroit la supposition
Sans le déguisement. Mais la digression
Tout insensiblement pourroit trop loin s'étendre :
Revenons au secret que je brûle d'apprendre.

ASCAGNE.

Sachez donc que l'amour ne sait point s'abuser,
Que mon sexe à ses yeux n'a pu se déguiser,
Et que ses traits subtils, sous l'habit que je porte,
Ont su trouver le cœur d'une fille peu forte :
J'aime enfin.

FROSINE.

Vous aimez!

ASCAGNE.

Frosine, doucement :
N'entrez pas tout-à-fait dedans l'étonnement,
Il n'est pas temps encore ; et ce cœur qui soupire
A bien pour vous surprendre autre chose à vous dire.

FROSINE.

Et quoi ?

ASCAGNE.

J'aime Valère.

FROSINE.

Ah ! vous avez raison :
L'objet de votre amour, lui, dont à la maison
Votre imposture enlève un puissant héritage,
Et qui, de votre sexe ayant le moindre ombrage,
Verroit incontinent ce bien lui retourner !
C'est encore un plus grand sujet de s'étonner.

ASCAGNE.

J'ai de quoi, toutefois, surprendre plus votre âme :
Je suis sa femme.

FROSINE.

O dieux ! sa femme !

ASCAGNE.

Oui, sa femme.

FROSINE.

Ah ! certes, celui-là l'emporte, et vient à bout
De toute ma raison.

ASCAGNE.

Ce n'est pas encore tout.

FROSINE.

Encore !

ASCAGNE.

Je la suis, dis-je, sans qu'il le pense,
Ni qu'il ait de mon sort la moindre connoissance.

FROSINE.

Ho ! poussez ; je le quitte, et ne raisonne plus,
Tant mes sens coup sur coup se trouvent confondus.
A ces énigmes-là je ne puis rien comprendre.

ACTE II, SCÈNE I.

ASCAGNE.

Je vais vous l'expliquer, si vous voulez m'entendre.
Valère, dans les fers de ma sœur arrêté,
Me sembloit un amant digne d'être écouté ;
Je ne pouvois souffrir qu'on rebutât sa flamme,
Sans qu'un peu d'intérêt touchât pour lui mon âme;
Je voulois que Lucile aimât son entretien ;
Je blâmois ses rigueurs, et les blâmai si bien,
Que moi-même j'entrai, sans pouvoir m'en défendre,
Dans tous les sentiments qu'elle ne pouvoit prendre.
C'étoit, en lui parlant, moi qu'il persuadoit ;
Je me laissois gagner aux soupirs qu'il perdoit ;
Et ses vœux, rejetés de l'objet qui l'enflamme,
Étoient comme vainqueurs reçus dedans mon âme.
Ainsi mon cœur, Frosine, un peu trop foible, hélas!
Se rendit à des soins qu'on ne lui rendoit pas,
Par un coup réfléchi reçut une blessure,
Et paya pour un autre avec beaucoup d'usure.
Enfin, ma chère, enfin l'amour que j'eus pour lui
Se voulut expliquer, mais sous le nom d'autrui.
Dans ma bouche, une nuit, cet amant trop aimable
Crut rencontrer Lucile à ses vœux favorable ;
Et je sus ménager si bien cet entretien,
Que du déguisement il ne reconnut rien.
Sous ce voile trompeur, qui flattoit sa pensée,
Je lui dis que pour lui mon âme étoit blessée,
Mais que, voyant mon père en d'autres sentiments,
Je devois une feinte à ses commandements ;
Qu'ainsi de notre amour nous ferions un mystère,
Dont la nuit seulement seroit dépositaire ;
Et qu'entre nous, de jour, de peur de rien gâter,
Tout entretien secret se devoit éviter ;

Qu'il me verroit alors la même indifférence
Qu'avant que nous eussions aucune intelligence;
Et que de son côté, de même que du mien,
Geste, parole, écrit, ne m'en dît jamais rien.
Enfin, sans m'arrêter sur toute l'industrie
Dont j'ai conduit le fil de cette tromperie,
J'ai poussé jusqu'au bout un projet si hardi,
Et me suis assuré l'époux que je vous di.

FROSINE.

Ho! ho! les grands talents que votre esprit possède!
Diroit-on qu'elle y touche avec sa mine froide?
Cependant vous avez été bien vite ici;
Car, je veux que la chose ait d'abord réussi,
Ne jugez-vous pas bien, à regarder l'issue,
Qu'elle ne peut long-temps éviter d'être sue?

ASCAGNE.

Quand l'amour est bien fort, rien ne peut l'arrêter :
Ses projets seulement vont à se contenter;
Et, pourvu qu'il arrive au but qu'il se propose,
Il croit que tout le reste après est peu de chose.
Mais enfin aujourd'hui je me découvre à vous,
Afin que vos conseils... Mais voici cet époux.

SCÈNE II.
VALÈRE, ASCAGNE, FROSINE.

VALÈRE.

Si vous êtes tous deux en quelque conférence
Où je vous fasse tort de mêler ma présence,
Je me retirerai.

ASCAGNE.

Non, non; vous pouvez bien,
Puisque vous le faisiez, rompre notre entretien.

ACTE II, SCÈNE II.

VALÈRE.

Moi ?

ASCAGNE.

Vous-même.

VALÈRE.

Et comment ?

ASCAGNE.

Je disois que Valère
Auroit, si j'étois fille, un peu trop su me plaire ;
Et que, si je faisois tous les vœux de son cœur,
Je ne tarderois guère à faire son bonheur.

VALÈRE.

Ces protestations ne coûtent pas grand'chose,
Alors qu'à leur effet un pareil si s'oppose :
Mais vous seriez bien pris, si quelque événement
Alloit mettre à l'épreuve un si doux compliment.

ASCAGNE.

Point du tout : je vous dis que, régnant dans votre âme,
Je voudrois de bon cœur couronner votre flamme.

VALÈRE.

Et si c'étoit quelqu'une où par votre secours
Vous puissiez être utile au bonheur de mes jours ?

ASCAGNE.

Je pourrois assez mal répondre à votre attente.

VALÈRE.

Cette confession n'est pas fort obligeante.

ASCAGNE.

Hé quoi ! vous voudriez, Valère, injustement
Qu'étant fille, et mon cœur vous aimant tendrement,

Je m'allasse engager avec une promesse
De servir vos ardeurs pour quelque autre maîtresse?
Un si pénible effort pour moi m'est interdit.

VALÈRE.

Mais cela n'étant pas ?

ASCAGNE.

Ce que je vous ai dit,
Je l'ai dit comme fille, et vous le devez prendre
Tout de même.

VALÈRE.

Ainsi donc il ne faut rien prétendre,
Ascagne, à des bontés que vous auriez pour nous,
A moins que le ciel fasse un grand miracle en vous;
Bref, si vous n'êtes fille, adieu votre tendresse,
Il ne vous reste rien qui pour nous s'intéresse.

ASCAGNE.

J'ai l'esprit délicat plus qu'on ne peut penser,
Et le moindre scrupule a de quoi m'offenser,
Quand il s'agit d'aimer. Enfin je suis sincère,
Je ne m'engage point à vous servir, Valère,
Si vous ne m'assurez, au moins, absolument
Que vous avez pour moi le même sentiment;
Que pareille chaleur d'amitié vous transporte;
Et que, si j'étois fille, une flamme plus forte
N'outrageroit point celle où je vivrois pour vous.

VALÈRE.

Je n'avois jamais vu ce scrupule jaloux;
Mais, tout nouveau qu'il est, ce mouvement m'o-
blige,
Et je vous fais ici tout l'aveu qu'il exige.

ASCAGNE.

Mais sans fard ?

VALÈRE.

Oui, sans fard.

ASCAGNE.

S'il est vrai, désormais
Vos intérêts seront les miens, je vous promets.

VALÈRE.

J'ai bientôt à vous dire un important mystère,
Où l'effet de ces mots me sera nécessaire.

ASCAGNE.

Et j'ai quelque secret de même à vous ouvrir,
Où votre cœur pour moi se pourra découvrir.

VALÈRE.

Hé ! de quelle façon cela pourroit-il être ?

ASCAGNE.

C'est que j'ai de l'amour qui n'oseroit paroître,
Et vous pourriez avoir sur l'objet de mes vœux
Un empire à pouvoir rendre mon sort heureux.

VALÈRE.

Expliquez-vous, Ascagne, et croyez par avance
Que votre heur est certain, s'il est en ma puissance.

ASCAGNE.

Vous promettez ici plus que vous ne croyez.

VALÈRE.

Non, non : dites l'objet pour qui vous m'employez.

ASCAGNE.

Il n'est pas encor temps ; mais c'est une personne
Qui vous touche de près,

VALÈRE.

Votre discours m'étonne.
Plût à Dieu que ma sœur...

ASCAGNE.

Ce n'est pas la saison
De m'expliquer, vous dis-je.

VALÈRE.

Et pourquoi ?

ASCAGNE.

Pour raison :
Vous saurez mon secret quand je saurai le vôtre.

VALÈRE.

J'ai besoin pour cela de l'aveu de quelque autre.

ASCAGNE.

Ayez-le donc ; et lors, nous expliquant nos vœux,
Nous verrons qui tiendra mieux parole des deux.

VALÈRE.

Adieu, j'en suis content.

ASCAGNE.

Et moi content, Valère.
(Valère sort.)

FROSINE.

Il croit trouver en vous l'assistance d'un frère.

SCÈNE III.
LUCILE, ASCAGNE, FROSINE, MARINETTE.

LUCILE, à Marinette les trois premiers vers.

C'en est fait ; c'est ainsi que je puis me venger ;
Et si cette action a de quoi l'affliger,

C'est toute la douceur que mon cœur s'y propose.
Mon frère, vous voyez une métamorphose :
Je veux chérir Valère après tant de fierté,
Et mes vœux maintenant tournent de son côté.

ASCAGNE.

Que dites-vous, ma sœur ? Comment ! courir au
change !
Cette inégalité me semble trop étrange.

LUCILE.

La vôtre me surprend avec plus de sujet.
De vos soins autrefois Valère étoit l'objet ;
Je vous ai vu pour lui m'accuser de caprice,
D'aveugle cruauté, d'orgueil et d'injustice :
Et quand je veux l'aimer, mon dessein vous déplaît !
Et je vous vois parler contre son intérêt !

ASCAGNE.

Je le quitte, ma sœur, pour embrasser le vôtre.
Je sais qu'il est rangé dessous les lois d'une autre,
Et ce seroit un trait honteux à vos appas,
Si vous le rappeliez, et qu'il ne revînt pas.

LUCILE.

Si ce n'est que cela, j'aurai soin de ma gloire ;
Et je sais, pour son cœur, tout ce que j'en dois
croire ;
Il s'explique à mes yeux intelligiblement :
Ainsi découvrez-lui, sans peur, mon sentiment ;
Ou, si vous refusez de le faire, ma bouche
Lui va faire savoir que son ardeur me touche...
Quoi ! mon frère, à ces mots vous restez interdit !

ASCAGNE.

Ah! ma sœur, si sur vous je puis avoir crédit,
Si vous êtes sensible aux prières d'un frère,
Quittez un tel dessein, et n'ôtez point Valère
Aux vœux d'un jeune objet dont l'intérêt m'est cher,
Et qui, sur ma parole, a droit de vous toucher.
La pauvre infortunée aime avec violence :
A moi seul de ses feux elle fait confidence,
Et je vois dans son cœur de tendres mouvements
A domter la fierté des plus durs sentiments.
Oui, vous auriez pitié de l'état de son âme,
Connoissant de quel coup vous menacez sa flamme;
Et je ressens si bien la douleur qu'elle aura,
Que je suis assuré, ma sœur, qu'elle en mourra,
Si vous lui dérobez l'amant qui peut lui plaire.
Éraste est un parti qui doit vous satisfaire;
Et des feux mutuels...

LUCILE.

Mon frère, c'est assez.
Je ne sais pas pour qui vous vous intéressez;
Mais, de grâce, cessons ce discours, je vous prie,
Et me laissez un peu dans quelque rêverie.

ASCAGNE.

Allez, cruelle sœur, vous me désespérez
Si vous effectuez vos desseins déclarés.

SCÈNE IV.

LUCILE, MARINETTE.

MARINETTE.

La résolution, madame, est assez prompte.

ACTE II, SCÈNE IV.

LUCILE.

Un cœur ne pèse rien alors que l'on l'affronte ;
Il court à sa vengeance, et saisit promptement
Tout ce qu'il croit servir à son ressentiment.
Le traître ! faire voir cette insolence extrême !

MARINETTE.

Vous m'en voyez encor toute hors de moi-même ;
Et quoique là-dessus je rumine sans fin,
L'aventure me passe, et j'y perds mon latin.
Car enfin aux transports d'une bonne nouvelle
Jamais cœur ne s'ouvrit d'une façon plus belle ;
De l'écrit obligeant le sien tout transporté
Ne me donnoit pas moins que de la déité :
Et cependant jamais, à cet autre message,
Fille ne fut traitée avecque tant d'outrage.
Je ne sais, pour causer de si grands changements,
Ce qui s'est pu passer entre ces courts moments.

LUCILE.

Rien ne s'est pu passer dont il faille être en peine,
Puisque rien ne le doit défendre de ma haine.
Quoi ! tu voudrois chercher hors de sa lâcheté
La secrète raison de cette indignité ?
Cet écrit malheureux, dont mon âme s'accuse,
Peut-il à son transport souffrir la moindre excuse?

MARINETTE.

En effet, je comprends que vous avez raison,
Et que cette querelle est pure trahison.
Nous en tenons, madame : et puis prêtons l'oreille
Aux bons chiens de pendards qui nous chantent
                          merveille,

Qui pour nous accrocher feignent tant de langueur;
Laissons à leurs beaux mots fondre notre rigueur;
Rendons-nous à leurs vœux, trop foibles que nous
sommes !
Foin de notre sottise et peste soit des hommes !

LUCILE.

Hé bien, bien, qu'il s'en vante, et rie à nos dépens,
Il n'aura pas sujet d'en triompher long-temps :
Et je lui ferai voir qu'en une âme bien faite
Le mépris suit de près la faveur qu'on rejette.

MARINETTE.

Au moins, en pareil cas, est-ce un bonheur bien doux,
Quand on sait qu'on n'a point d'avantage sur nous.
Marinette eut bon nez, quoi qu'on en puisse dire,
De ne permettre rien un soir qu'on vouloit rire.
Quelque autre, sous l'espoir du *matrimonion*,
Auroit ouvert l'oreille à la tentation ;
Mais moi, *nescio vos*.

LUCILE.

    Que tu dis de folies,
Et choisis mal ton temps pour de telles saillies !
Enfin je suis touchée au cœur sensiblement;
Et si jamais celui de ce perfide amant,
Par un coup de bonheur, dont j'aurois tort, je pense,
De vouloir à présent conserver l'espérance
(Car le ciel a trop pris plaisir de m'affliger
Pour me donner celui de me pouvoir venger) ;
Quand, dis-je, par un sort à mes désirs propice,
Il reviendroit m'offrir sa vie en sacrifice,
Détester à mes pieds l'action d'aujourd'hui,
Je te défends surtout de me parler pour lui.

Au contraire, je veux que ton zèle s'exprime
A me bien mettre aux yeux la grandeur de son crime;
Et même, si mon cœur étoit pour lui tenté
De descendre jamais à quelque lâcheté,
Que ton affection me soit alors sévère,
Et tienne, comme il faut, la main à ma colère.

MARINETTE.

Vraiment, n'ayez point peur, et laissez faire à nous;
J'ai pour le moins autant de colère que vous;
Et je serois plutôt fille toute ma vie,
Que mon gros traître aussi me redonnât envie...
S'il vient...

SCÈNE V.
ALBERT, LUCILE, MARINETTE.

ALBERT.

Rentrez, Lucile, et me faites venir
Le précepteur, je veux un peu l'entretenir,
Et m'informer de lui, qui me gouverne Ascagne,
S'il sait point quel ennui depuis peu l'accompagne.

SCÈNE VI.
ALBERT.

En quel gouffre de soins et de perplexité
Nous jette une action faite sans équité !
D'un enfant supposé par mon trop d'avarice,
Mon cœur depuis long-temps souffre bien le supplice,
Et quand je vois les maux où je me suis plongé,
Je voudrois à ce bien n'avoir jamais songé.
Tantôt je crains de voir, par la fourbe éventée,
Ma famille en opprobre et misère jetée;

Tantôt pour ce fils-là qu'il me faut conserver
Je crains cent accidents qui peuvent arriver.
S'il advient que dehors quelque affaire m'appelle,
J'appréhende au retour cette triste nouvelle :
Las ! vous ne savez pas ? vous l'a-t-on annoncé ?
Votre fils a la fièvre, ou jambe, ou bras cassé.
Enfin, à tous moments, sur quoi que je m'arrête,
Cent sortes de chagrins me roulent par la tête.
Ah !...

SCÈNE VII.
ALBERT, MÉTAPHRASTE.

MÉTAPHRASTE.
Mandatum tuum curo diligenter.

ALBERT.

Maître, j'ai voulu...

MÉTAPHRASTE.

Maître est dit *à magis ter.*
C'est comme qui diroit trois fois plus grand.

ALBERT.

Je meure
Si je savois cela. Mais, soit, à la bonne heure.
Maître donc...

MÉTAPHRASTE.

Poursuivez.

ALBERT.

Je veux poursuivre aussi :
Mais ne poursuivez point, vous, d'interrompre ainsi.
Donc, encore une fois, maître, c'est la troisième,
Mon fils me rend chagrin : vous savez que je l'aime
Et que soigneusement je l'ai toujours nourri.

MÉTAPHRASTE.

Il est vrai : *Filio non potest præferri*
Nisi filius.

ALBERT.

Maître, en discourant ensemble,
Ce jargon n'est pas fort nécessaire, me semble.
Je vous crois grand latin, et grand docteur juré;
Je m'en rapporte à ceux qui m'en ont assuré :
Mais, dans un entretien qu'avec vous je destine,
N'allez point déployer toute votre doctrine,
Faire le pédagogue, et cent mots me cracher,
Comme si vous étiez en chaire pour prêcher.
Mon père, quoiqu'il eût la tête des meilleures,
Ne m'a jamais rien fait apprendre que mes heures,
Qui, depuis cinquante ans dites journellement,
Ne sont encor pour moi que du haut allemand.
Laissez donc en repos votre science auguste,
Et que votre langage à mon foible s'ajuste.

MÉTAPHRASTE.

Soit.

ALBERT.

A mon fils l'hymen me paroît faire peur;
Et, sur quelque parti que je sonde son cœur,
Pour un pareil lien il est froid et recule.

MÉTAPHRASTE.

Peut-être a-t-il l'humeur du frère de Marc-Tulle,
Dont avec Atticus le même fait *sermon*,
Et comme aussi les Grecs disent, *Athanaton*....

ALBERT.

Mon Dieu! maître éternel, laissez là, je vous prie,
Les Grecs, les Albanois, avec l'Esclavonie,

Et tous ces autres gens dont vous voulez parler ;
Eux et mon fils n'ont rien ensemble à démêler.

MÉTAPHRASTE.

Hé bien donc, votre fils ?

ALBERT.

Je ne sais si dans l'âme
Il ne sentiroit point une secrète flamme :
Quelque chose le trouble, ou je suis fort déçu ;
Et je l'aperçus hier, sans en être aperçu,
Dans un recoin du bois où nul ne se retire.

MÉTAPHRASTE.

Dans un lieu reculé du bois, voulez-vous dire,
Un endroit écarté, *latinè*, *secessus* ;
Virgile l'a dit, *Est in secessu locus*...

ALBERT.

Comment auroit-il pu l'avoir dit ce Virgile,
Puisque je suis certain que, dans ce lieu tranquille,
Ame au monde enfin n'étoit lors, que nous deux ?

MÉTAPHRASTE.

Virgile est nommé là comme un auteur fameux,
D'un terme plus choisi que le mot que vous dites,
Et non comme témoin de ce qu'hier vous vîtes.

ALBERT.

Et moi, je vous dis, moi, que je n'ai pas besoin
De terme plus choisi, d'auteur, ni de témoin,
Et qu'il suffit ici de mon seul témoignage.

MÉTAPHRASTE.

Il faut choisir pourtant les mots mis en usage
Par les meilleurs auteurs : *Tu vivendo bonos*,
Comme on dit, *Scribendo sequare peritos*.

ACTE II, SCÈNE VII.

ALBERT.

Homme, ou démon, veux-tu m'entendre sans
conteste ?

MÉTAPHRASTE.

Quintilien en fait le précepte...

ALBERT.

La peste

Soit du causeur !

MÉTAPHRASTE.

Et dit là-dessus doctement

Un mot que vous serez bien aise assurément
D'entendre.

ALBERT.

Je serai le diable qui t'emporte,

Chien d'homme! Ho! que je suis tenté d'étrange sorte
De faire sur ce mufle une application !

MÉTAPHRASTE.

Mais qui cause, seigneur, votre inflammation ?
Que voulez-vous de moi ?

ALBERT.

Je veux que l'on m'écoute,

Vous ai-je dit vingt fois, quand je parle.

MÉTAPHRASTE.

Ah! sans doute;

Vous serez satisfait, s'il ne tient qu'à cela :
Je me tais.

ALBERT.

Vous ferez sagement.

MÉTAPHRASTE.

Me voilà

Tout prêt à vous ouïr.

ALBERT.
Tant mieux.
MÉTAPHRASTE.
Que je trépasse,
Si je dis plus mot.
ALBERT.
Dieu vous en fasse la grâce!
MÉTAPHRASTE.
Vous n'accuserez point mon caquet désormais.
ALBERT.
Ainsi soit-il!
MÉTAPHRASTE.
Parlez quand vous voudrez.
ALBERT.
J'y vais.
MÉTAPHRASTE.
Et n'appréhendez plus l'interruption nôtre.
ALBERT.
C'est assez dit.
MÉTAPHRASTE.
Je suis exact plus qu'aucun autre.
ALBERT.
Je le crois.
MÉTAPHRASTE.
J'ai promis que je ne dirai rien.
ALBERT.
Suffit.
MÉTAPHRASTE.
Dès à présent je suis muet.
ALBERT.
Fort bien.

ACTE II, SCÈNE VII.

MÉTAPHRASTE.

Parlez; courage! au moins, je vous donne audience.
Vous ne vous plaindrez pas de mon peu de silence:
Je ne desserre pas la bouche seulement.

ALBERT, *à part.*

Le traître !

MÉTAPHRASTE.

Mais, de grâce, achevez vitement.
Depuis long-temps j'écoute; il est bien raisonnable
Que je parle à mon tour.

ALBERT.

Donc, bourreau détestable...

MÉTAPHRASTE.

Hé! bon Dieu! voulez-vous que j'écoute à jamais?
Partageons le parler du moins, ou je m'en vais.

ALBERT.

Ma patience est bien...

MÉTAPHRASTE.

Quoi ! voulez-vous poursuivre?
Ce n'est pas encor fait? *Per Jovem*, je suis ivre !

ALBERT.

Je n'ai pas dit...

MÉTAPHRASTE.

Encor? Bon Dieu! que de discours!
Rien n'est-il suffisant d'en arrêter le cours ?

ALBERT.

J'enrage.

MÉTAPHRASTE.

Derechef? O l'étrange torture !
Hé! laissez-moi parler un peu, je vous conjure;

Un sot qui ne dit mot ne se distingue pas
D'un savant qui se tait.

ALBERT.

Parbleu ! tu te tairas.

SCÈNE VIII.
MÉTAPHRASTE.

D'où vient fort à propos cette sentence expresse
D'un philosophe : Parle, afin qu'on te connoisse.
Doncques si de parler le pouvoir m'est ôté,
Pour moi, j'aime autant perdre aussi l'humanité,
Et changer mon essence en celle d'une bête.
Me voilà pour huit jours avec un mal de tête...
Oh ! que les grands parleurs par moi sont détestés !
Mais quoi ! si les savants ne sont pas écoutés,
Si l'on veut que toujours ils aient la bouche close,
Il faut donc renverser l'ordre de chaque chose ;
Que les poules dans peu dévorent les renards ;
Que les jeunes enfants remontrent aux vieillards ;
Qu'à poursuivre les loups les agnelets s'ébattent ;
Qu'un fou fasse les lois ; que les femmes combattent ;
Que par les criminels les juges soient jugés,
Et par les écoliers les maîtres fustigés ;
Que le malade au sain présente le remède ;
Que le lièvre craintif...

SCENE IX.
ALBERT, MÉTAPHRASTE.

Albert sonne aux oreilles de Métaphraste une cloche de mulet qui le fait fuir.

MÉTAPHRASTE, *fuyant.*

MISÉRICORDE ! à l'aide !

FIN DU SECOND ACTE.

ACTE TROISIÈME.

SCÈNE I.

MASCARILLE.

Le ciel parfois seconde un dessein téméraire,
Et l'on sort comme on peut d'une méchante affaire.
Pour moi, qu'une imprudence a trop fait discourir,
Le remède plus prompt où j'ai su recourir,
C'est de pousser ma pointe, et dire en diligence
A notre vieux patron toute la manigance.
Son fils, qui m'embarrasse, est un évaporé :
L'autre, diable ! disant ce que j'ai déclaré,
Gare une irruption sur notre friperie.
Au moins, avant qu'on puisse échauffer sa furie,
Quelque chose de bon nous pourra succéder,
Et les vieillards entre eux se pourront accorder.
C'est ce qu'on va tenter ; et de la part du nôtre,
Sans perdre un seul moment, je m'en vais trouver l'autre.

(Il frappe à la porte d'Albert.)

SCÈNE II.

ALBERT, MASCARILLE.

ALBERT.

Qui frappe?

MASCARILLE.

Ami.

ALBERT.

Oh! oh! qui te peut amener,
Mascarille?

MASCARILLE.

Je viens, monsieur, pour vous donner
Le bonjour.

ALBERT.

Ah! vraiment tu prends beaucoup de peine.
De tout mon cœur, bonjour.
(Il s'en va.)

MASCARILLE.

La réplique est soudaine.
Quel homme brusque!
(Il heurte.)

ALBERT.

Encor?

MASCARILLE.

Vous n'avez pas ouï,
Monsieur...

ALBERT.

Ne m'as-tu pas donné le bonjour?

MASCARILLE.

Oui.

ALBERT.

Hé bien! bonjour, te dis-je.
(Il s'en va; Mascarille l'arrête.)

MASCARILLE.

Oui; mais je viens encore
Vous saluer au nom du seigneur Polidore.

ALBERT.

Ah! c'est un autre fait. Ton maître t'a chargé
De me saluer?

ACT III, SCÈNE II.

MASCARILLE.

Oui.

ALBERT.

Je lui suis obligé.
Va, que je lui souhaite une joie infinie.
(Il s'en va.)

MASCARILLE.

Cet homme est ennemi de la cérémonie.
(Il heurte.)
Je n'ai pas achevé, monsieur, son compliment :
Il voudroit vous prier d'une chose instamment.

ALBERT.

Hé bien ! quand il voudra, je suis à son service.

MASCARILLE, l'arrêtant.

Attendez, et souffrez qu'en deux mots je finisse.
Il souhaite un moment pour vous entretenir
D'une affaire importante, et doit ici venir.

ALBERT.

Eh ! quelle est-elle encor l'affaire qui l'oblige
A me vouloir parler ?

MASCARILLE.

Un grand secret, vous dis-je,
Qu'il vient de découvrir en ce même moment,
Et qui sans doute importe à tous deux grandement.
Voilà mon ambassade.

SCÈNE III.

ALBERT.

O juste ciel ! je tremble !
Car enfin nous avons peu de commerce ensemble.

Quelque tempête va renverser mes desseins,
Et ce secret, sans doute, est celui que je crains.
L'espoir de l'intérêt m'a fait quelque infidèle,
Et voilà sur ma vie une tache éternelle.
Ma fourbe est découverte. Oh ! que la vérité
Se peut cacher long-temps avec difficulté !
Et qu'il eût mieux valu pour moi, pour mon estime,
Suivre les mouvements d'une peur légitime,
Par qui je me suis vu tenté plus de vingt fois
De rendre à Polidore un bien que je lui dois,
De prévenir l'éclat où ce coup-ci m'expose,
Et faire qu'en douceur passât toute la chose !
Mais hélas ! c'en est fait, il n'est plus de saison ;
Et ce bien, par la fraude entré dans ma maison,
N'en sera point tiré, que dans cette sortie
Il n'entraîne du mien la meilleure partie.

SCÈNE IV.
POLIDORE, ALBERT.

POLIDORE, *les quatre premiers vers sans voir Albert.*

S'ÊTRE ainsi marié sans qu'on en ait su rien !
Puisse cette action se terminer à bien !
Je ne sais qu'en attendre ; et je crains fort du père
Et la grande richesse, et la juste colère.
Mais je l'aperçois seul.

ALBERT.

Ciel ! Polidore vient !

POLIDORE.

Je tremble à l'aborder.

ALBERT.

La crainte me retient.

ACTE III, SCÈNE IV.

POLIDORE.

Par où lui débuter ?

ALBERT.

Quel sera mon langage ?

POLIDORE.

Son âme est tout émue.

ALBERT.

Il change de visage.

POLIDORE.

Je vois, seigneur Albert, au trouble de vos yeux,
Que vous savez déjà qui m'amène en ces lieux.

ALBERT.

Hélas ! oui.

POLIDORE.

La nouvelle a droit de vous surprendre,
Et je n'eusse pas cru ce que je viens d'apprendre.

ALBERT.

J'en dois rougir de honte et de confusion.

POLIDORE.

Je trouve condamnable une telle action ;
Et je ne prétends point excuser le coupable.

ALBERT.

Dieu fait miséricorde au pécheur misérable.

POLIDORE.

C'est ce qui doit par vous être considéré.

ALBERT.

Il faut être chrétien.

POLIDORE.

Il est très-assuré.

ALBERT.

Grâce, au nom de Dieu! grâce, ô seigneur Polidore!

POLIDORE.

Hé! c'est moi qui de vous présentement l'implore.

ALBERT.

Afin de l'obtenir je me jette à genoux.

POLIDORE.

Je dois en cet état être plutôt que vous.

ALBERT.

Prenez quelque pitié de ma triste aventure.

POLIDORE.

Je suis le suppliant dans une telle injure.

ALBERT.

Vous me fendez le cœur avec cette bonté.

POLIDORE.

Vous me rendez confus de tant d'humilité.

ALBERT.

Pardon, encore un coup!

POLIDORE.

Hélas! pardon vous-même!

ALBERT.

J'ai de cette action une douleur extrême.

POLIDORE.

Et moi, j'en suis touché de même au dernier point.

ALBERT.

J'ose vous conjurer qu'elle n'éclate point.

POLIDORE.

Hélas! seigneur Albert, je ne veux autre chose.

ALBERT.

Conservons mon honneur.

ACTE III, SCÈNE IV.

POLIDORE.
          Hé! oui, je m'y dispose.
ALBERT.
Quant au bien qu'il faudra, vous-même en résoudrez.
POLIDORE.
Je ne veux de vos biens que ce que vous voudrez;
De tous ces intérêts je vous ferai le maître;
Et je suis trop content si vous le pouvez être.
ALBERT.
Ah! quel homme de Dieu! Quel excès de douceur!
POLIDORE.
Quelle douceur, vous-même, après un tel malheur!
ALBERT.
Que puissiez-vous avoir toutes choses prospères!
POLIDORE.
Le bon Dieu vous maintienne!
ALBERT.
          Embrassons-nous en frères.
POLIDORE.
J'y consens de grand cœur, et me réjouis fort
Que tout soit terminé par un heureux accord.
ALBERT.
J'en rends grâces au ciel.
POLIDORE.
          Il ne vous faut rien feindre,
Votre ressentiment me donnoit lieu de craindre;
Et Lucile tombée en faute avec mon fils,
Comme on vous voit puissant et de biens et d'amis...
ALBERT.
Hé! que parlez-vous là de faute et de Lucile?

POLIDORE.

Soit, ne commençons point un discours inutile.
Je veux bien que mon fils y trempe grandement :
Même, si cela fait votre allégement,
J'avoûrai qu'à lui seul en est toute la faute ;
Que votre fille avoit une vertu trop haute
Pour avoir jamais fait ce pas contre l'honneur,
Sans l'incitation d'un méchant suborneur ;
Que le traître a séduit sa pudeur innocente,
Et de votre conduite ainsi détruit l'attente.
Puisque la chose est faite, et que, selon mes vœux,
Un esprit de douceur nous met d'accord tous deux,
Ne ramentevons rien (*), et réparons l'offense
Par la solennité d'une heureuse alliance.

ALBERT, à part.

O Dieu ! quelle méprise ! et qu'est-ce qu'il m'apprend !
Je rentre ici d'un trouble en un autre aussi grand.
Dans ces divers transports je ne sais que répondre;
Et, si je dis un mot, j'ai peur de me confondre.

POLIDORE.

A quoi pensez-vous là, seigneur Albert?

ALBERT.

A rien.
Remettons, je vous prie, à tantôt l'entretien.
Un mal subit me prend, qui veut que je vous laisse.

SCÈNE V.
POLIDORE.

Je lis dedans son âme, et vois ce qui le presse.

(*) *Ramentevons*, du verbe *ramentevoir*, tiré de l'italien *ramentare*, rappeler à l'esprit, faire souvenir.

A quoi que sa raison l'eût déjà disposé,
Son déplaisir n'est pas encor tout apaisé.
L'image de l'affront lui revient ; et sa fuite
Tâche à me déguiser le trouble qui l'agite.
Je prends part à sa honte, et son deuil m'attendrit.
Il faut qu'un peu de temps remette son esprit :
La douleur trop contrainte aisément se redouble.
Voici mon jeune fou d'où nous vient tout ce trouble.

SCÈNE VI.
POLIDORE, VALÈRE.

POLIDORE.
Enfin, le beau mignon, vos beaux déportements
Troubleront les vieux jours d'un père à tous moments ;
Tous les jours vous ferez de nouvelles merveilles,
Et nous n'aurons jamais autre chose aux oreilles.

VALÈRE.
Que fais-je tous les jours qui soit si criminel ?
En quoi mériter tant le courroux paternel ?

POLIDORE.
Je suis un étrange homme, et d'une humeur terrible,
D'accuser un enfant si sage et si paisible !
Las ! il vit comme un saint, et dedans la maison
Du matin jusqu'au soir il est en oraison !
Dire qu'il pervertit l'ordre de la nature,
Et fait du jour la nuit : ô la grande imposture !
Qu'il n'a considéré ni père, ni parenté,
En vingt occasions : horrible fausseté !
Que de fraîche mémoire un furtif hyménée
A la fille d'Albert a joint sa destinée,

Sans craindre de la suite un désordre puissant :
On le prend pour un autre ; et le pauvre innocent
Ne sait pas seulement ce que je lui veux dire !
Ah ! chien, que j'ai reçu du ciel pour mon martyre,
Te croiras-tu toujours ? et ne pourrai-je pas
Te voir être une fois sage avant mon trépas ?

VALÈRE, seul, rêvant.

D'où peut venir ce coup ? Mon âme embarrassée
Ne voit que Mascarille où jeter sa pensée.
Il ne sera pas homme à m'en faire un aveu :
Il faut user d'adresse et me contraindre un peu
Dans ce juste courroux.

SCÈNE VII.
VALÈRE, MASCARILLE.

VALÈRE.

Mascarille, mon père,
Que je viens de trouver, sait toute notre affaire.

MASCARILLE.

Il la sait ?

VALÈRE.

Oui.

MASCARILLE.

D'où diantre a-t-il pu la savoir ?

VALÈRE.

Je ne sais point sur qui ma conjecture asseoir ;
Mais enfin d'un succès cette affaire est suivie,
Dont j'ai tous les sujets d'avoir l'âme ravie.
Il ne m'en a pas dit un mot qui fût fâcheux,
Il excuse ma faute, il approuve mes feux :

ACTE III, SCÈNE VII.

Et je voudrois savoir qui peut être capable
D'avoir pu rendre ainsi son esprit si traitable.
Je ne puis t'exprimer l'aise que j'en reçoi.

MASCARILLE.

Et que me diriez-vous, monsieur, si c'étoit moi
Qui vous eût procuré cette heureuse fortune ?

VALÈRE.

Bon! bon! tu voudrois bien ici m'en donner d'une.

MASCARILLE.

C'est moi, vous dis-je, moi, dont le patron le sait,
Et qui vous ai produit ce favorable effet.

VALÈRE.

Mais, là, sans te railler ?

MASCARILLE.

                  Que le diable m'emporte
Si je fais raillerie, et s'il n'est de la sorte !

VALÈRE, mettant l'épée à la main.

Et qu'il m'entraîne, moi, si tout présentement
Tu n'en vas recevoir le juste paiement ?

MASCARILLE.

Ah! monsieur, qu'est-ce ci? (*) Je défends la surprise.

VALÈRE.

C'est la fidélité que tu m'avois promise ?
Sans ma feinte, jamais tu n'eusses avoué
Le trait que j'ai bien cru que tu m'avois joué.
Traître, de qui la langue à causer trop habile
D'un père contre moi vient d'échauffer la bile,
Qui me perds tout-à-fait, il faut, sans discourir,
Que tu meures.

(*) Dans la plupart des éditions on trouve *qu'est-ce ceci.* Le vers auroit une syllabe de trop.

MASCARILLE.

Tout beau ; mon âme, pour mourir,
N'est pas en bon état. Daignez, je vous conjure,
Attendre le succès qu'aura cette aventure.
J'ai de fortes raisons qui m'ont fait révéler
Un hymen que vous-même aviez peine à céler.
C'étoit un coup d'État ; et vous verrez l'issue
Condamner la fureur que vous avez conçue.
De quoi vous fâchez-vous, pourvu que vos souhaits
Se trouvent par mes soins pleinement satisfaits,
Et voient mettre à fin la contrainte où vous êtes ?

VALÈRE.

Et si tous ces discours ne sont que des sornettes ?

MASCARILLE.

Toujours serez-vous lors à temps pour me tuer.
Mais enfin mes projets pourront s'effectuer.
Dieu fera pour les siens ; et, content dans la suite,
Vous me remercîrez de ma rare conduite.

VALÈRE.

Nous verrons. Mais Lucile...

MASCARILLE.

Halte ; son père sort.

SCÈNE VIII.

ALBERT, VALÈRE, MASCARILLE.

ALBERT, *les cinq premiers vers sans voir Valère.*

Plus je reviens du trouble où j'ai donné d'abord,
Plus je me sens piqué de ce discours étrange
Sur qui ma peur prenoit un si dangereux change :

Car Lucile soutient que c'est une chanson,
Et m'a parlé d'un air a m'ôter tout soupçon...
Ah! monsieur, est-ce vous de qui l'audace insigne
Met en jeu mon honneur, et fait ce conte indigne?

MASCARILLE.

Seigneur Albert, prenez un ton un peu plus doux,
Et contre votre gendre ayez moins de courroux.

ALBERT.

Comment, gendre? Coquin! tu portes bien la mine
De pousser les ressorts d'une telle machine,
Et d'en avoir été le premier inventeur.

MASCARILLE.

Je ne vois ici rien à vous mettre en fureur.

ALBERT.

Trouves-tu beau, dis-moi, de diffamer ma fille,
Et faire un tel scandale à toute une famille?

MASCARILLE.

Le voilà prêt à faire en tout vos volontés.

ALBERT.

Que voudrois-je, sinon qu'il dît des vérités?
Si quelque intention le pressoit pour Lucile,
La recherche en pouvoit être honnête et civile,
Il falloit l'attaquer du côté du devoir,
Il falloit de son père implorer le pouvoir,
Et non pas recourir à cette lâche feinte
Qui porte à la pudeur une sensible atteinte.

MASCARILLE.

Quoi! Lucile n'est pas sous des liens secrets
A mon maître?

ALBERT.

Non, traître! et n'y sera jamais.

MASCARILLE.
Tout doux : et s'il est vrai que ce soit chose faite,
Voulez-vous l'approuver cette chaîne secrète ?

ALBERT.
Et s'il est constant, toi, que cela ne soit pas,
Veux-tu te voir casser les jambes et les bras ?

VALÈRE.
Monsieur, il est aisé de vous faire paroître
Qu'il dit vrai.

ALBERT.
Bon ! voilà l'autre encor, digne maître
D'un semblable valet ! O les menteurs hardis !

MASCARILLE.
D'homme d'honneur, il est ainsi que je le dis.

VALÈRE.
Quel seroit notre but de vous en faire accroire ?

ALBERT, à part.
Ils s'entendent tous deux comme larrons en foire.

MASCARILLE.
Mais venons à la preuve, et, sans nous quereller,
Faites sortir Lucile, et la laissez parler.

ALBERT.
Et si le démenti par elle vous en reste ?

MASCARILLE.
Elle n'en fera rien, monsieur, je vous proteste.
Promettez à leurs vœux votre consentement,
Et je veux m'exposer au plus dur châtiment,
Si de sa propre bouche elle ne vous confesse
Et la foi qui l'engage, et l'ardeur qui la presse.

ACTE III, SCÈNE VIII.

ALBERT.

Il faut voir cette affaire.
(Il va frapper à sa porte.)
MASCARILLE, à Valère.

Allez, tout ira bien.

ALBERT.

Holà, Lucile, un mot.
VALÈRE, à Mascarille.

Je crains...

MASCARILLE.

Ne craignez rien.

SCÈNE IX.
LUCILE, ALBERT, VALÈRE, MASCARILLE.

MASCARILLE.

Seigneur Albert, silence au moins. Enfin, madame,
Toute chose conspire au bonheur de votre âme,
Et monsieur votre père, averti de vos feux,
Vous laisse votre époux, et confirme vos vœux,
Pourvu que, bannissant toutes craintes frivoles,
Deux mots de votre aveu confirment nos paroles.

LUCILE.

Que me vient donc conter ce coquin assuré ?

MASCARILLE.

Bon ! me voilà déjà d'un beau titre honoré.

LUCILE.

Sachons un peu, monsieur, quelle belle saillie
Fait ce conte galant qu'aujourd'hui l'on publie.

VALÈRE.

Pardon, charmant objet : un valet a parlé ;
Et j'ai vu, malgré moi, notre hymen révélé.

LUCILE.

Notre hymen ?

VALÈRE.

On sait tout, adorable Lucile ;
Et vouloir déguiser est un soin inutile.

LUCILE.

Quoi! l'ardeur de mes feux vous a fait mon époux?

VALÈLE.

C'est un bien qui me doit faire mille jaloux :
Mais j'impute bien moins ce bonheur de ma flamme
A l'ardeur de vos feux qu'aux bontés de votre âme.
Je sais que vous avez sujet de vous fâcher,
Que c'étoit un secret que vous vouliez cacher ;
Et j'ai de mes transports forcé la violence
A ne point violer votre expresse défense :
Mais...

MASCARILLE.

Hé bien! oui c'est moi : le grand mal que voilà !

LUCILE.

Est-il une imposture égale à celle-là ?
Vous l'osez soutenir en ma présence même,
Et pensez m'obtenir par ce beau stratagème?
O le plaisant amant, dont la galante ardeur
Veut blesser mon honneur au défaut de mon cœur,
Et que mon père, ému de l'éclat d'un sot conte,
Paye avec mon hymen qui me couvre de honte !
Quand tout contribûroit à votre passion,
Mon père, les destins, mon inclination,

ACTE III, SCÈNE IX.

On me verroit combattre, en ma juste colère,
Mon inclination, les destins, et mon père,
Perdre même le jour, avant que de m'unir
A qui par ce moyen auroit cru m'obtenir.
Allez; et si mon sexe avecque bienséance
Se pouvoit emporter à quelque violence,
Je vous apprendrois bien à me traiter ainsi.

VALÈRE, à Mascarille.

C'en est fait, son courroux ne peut être adouci.

MASCARILLE.

Laissez-moi lui parler. Hé! madame, de grâce,
A quoi bon maintenant toute cette grimace?
Quelle est votre pensée? et quel bourru transport
Contre vos propres vœux vous fait roidir si fort?
Si monsieur votre père étoit homme farouche,
Passe: mais il permet que la raison le touche;
Et lui-même m'a dit qu'une confession
Vous va tout obtenir de son affection.
Vous sentez, je crois bien, quelque petite honte
A faire un libre aveu de l'amour qui vous dompte :
Mais s'il vous a fait prendre un peu de liberté,
Par un bon mariage on voit tout rajusté;
Et, quoi que l'on reproche au feu qui vous consomme,
Le mal n'est pas si grand que de tuer un homme.
On sait que la chair est fragile quelquefois,
Et qu'une fille enfin n'est ni caillou ni bois.
Vous n'avez pas été sans doute la première,
Et vous ne serez pas, que je crois, la dernière.

LUCILE.

Quoi! vous pouvez ouïr ces discours effrontés,
Et vous ne dites mot à ces indignités?

ALBERT.

Que veux-tu que je die? Une telle aventure
Me met tout hors de moi.

MASCARILLE.

Madame, je vous jure
Que déjà vous devriez avoir tout confessé.

LUCILE.

Et quoi donc confesser?

MASCARILLE.

Quoi? ce qui s'est passé
Entre mon maître et vous. La belle raillerie!

LUCILE.

Et que s'est-il passé, monstre d'effronterie,
Entre ton maître et moi?

MASCARILLE.

Vous devez, que je croi,
En savoir un peu plus de nouvelles que moi;
Et pour vous cette nuit fut trop douce, pour croire
Que vous puissiez si vite en perdre la mémoire.

LUCILE.

C'est trop souffrir, mon père, un impudent valet.
(Elle lui donne un soufflet.)

SCÈNE X.

ALBERT, VALÈRE, MASCARILLE.

MASCARILLE.

Je crois qu'elle me vient de donner un soufflet.

ALBERT.

Va, coquin, scélérat, sa main vient sur ta joue
De faire une action dont son père la loue.

ACTE III, SCÈNE X.

MASCARILLE.

Et, nonobstant cela, qu'un diable en cet instant
M'emporte, si j'ai dit rien que de très-constant !

ALBERT.

Et, nonobstant cela, qu'on me coupe une oreille,
Si tu portes fort loin une audace pareille !

MASCARILLE.

Voulez-vous deux témoins qui me justifiront ?

ALBERT.

Veux-tu deux de mes gens qui te bâtonneront ?

MASCARILLE.

Leur rapport doit au mien donner toute créance.

ALBERT.

Leurs bras peuvent du mien réparer l'impuissance.

MASCARILLE.

Je vous dis que Lucile agit par honte ainsi.

ALBERT.

Je te dis que j'aurai raison de tout ceci.

MASCARILLE.

Connoissez-vous Ormin, ce gros notaire habile ?...

ALBERT.

Connois-tu bien Grimpant, le bourreau de la ville ?..

MASCARILLE.

Et Simon le tailleur, jadis si recherché ?

ALBERT.

Et la potence mise au milieu du marché ?

MASCARILLE.

Vous verrez confirmer par eux cet hyménée ?

ALBERT.

Tu verras achever par eux ta destinée.

MASCARILLE.

Ce sont eux qu'ils ont pris pour témoins de leur foi.

ALBERT.

Ce sont eux qui dans peu me vengeront de toi.

MASCARILLE.

Et ces yeux les ont vus s'entredonner parole.

ALBERT.

Et ces yeux te verront faire la capriole.

MASCARILLE.

Et, pour signe, Lucile avoit un voile noir.

ALBERT.

Et pour signe, ton front nous le fait assez voir.

MASCARILLE.

O l'obstiné vieillard !

ALBERT.

    O le fourbe damnable !
Va, rends grâce à mes ans qui me font incapable
De punir sur-le-champ l'affront que tu me fais :
Tu n'en perds que l'attente, et je te le promets.

SCÈNE XI.
VALÈRE, MASCARILLE.

VALÈRE.

Hé bien ? ce beau succès que tu devois produire ?...

MASCARILLE.

J'entends à demi-mot ce que vous voulez dire.
Tout s'arme contre moi ; pour moi de tous côtés
Je vois coups de bâtons et gibets apprêtés.
Aussi, pour être en paix dans ce désordre extrême,
Je me vais d'un rocher précipiter moi-même,

Si, dans le désespoir dont mon cœur est outré,
Je puis en rencontrer d'assez haut à mon gré.
Adieu, monsieur.

VALÈRE.

Non, non, ta fuite est superflue;
Si tu meurs, je prétends que ce soit à ma vue.

MASCARILLE.

Je ne saurois mourir quand je suis regardé,
Et mon trépas ainsi se verroit retardé.

VALÈRE.

Suis-moi, traître, suis-moi; mon amour en furie
Te fera voir si c'est matière à raillerie.

MASCARILLE, seul.

Malheureux Mascarille, à quels maux aujourd'hui
Te vois-tu condamné pour le péché d'autrui.

FIN DU TROISIÈME ACTE.

ACTE QUATRIÈME.

SCÈNE I.
ASCAGNE, FROSINE.

FROSINE.

L'aventure est fâcheuse.

ASCAGNE.

Ah ! ma chère Frosine,
Le sort absolument a conclu ma ruine.
Cette affaire venue au point où la voilà
N'est pas absolument pour en demeurer là.
Il faut qu'elle passe outre : et Lucile et Valère,
Surpris des nouveautés d'un semblable mystère,
Voudront chercher un jour dans ses obscurités,
Par qui tous mes projets se verront avortés.
Car enfin, soit qu'Albert ait part au stratagème,
Ou qu'avec tout le monde on l'ait trompé lui-même,
S'il arrive une fois que mon sort éclairci
Mette ailleurs tout le bien dont le sien a grossi,
Jugez s'il aura lieu de souffrir ma présence :
Son intérêt détruit me laisse à ma naissance ;
C'est fait de sa tendresse. Et, quelque sentiment
Où pour ma fourbe alors pût être mon amant,
Voudra-t-il avouer pour épouse une fille
Qu'il verra sans appui de bien et de famille ?

ACTE IV, SCÈNE I.

FROSINE.

Je trouve que c'est là raisonner comme il faut :
Mais ces réflexions devoient venir p'us tôt.
Qui vous a jusqu'ici caché cette lumière ?
Il ne falloit pas être une grande sorcière
Pour voir, dès le moment de vos desseins pour lui,
Tout ce que votre esprit ne voit que d'aujourd'hui :
L'action le disoit ; et dès que je l'ai sue ,
Je n'en ai prévu guère une meilleure issue.

ASCAGNE.

Que dois-je faire enfin? mon trouble est sans pareil :
Mettez-vous en ma place, et me donnez conseil.

FROSINE.

Ce doit être à vous-même, en prenant votre place,
A me donner conseil dessus cette disgrâce,
Car je suis maintenant vous, et vous êtes moi :
Conseillez-moi, Frosine. Au point où je me voi,
Quel remède trouver ? Dites, je vous en prie.

ASCAGNE.

Hélas ! ne traitez point ceci de raillerie ;
C'est prendre peu de part à mes cuisants ennuis
Que de rire et de voir les termes où j'en suis.

FROSINE.

Ascagne, tout de bon, votre ennui m'est sensible,
Et pour vous en tirer je ferois mon possible.
Mais que puis-je, après tout? Je vois fort peu de jour
A tourner cette affaire au gré de votre amour.

ASCAGNE.

Si rien ne peut m'aider, il faut donc que je meure.

FROSINE.
Ah ! pour cela toujours il est assez bonne heure :
La mort est un remède à trouver quand on veut,
Et l'on s'en doit servir le plus tard que l'on peut.

ASCAGNE.
Non, non, Frosine, non ; si vos conseils propices
Ne conduisent mon sort parmi ces précipices,
Je m'abandonne toute aux traits du désespoir.

FROSINE.
Savez-vous ma pensée ! il faut que j'aille voir
Là... Mais Éraste vient, qui pourroit nous distraire.
Nous pourrons en marchant parler de cette affaire.
Allons, retirons-nous.

SCÈNE II.
ÉRASTE, GROS-RENÉ.

ÉRASTE.
Encore rebuté ?

GROS-RENÉ.
Jamais ambassadeur ne fut moins écouté.
A peine ai-je voulu lui porter la nouvelle
Du moment d'entretien que vous souhaitiez d'elle,
Qu'elle m'a répondu, tenant son quant-à-moi,
Va, va, je fais état de lui comme de toi,
Dis-lui qu'il se promène ; et, sur ce beau langage,
Pour suivre son chemin, m'a tourné le visage.
Et Marinette aussi, d'un dédaigneux museau
Lâchant un laisse-nous, beau valet de carreau,
M'a planté là comme elle. Et mon sort et le vôtre
N'ont rien à se pouvoir reprocher l'un à l'autre.

ÉRASTE.

L'ingrate ! recevoir avec tant de fierté
Le prompt retour d'un cœur justement emporté !
Quoi ! le premier transport d'un amour qu'on abuse
Sous tant de vraisemblance est indigne d'excuse ?
Et ma plus vive ardeur, en ce moment fatal,
Devoit être insensible au bonheur d'un rival ?
Tout autre n'eût pas fait même chose à ma place,
Et se fût moins laissé surprendre à tant d'audace ?
De mes justes soupçons suis-je sorti trop tard ?
Je n'ai point attendu de serments de sa part ;
Et lorsque tout le monde encor ne sait qu'en croire,
Ce cœur impatient lui rend toute sa gloire,
Il cherche à s'excuser ; et le sien voit si peu
Dans ce profond respect la grandeur de mon feu !
Loin d'assurer une âme, et lui fournir des armes
Contre ce qu'un rival lui veut donner d'alarmes,
L'ingrate m'abandonne à mon jaloux transport,
Et rejette de moi message, écrit, abord !
Ah ! sans doute, un amour a peu de violence,
Q'est capable d'éteindre une si foible offense ;
Et ce dépit si prompt à s'armer de rigueur
Découvre assez pour moi tout le fond de son cœur
Et de quel prix doit être à présent à mon âme
Tout ce dont son caprice a pu flatter ma flamme ?
Non, je ne prétends plus demeurer engagé
Pour un cœur où je vois le peu de part que j'ai ;
Et puisque l'on témoigne une froideur extrême
A conserver les gens, je veux faire de même.

GROS-RENÉ.

Et moi de même aussi. Soyons tous deux fâchés ;

Et mettons notre amour au rang des vieux péchés.
Il faut apprendre à vivre à ce sexe volage,
Et lui faire sentir que l'on a du courage.
Qui souffre ses mépris, les veut bien recevoir.
Si nous avions l'esprit de nous faire valoir,
Les femmes n'auroient pas la parole si haute.
Oh! qu'elles nous sont bien fières par notre faute!
Je veux être pendu, si nous ne les verrions
Sauter à notre cou plus que nous ne voudrions,
Sans tous ces vils devoirs dont la plupart des hommes
Les gâtent tous les jours dans le siècle où nous
sommes.

ÉRASTE.

Pour moi, sur toute chose, un mépris me surprend;
Et, pour punir le sien par un autre aussi grand,
Je veux mettre en mon cœur une nouvelle flamme.

GROS-RENÉ.

Et moi, je ne veux plus m'embarrasser de femme;
A toutes je renonce, et crois, en bonne foi,
Que vous feriez fort bien de faire comme moi.
Car, voyez-vous, la femme est, comme on dit,
mon maître,
Un certain animal difficile à connoître,
Et de qui la nature est fort encline au mal :
Et comme un animal est toujours animal,
Et ne sera jamais qu'animal, quand sa vie
Dureroit cent mille ans; aussi, sans repartie,
La femme est toujours femme, et jamais ne sera
Que femme, tant qu'entier le monde durera :
D'où vient qu'un certain Grec dit que sa tête passe
Par un sable mouvant. Car goûtez bien, de grâce,

ACTE IV, SCÈNE II.

Ce raisonnement-ci, lequel est des plus forts :
Ainsi que la tête est comme le chef du corps,
Et que le corps sans chef est pire qu'une bête,
Si le chef n'est pas bien d'accord avec la tête,
Que tout ne soit pas bien réglé par ses compas,
Nous voyons arriver de certains embarras ;
La partie brutale alors veut prendre empire
Dessus la sensitive : et l'on voit que l'un tire
A *dia*, l'autre à *hurhaut*; l'un demande du mou,
L'autre du dur ; enfin tout va sans savoir où :
Pour montrer qu'ici-bas, ainsi qu'on l'interprète,
La tête d'un femme est comme une girouette
Au haut d'une maison, qui tourne au premier vent:
C'est pourquoi le cousin Aristote souvent
La compare à la mer; d'où vient qu'on dit qu'au monde
On ne peut rien trouver de si stable que l'onde.
Or, par comparaison, car la comparaison
Nous fait distinctement comprendre une raison ;
Et nous aimons bien mieux, nous autres gens d'étude,
Une comparaison qu'une similitude :
Par comparaison donc, mon maître, s'il vous plaît,
Comme on voit que la mer, quand l'orage s'accroît,
Vient à se courroucer, le vent souffle et ravage,
Les flots contre les flots font un remù-ménage
Horrible ; et le vaisseau, malgré le nautonier,
Va tantôt à la cave, et tantôt au grenier :
Ainsi, quand une femme a sa tête fantasque,
On voit une tempête en forme de bourrasque,
Qui veut compétiter par de certains... propos ;
Et lors un... certain vent, qui, par... de certains flots,
De... certaine façon, ainsi qu'un banc de sable...
Quand... Les femmes enfin ne valent pas le diable.

ÉRASTE.
C'est fort bien raisonner.
GROS-RENÉ.
Assez bien, Dieu merci.
Mais je les vois, monsieur, qui passent par ici :
Tenez-vous ferme au moins.
ÉRASTE.
Ne te mets pas en peine.
GROS-RENÉ.
J'ai bien peur que ses yeux resserrent votre chaîne.

SCENE III.
LUCILE, ÉRASTE, MARINETTE, GROS-RENÉ.

MARINETTE.
Je l'aperçois encor ; mais ne vous rendez point.
LUCILE.
Ne me soupçonne pas d'être foible à ce point.
MARINETTE.
Il vient à nous.
ÉRASTE.
Non, non, ne croyez pas, madame,
Que je revienne encor vous parler de ma flamme.
C'en est fait ; je me veux guérir, et connois bien
Ce que de votre cœur a possédé le mien.
Un courroux si constant pour l'ombre d'une offense
M'a trop bien éclairci de votre indifférence ;
Et je dois vous montrer que les traits du mépris
Sont sensibles surtout aux généreux esprits.
Je l'avoûrai, mes yeux observoient dans les vôtres
Des charmes qu'ils n'ont point trouvés dans tous
les autres,

Et le ravissement où j'étois de mes fers
Les auroit préférés à des sceptres offerts.
Oui, mon amour pour vous sans doute étoit extrême;
Je vivois tout en vous ; et, je l'avoûrai même,
Peut-être qu'après tout j'aurai, quoique outragé,
Assez de peine encore à m'en voir dégagé :
Possible que, malgré la cure qu'elle essaie,
Mon âme saignera long-temps de cette plaie,
Et qu'affranchi d'un joug qui faisoit tout mon bien,
Il faudra me résoudre à n'aimer jamais rien.
Mais enfin il n'importe ; et puisque votre haine
Chasse un cœur tant de fois que l'amour vous ramène,
C'est la dernière ici des importunités
Que vous aurez jamais de mes vœux rebutés.

LUCILE.

Vous pouvez faire aux miens la grâce tout entière,
Monsieur, et m'épargner encor cette dernière.

ÉRASTE.

Hé bien ! madame, hé bien ! ils seront satisfaits.
Je romps avecque vous, et j'y romps pour jamais,
Puisque vous le voulez. Que je perde la vie
Lorsque de vous parler je reprendrai l'envie !

LUCILE.

Tant mieux ; c'est m'obliger.

ÉRASTE.

Non, non, n'ayez pas peur
Que je fausse parole ; eussé-je un foible cœur
Jusques à n'en pouvoir effacer votre image,
Croyez que vous n'aurez jamais cet avantage
De me voir revenir.

LUCILE.
Ce seroit bien en vain.

ÉRASTE.
Moi-même de cent coups je percerois mon sein,
Si j'avois jamais fait cette bassesse insigne
De vous revoir après ce traitement indigne.

LUCILE.
Soit ; n'en parlons donc plus.

ÉRASTE.
Oui, oui, n'en parlons plus;
Et, pour trancher ici tout propos superflus !
Et vous donner, ingrate, une preuve certaine
Que je veux, sans retour, sortir de votre chaîne,
Je ne veux rien garder qui puisse retracer
Ce que de mon esprit il me faut effacer.
Voici votre portrait : il présente à la vue
Cent charmes merveilleux dont vous êtes pourvue;
Mais il cache sous eux cent défauts aussi grands,
Et c'est un imposteur enfin que je vous rends.

GROS-RENÉ.
Bon.

LUCILE.
Et moi, pour vous suivre au dessein de tout rendre,
Voilà le diamant que vous m'aviez fait prendre.

MARINETTE.
Fort bien.

ÉRASTE.
Il est à vous encor ce bracelet.

LUCILE.
Et cette agathe à vous, qu'on fit mettre en cachet.

ACTE IV, SCÈNE III.

ÉRASTE lit.

« Vous m'aimez d'un amour extrême,
» Éraste, et de mon cœur voulez être éclairci ;
» Si je n'aime Éraste de même,
» Au moins aimé-je fort qu'Éraste m'aime ainsi.
» LUCILE. »

Vous m'assuriez par-là d'agréer mon service,
C'est une fausseté digne de ce supplice.

(Il déchire la lettre.)

LUCILE lit.

« J'ignore le destin de mon amour ardente,
» Et jusqu'à quand je souffrirai ;
» Mais je sais, ô beauté charmante,
» Que toujours je vous aimerai.
» ÉRASTE. »

Voilà qui m'assuroit à jamais de vos feux :
Et la main et la lettre ont menti toutes deux.

(Elle déchire la lettre.)

GROS-RENÉ.

Poussez.

ÉRASTE.

Elle est de vous. Suffit, même fortune.

MARINETTE, à Lucile.

Ferme.

LUCILE.

J'aurois regret d'en épargner aucune.

GROS-RENÉ, à Éraste.

N'ayez pas le dernier.

MARINETTE, à Lucile.

Tenez bon jusqu'au bout.

LE DÉPIT AMOUREUX.

LUCILE.

Enfin voilà le reste.

ÉRASTE.

Et, grâce au ciel, c'est tout.
Je sois exterminé, si je ne tiens parole !

LUCILE.

Me confonde le ciel, si la mienne est frivole !

ÉRASTE.

Adieu donc.

LUCILE.

Adieu donc.

MARINETTE, à Lucile.

Voilà qui va des mieux.

GROS-RENÉ, à Éraste.

Vous triomphez.

MARINETTE, à Lucile.

Allons, ôtez-vous de ses yeux.

GROS-RENÉ, à Éraste.

Retirez-vous après cet effort de courage.

MARINETTE, à Lucile.

Qu'attendez-vous encor ?

GROS-RENÉ, à Éraste.

Que faut-il davantage ?

ÉRASTE.

Ah ! Lucile ! Lucile ! un cœur comme le mien
Se fera regretter ; et je le sais fort bien.

LUCILE.

Éraste ! Éraste ! un cœur fait comme est fait le vôtre
Se peut facilement réparer par un autre.

ÉRASTE.

Non, non, cherchez partout, vous n'en aurez jamais
De si passionné pour vous, je vous promets.
Je ne dis pas cela pour vous rendre attendrie;
J'aurois tort d'en former encore quelque envie.
Mes plus ardents respects n'ont pu vous obliger;
Vous avez voulu rompre: il n'y faut plus songer.
Mais personne, après moi, quoiqu'on vous fasse entendre,
N'aura jamais pour vous de passion si tendre.

LUCILE.

Quand on aime les gens, on les traite autrement;
On fait de leur personne un meilleur jugement.

ÉRASTE.

Quand on aime les gens, on peut de jalousie,
Sur beaucoup d'apparence, avoir l'âme saisie:
Mais alors qu'on les aime, on ne peut en effet
Se résoudre à les perdre, et vous, vous l'avez fait.

LUCILE.

La pure jalousie est plus respectueuse.

ÉRASTE.

On voit d'un œil plus doux une offense amoureuse.

LUCILE.

Non, votre cœur, Éraste, était mal enflammé.

ÉRASTE.

Non, Lucile, jamais vous ne m'avez aimé.

LUCILE.

Hé! je crois que cela foiblement vous soucie.
Peut-être en seroit-il beaucoup mieux pour ma vie,

Si je... Mais laissons là ces discours superflus :
Je ne dis point quels sont mes pensers là-dessus.

ÉRASTE.

Pourquoi ?

LUCILE.

Par la raison que nous rompons ensemble,
Et que cela n'est plus de saison, ce me semble.

ÉRASTE.

Nous rompons ?

LUCILE.

Oui, vraiment ; quoi ! n'en est-ce pas fait ?

ÉRASTE.

Et vous voyez cela d'un esprit satisfait ?

LUCILE.

Comme vous.

ÉRASTE.

Comme moi ?

LUCILE.

Sans doute. C'est foiblesse
De faire voir aux gens que leur perte nous blesse.

ÉRASTE.

Mais, cruelle, c'est vous qui l'avez bien voulu.

LUCILE.

Moi ? point du tout ; c'est vous qui l'avez résolu.

ÉRASTE.

Moi, je vous ai cru là faire un plaisir extrême.

LUCILE.

Point; vous avez voulu vous contenter vous-même.

ÉRASTE.

Mais si mon cœur encor revouloit sa prison,
Si, tout fâché qu'il est, il demandoit pardon ?...

ACTE IV, SCÈNE III.

LUCILE.

Non, non, n'en faites rien ; ma foiblesse est trop
grande,
J'aurois peur d'accorder trop tôt votre demande.

ÉRASTE.

Ah ! vous ne pouvez pas trop tôt me l'accorder,
Ni moi sur cette peur trop tôt le demander.
Consentez-y, madame : une flamme si belle
Doit, pour votre intérêt, demeurer immortelle.
Je le demande enfin, me l'accorderez-vous ;
Ce pardon obligeant ?

LUCILE.

Remenez-moi chez nous.

SCÈNE IV.

MARINETTE, GROS-RENÉ.

MARINETTE.

O la lâche personne !

GROS-RENÉ.

Ah ! le foible courage !

MARINETTE.

J'en rougis de dépit.

GROS-RENÉ.

J'en suis gonflé de rage.
Ne t'imagine pas que je me rende ainsi.

MARINETTE.

Et ne pense pas, toi, trouver ta dupe aussi.

GROS-RENÉ.

Viens, viens frotter ton nez auprès de ma colère.

MARINETTE.

Tu nous prends pour une autre, et tu n'as pas affaire
A ma sotte maîtresse. Ardez le beau museau,
Pour nous donner envie encore de sa peau !
Moi, j'aurois de l'amour pour ta chienne de face?
Moi, je te chercherois? Ma foi, l'on t'en fricasse
Des filles comme nous.

GROS-RENÉ.

Oui ! tu le prends par-là ?
Tiens, tiens, sans y chercher tant de façon, voilà
Ton beau galant de neige (*), avec ta nonpareille;
Il n'aura pas l'honneur d'être sur mon oreille.

MARINETTE.

Et toi, pour te montrer que tu m'es a mépris,
Voilà ton demi-cent d'épingles de Paris,
Que tu me donnas hier avec tant de fanfare.

GROS-RENÉ.

Tiens encor ton couteau : la pièce est riche et rare!
Il te coûta six blancs lorsque tu m'en fis don.

MARINETTE.

Tiens tes ciseaux avec ta chaîne de laiton.

GROS-RENÉ.

J'oubliois d'avant-hier ton morceau de fromage ;
Tiens. Je voudrois pouvoir rejeter le potage
Que tu me fis manger, pour n'avoir rien à toi.

MARINETTE.

Je n'ai point maintenant de tes lettres sur moi ;
Mais j'en ferai du feu jusques à la dernière.

(*) On voit par une comédie de Corneille, intitulée, *la Galerie du Palais-Royal*, que le mot *galant* signifioit des rubans.

GROS-RENÉ.

Et des tiennes tu sais ce que j'en saurai faire.

MARINETTE.

Prends garde à ne venir jamais me reprier.

GROS-RENÉ.

Pour couper tout chemin à nous rapatrier,
Il faut rompre la paille. Une paille rompue
Rend, entre gens d'honneur, une affaire conclue.
Ne fait point les doux yeux ; je veux être fâché.

MARINETTE.

Ne me lorgne point, toi, j'ai l'esprit trop touché.

GROS-RENÉ.

Romps ; voilà le moyen de ne s'en plus dédire ;
Romps. Tu ris, bonne bête !

MARINETTE.

        Oui, car tu me fais rire.

GROS-RENÉ.

La peste soit ton ris ! voilà tout mon courroux
Déjà dulcifié. Qu'en dis-tu ? romprons-nous,
Ou ne romprons-nous pas?

MARINETTE.

Vois.

GROS-RENÉ.

Vois, toi.

MARINETTE.

Vois, toi-même.

GROS-RENÉ.

Est-ce que tu consens que jamais je ne t'aime?

MARINETTE.

Moi ? Ce que tu voudras.

GROS-RENÉ.

Ce que tu voudras, toi;
Dis.

MARINETTE.

Je ne dirai rien.

GROS-RENÉ.

Ni moi non plus.

MARINETTE.

Ni moi.

GROS-RENÉ.

Ma foi, nous ferons mieux de quitter la grimace.
Touche, je te pardonne.

MARINETTE.

Et moi, je te fais grâce.

GROS-RENÉ.

Mon Dieu ! qu'à tes appas je suis acoquiné !

MARINETTE.

Que Marinette est sotte après son Gros-René !

FIN DU QUATRIÈME ACTE.

ACTE CINQUIÈME.

SCÈNE I.

MASCARILLE.

« Dès que l'obscurité régnera dans la ville,
» Je me veux introduire au logis de Lucile :
» Va vite de ce pas préparer pour tantôt
» Et la lanterne sourde et les armes qu'il faut. »
Quand il m'a dit ces mots, il m'a semblé d'entendre :
Va vitement chercher un licou pour te pendre.
Venez çà, mon patron ; car, dans l'étonnement
Où m'a jeté d'abord un tel commandement,
Je n'ai pas eu le temps de vous pouvoir répondre ;
Mais je vous veux ici parler, et vous confondre :
Défendez-vous donc bien; et raisonnons sans bruit.
Vous voulez, dites-vous, aller voir, cette nuit,
Lucile ? « Oui, Mascarille. » Et que pensez-vous faire ?
« Une action d'amant qui veut se satisfaire. »
Une action d'un homme à fort petit cerveau,
Que d'aller sans besoin risquer ainsi sa peau.
« Mais tu sais quel motif à ce dessein m'appelle,
» Lucile est irritée. » Et bien ! tant pis pour elle.
« Mais l'amour veut que j'aille apaiser son esprit. »
Mais l'amour est un sot qui ne sait ce qu'il dit :
Nous garantira-t-il, cet amour, je vous prie,
D'un rival, ou d'un père, ou d'un frère en furie ?

« Penses-tu qu'aucun d'eux songe à nous faire mal? »
Oui, vraiment, je le pense, et surtout ce rival.
« Mascarille, en tout cas, l'espoir où je me fonde,
» Nous irons bien armés ; et si quelqu'un nous gronde,
» Nous nous chamaillerons. » Oui? voilà justement
Ce que votre valet ne prétend nullement.
Moi, chamailler ? Bon Dieu ! suis-je un Roland, mon maître,
Ou quelque Ferragus? C'est fort mal me connoître.
Quand je viens à songer, moi, qui me suis si cher,
Qu'il ne faut que deux doigts d'un misérable fer
Dans le corps pour vous mettre un humain dans la bière.
Je suis scandalisé d'une étrange manière.
« Mais tu seras armé de pied en cap. » Tant pis:
J'en serai moins léger à gagner le taillis ;
Et de plus, il n'est point d'armure si bien jointe
Où ne puisse glisser une vilaine pointe.
« Oh ! tu seras ainsi tenu pour un poltron. »
Soit, pourvu que toujours je branle le menton.
A table comptez-moi, si vous voulez, pour quatre;
Mais comptez-moi pour rien s'il s'agit de se battre.
Enfin, si l'autre monde a des charmes pour vous,
Pour moi je trouve l'air de celui-ci fort doux.
Je n'ai pas grande faim de mort ni de blessure ;
Et vous ferez le sot tout seul, je vous assure.

SCÈNE II.
VALÈRE, MASCARILLE.

VALÈRE.

Je n'ai jamais trouvé de jour plus ennuyeux :
Le soleil semble s'être oublié dans les cieux ;

Et jusqu'au lit qui doit recevoir sa lumière,
Je vois rester encore une telle carrière,
Que je crois que jamais il ne l'achèvera,
Et que de sa lenteur mon âme enragera.

MASCARILLE.

Et cet empressement pour s'en aller dans l'ombre
Pêcher vite à tâtons quelque sinistre encombre...
Vous voyez que Lucile, entière en ses rebuts...

VALÈRE.

Ne me fais point ici de contes superflus.
Quand j'y devrois trouver cent embûches mortelles,
Je sens de son courroux des gênes trop cruelles ;
Et je veux l'adoucir, ou terminer mon sort.
C'est un point résolu.

MASCARILLE.

J'approuve ce transport :
Mais le mal est, monsieur, qu'il faudra s'introduire
En cachette.

VALÈRE.

Fort bien.

MASCARILLE.

Et j'ai peur de vous nuire.

VALÈRE.

Et comment ?

MASCARILLE.

Une toux me tourmente à mourir,
Dont le bruit importun vous fera découvrir.
(Il tousse.)
De moment en moment... vous voyez le supplice.

VALÈRE.

Ce mal te passera ; prends du jus de réglisse.

MASCARILLE.

Je ne crois pas, monsieur, qu'il se veuille passer.
Je serois ravi, moi, de ne vous point laisser :
Mais j'aurois un regret mortel, si j'étois cause
Qu'il fût à mon cher maître arrivé quelque chose.

SCÈNE III.

VALÈRE, LA RAPIÈRE, MASCARILLE.

LA RAPIÈRE.

Monsieur, de bonne part je viens d'être informé
Qu'Éraste est contre vous fortement animé,
Et qu'Albert parle aussi de faire pour sa fille
Rouer jambes et bras à votre Mascarille.

MASCARILLE.

Moi? Je ne suis pour rien dans tout cet embarras.
Qu'ai-je fait pour me voir rouer jambes et bras?
Suis-je donc gardien, pour employer ce style
De la virginité des filles de la ville?
Sur la tentation ai-je quelque crédit?
Et puis-je mais (*), chétif, si le cœur leur en dit?

VALÈRE.

Oh! qu'ils ne seront pas si méchants qu'ils le disent;
Et, quelque belle ardeur que ses feux lui produisent,
Éraste n'aura pas si bon marché de nous.

LA RAPIÈRE.

S'il vous faisoit besoin, mon bras est tout à vous.
Vous savez de tout temps que je suis un bon frère.

(*) *Mais* répond ici au mot *mas*, espagnol, qui signifie également *plus* et *mais*, *No puedo mas*, je n'y peux MAIS, ou je n'y peux PAS, PLUS.

ACTE V, SCÈNE III.

VALÈRE.

Je vous suis obligé monsieur de la Rapière.

LA RAPIÈRE.

J'ai deux amis aussi que je vous puis donner,
Qui contre tout venant sont gens à dégaîner,
Et sur qui vous pourrez prendre toute assurance.

MASCARILLE.

Acceptez-les, monsieur.

VALÈRE.

   C'est trop de complaisance.

LA RAPIÈRE.

Le petit Gille encore eût pu nous assister,
Sans le triste accident qui vient de nous l'ôter.
Monsieur, le grand dommage! et l'homme de service!
Vous avez su le tour que lui fit la justice :
Il mourut en César ; et, lui cassant les os,
Le bourreau ne lui put faire lâcher deux mots.

VALÈRE.

Monsieur de la Rapière, un homme de la sorte
Doit être regretté. Mais, quant à votre escorte,
Je vous rends grâces.

LA RAPIÈRE.

   Soit : mais soyez averti
Qu'il vous cherche, et vous peut faire un mauvais
          parti.

VALÈRE.

Et moi, pour vous montrer combien je l'appréhende,
Je lui veux, s'il me cherche, offrir ce qu'il demande,
Et par toute la ville aller présentement ;
 ans être accompagné que de lui seulement.

SCÈNE IV.

VALÈRE, MASCARILLE.

MASCARILLE.

Quoi ! monsieur, vous voulez tenter Dieu ? Quelle audace !
Las, vous voyez tous deux comme l'on nous menace ;
Combien de tous côtés...

VALÈRE.

Que regardes-tu là ?

MASCARILLE.

C'est qu'il sent le bâton du côté que voilà.
Enfin, si maintenant ma prudence en est crue,
Ne nous obstinons plus à rester dans la rue ;
Allons nous renfermer.

VALÈRE.

Nous renfermer ! faquin,
Tu m'oses proposer un acte de coquin ?
Sus, sans plus de discours, résous-toi de me suivre.

MASCARILLE.

Hé ! monsieur, mon cher maître, il est si doux de vivre !
On ne meurt qu'une fois ; et c'est pour si long-temps !...

VALÈRE.

Je m'en vais t'assommer de coups, si je t'entends.
Ascagne vient ici ; laissons-le ; il faut attendre
Quel parti de lui-même il résoudra de prendre.
Cependant avec moi viens prendre à la maison
Pour nous frotter...

MASCARILLE.

Je n'ai nulle démangeaison.
Que maudit soit l'amour, et les filles maudites
Qui veulent en tâter, puis font les chattemites !

SCÈNE V.
ASCAGNE, FROSINE.

ASCAGNE.

Est-il bien vrai, Frosine, et ne rêvé-je point ?
De grâce, contez-moi bien tout de point en point.

FROSINE.

Vous en saurez assez le détail, laissez faire :
Ces sortes d'incidents ne sont, pour l'ordinaire,
Que redits trop de fois de moment en moment.
Suffit que vous sachiez qu'après ce testament
Qui vouloit un garçon pour tenir sa promesse,
De la femme d'Albert la dernière grossesse
N'accoucha que de vous ; et que lui, dessous main,
Ayant depuis long-temps concerté son dessein,
Fit son fils de celui d'Ignès la bouquetière,
Qui vous donna pour sienne à nourrir à ma mère.
La mort ayant ravi ce petit innocent
Quelque dix mois après, Albert étant absent,
La crainte d'un époux et l'amour maternelle
Firent l'événement d'une ruse nouvelle.
Sa femme en secret lors se rendit son vrai sang,
Vous devîntes celui qui tenoit votre rang ;
Et la mort de ce fils mis dans votre famille
Se couvrit pour Albert de celle de sa fille.
Voilà de votre sort un mystère éclairci,
Que votre feinte mère a caché jusqu'ici ;

Elle en dit des raisons, et peut en avoir d'autres
Par qui ses intérêts n'étoient pas tous les vôtres.
Enfin, cette visite où j'espérois si peu,
Plus qu'on ne pouvoit croire a servi votre feu.
Cette Ignès vous relâche; et, par votre autre affaire,
L'éclat de son secret devenu nécessaire,
Nous en avons nous deux votre père informé.
Un billet de sa femme a le tout confirmé,
Et poussant plus avant encore notre pointe,
Quelque peu de fortune à notre adresse jointe,
Aux intérêts d'Albert, de Polidore après,
Nous avons ajusté si bien les intérêts,
Si doucement à lui déployé ces mystères,
Pour n'effaroucher pas d'abord trop les affaires;
Enfin, pour dire tout, mené si prudemment
Son esprit pas à pas à l'accommodement,
Qu'autant que votre père il montre de tendresse
A confirmer les nœuds qui font votre allégresse.

ASCAGNE.

Ah! Frosine, la joie où vous m'acheminez....
Hé! que ne dois-je point à vos soins fortunés!

FROSINE.

Au reste, le bon homme est en humeur de rire,
Et pour son fils encor nous défend de rien dire.

SCÈNE VI.

POLIDORE, ASCAGNE, FROSINE.

POLIDORE.

APPROCHEZ-VOUS, ma fille, un tel nom m'est permis,
Et j'ai su le secret que cachoient ces habits.

ACTE V, SCÈNE VI.

Vous avez fait un trait qui, dans sa hardiesse,
Fait briller tant d'esprit et tant de gentillesse,
Que je vous en excuse, et tiens mon fils heureux
Quand il saura l'objet de ses soins amoureux.
Vous valez tout un monde, et c'est moi qui l'assure.
Mais le voici; prenons plaisir de l'aventure.
Allez faire venir tous vos gens promptement.

ASCAGNE.

Vous obéir sera mon premier compliment.

SCÈNE VII.
POLIDORE, VALÈRE, MASCARILLE.

MASCARILLE, à Valère.

Les disgrâces souvent sont du ciel révélées.
J'ai songé cette nuit de perles défilées
Et d'œufs cassés, monsieur : un tel songe m'abat.

VALÈRE.

Chien de poltron !

POLIDORE.

Valère, il s'apprête un combat
Où toute ta valeur te sera nécessaire :
Tu vas avoir en tête un puissant adversaire.

MASCARILLE.

Et personne, monsieur ! qui se veuille bouger
Pour retenir des gens qui se vont égorger ?
Pour moi, je le veux bien; mais au moins, s'il arrive
Qu'un funeste accident de votre fils vous prive,
Ne m'en accusez point.

POLIDORE.

Non, non; en cet endroit,
Je le pousse moi-même à faire ce qu'il doit.

MASCARILLE.

Père dénaturé !

VALÈRE.

Ce sentiment, mon père,
Est d'un homme de cœur, et je vous en révère.
J'ai dû vous offenser, et je suis criminel
D'avoir fait tout ceci sans l'aveu paternel :
Mais, à quelque dépit que ma faute vous porte,
La nature toujours se montre la plus forte ;
Et votre honneur fait bien, quand il ne veut pas voir
Que le transport d'Éraste ait de quoi m'émouvoir.

POLIDORE.

On me faisoit tantôt redouter sa menace :
Mais les choses depuis ont bien changé de face ;
Et, sans le pouvoir fuir, d'un ennemi plus fort
Tu vas être attaqué.

MASCARILLE.

Point de moyen d'accord ?

VALÈRE.

Moi, le fuir ! Dieu m'en garde ! et qui donc pour-
roit-ce être ?

POLIDORE.

Ascagne.

VALÈRE.

Ascagne ?

POLIDORE.

Oui, tu le vas voir paroître.

VALÈRE.

Lui, qui de me servir m'avoit donné sa foi ?

POLIDORE.

Oui, c'est lui qui prétend avoir affaire à toi,

Et qui veut, dans le champ où l'honneur vous appelle,
Qu'un combat seul à seul vide votre querelle.

MASCARILLE.

C'est un brave homme; il sait que les cœurs généreux
Ne mettent point les gens en compromis pour eux.

POLIDORE.

Enfin, d'une imposture ils te rendent coupable,
Dont le ressentiment m'a paru raisonnable :
Si bien qu'Albert et moi sommes tombés d'accord
Que tu satisferois Ascagne sur ce tort,
Mais aux yeux d'un chacun, et sans nulles remises,
Dans les formalités en pareil cas requises.

VALÈRE.

Et Lucile, mon père, a d'un cœur endurci...

POLIDORE.

Lucile épouse Éraste, et te condamne aussi,
Et, pour convaincre mieux tes discours d'injustice,
Veut qu'à tes propres yeux cet hymen s'accomplisse.

VALÈRE.

Ah ! c'est une impudence à me mettre en fureur.
Elle a donc perdu sens, foi, conscience, honneur!

SCÈNE VIII.

ALBERT, POLIDORE, LUCILE, ÉRASTE, VALÈRE, MASCARILLE.

ALBERT.

Hé bien ! les combattans ? on amène le nôtre.
Avez-vous disposé le courage du vôtre ?

VALÈRE.

Oui, oui, me voilà prêt, puisqu'on m'y veut forcer;
Et si j'ai pu trouver sujet de balancer,
Un reste de respect en pouvoit être cause,
Et non pas la valeur du bras que l'on m'oppose.
Mais c'est trop me pousser, ce respect est à bout,
A toute extrémité mon esprit se résout,
Et l'on fait voir un trait de perfidie étrange,
Dont il faut hautement que mon amour se venge.
(à Lucile.)
Non pas que cet amour prétende encor à vous,
Tout son feu se résout en ardeur de courroux;
Et quand j'aurai rendu votre honte publique,
Votre coupable hymen n'aura rien qui me pique.
Allez, ce procédé, Lucile, est odieux;
A peine en puis-je croire au rapport de mes yeux :
C'est de toute pudeur se montrer ennemie,
Et vous devriez mourir d'une telle infamie.

LUCILE.

Un semblable discours me pourroit affliger,
Si je n'avois en main qui m'en saura venger.
Voici venir Ascagne; il aura l'avantage
De vous faire changer bien vite de langage;
Et sans beaucoup d'effort.

SCÈNE IX.

ALBERT, POLIDORE, ASCAGNE, LU-
CILE, ÉRASTE, VALÈRE, FROSINE,
MARINETTE, GROS-RENÉ, MAS-
CARILLE.

VALÈRE.

Il ne le fera pas,
Quand il joindroit au sien encor vingt autres bras.
Je le plains de défendre une sœur criminelle :
Mais puisque son erreur me veut faire querelle,
Nous le satisferons, et vous, mon brave, aussi.

ÉRASTE.

Je prenois intérêt tantôt à tout ceci ;
Mais enfin, comme Ascagne a pris sur lui l'affaire,
Je ne veux plus en prendre, et je le laisse faire.

VALÈRE.

C'est bien fait; la prudence est toujours de saison.
Mais...

ÉRASTE.

Il saura pour tous vous mettre à la raison.

VALÈRE.

Lui ?

POLIDORE.

Ne t'y trompe pas, tu ne sais pas encore
Quel étrange garçon est Ascagne.

ALBERT.

Il l'ignore;
Mais il pourra dans peu le lui faire savoir.

VALÈRE.

Sus donc, que maintenant il me le fasse voir.

MARINETTE.

Aux yeux de tous?

GROS-RENÉ.

Cela ne seroit pas honnête.

VALÈRE.

Se moque-t-on de moi? Je casserai la tête
A quelqu'un des rieurs. Enfin voyons l'effet.

ASCAGNE.

Non, non, je ne suis pas si méchant qu'on me fait;
Et, dans cette aventure où chacun m'intéresse,
Vous allez voir plutôt éclater ma foiblesse,
Connoître que le ciel, qui dispose de nous,
Ne me fit pas un cœur pour tenir contre vous,
Et qu'il vous réservoit pour victoire facile
De finir le destin du frère de Lucile.
Oui, bien loin de vanter le pouvoir de mon bras,
Ascagne va pour vous recevoir le trépas.
Mais il veut bien mourir, si sa mort nécessaire
Peut avoir maintenant de quoi vous satisfaire,
En vous donnant pour femme, en présence de tous,
Celle qui justement ne peut être qu'à vous.

VALÈRE.

Non, quand toute la terre, après sa perfidie
Et les traits effrontés...

ASCAGNE.

Ah! souffrez que je die,
Valère, que le cœur qui vous est engagé
D'aucun crime envers vous ne peut être chargé:

ACTE V, SCÈNE IX.

Sa flamme est toujours pure, et sa constance extrême,
Et j'en prends à témoin votre père lui-même.

POLIDORE.

Oui, mon fils, c'est assez rire de ta fureur,
Et je vois qu'il est temps de te tirer d'erreur.
Celle à qui par serment ton âme est attachée,
Sous l'habit que tu vois à tes yeux est cachée :
Un intérêt de bien, dès ses plus jeunes ans,
Fit ce déguisement qui trompe tant de gens ;
Et depuis peu l'amour en a su faire un autre,
Qui t'abusa, joignant leur famille à la nôtre.
Ne va point regarder à tout le monde aux yeux ;
Je te fais maintenant un discours sérieux.
Oui, c'est elle, en un mot, dont l'adresse subtile,
La nuit, reçut ta foi sous le nom de Lucile,
Et qui, par ce ressort qu'on ne comprenoit pas,
A semé parmi vous un si grand embarras.
Mais puisque Ascagne ici fait place à Dorothée,
Il faut voir de vos feux toute imposture ôtée,
Et qu'un nœud plus sacré donne force au premier.

ALBERT.

Et c'est là justement ce combat singulier
Qui devoit envers nous réparer votre offense,
Et pour qui les édits n'ont point fait de défense.

POLIDORE.

Un tel événement rend tes esprits confus :
Mais en vain tu voudrois balancer là-dessus.

LUCILE.

Non, non, je ne veux pas songer à m'en défendre ;
Et si cette aventure a lieu de me surprendre,

La surprise me flatte ; et je me sens saisir
De merveille à la fois, d'amour, et de plaisir :
Se peut-il que ces yeux...?

ALBERT.

Cet habit, cher Valère,
Souffre mal les discours que vous lui pourriez faire.
Allons lui faire en prendre un autre ; et cependant
Vous saurez le détail de tout cet incident.

VALÈRE.

Vous, Lucile, pardon si mon âme abusée...

LUCILE.

L'oubli de cette injure est une chose aisée.

ALBERT.

Allons, ce compliment se fera bien chez nous,
Et nous aurons loisir de nous en faire tous.

ÉRASTE.

Mais vous ne songez pas, en tenant ce langage,
Qu'il reste encore ici des sujets de carnage.
Voilà bien à tous deux notre amour couronné ;
Mais, de son Mascarille et de mon Gros-René,
Par qui doit Marinette être si possédée,
Il faut que par le sang l'affaire soit vidée.

MASCARILLE.

Nenni, nenni ; mon sang dans mon corps sied
trop bien ;
Qu'il l'épouse en repos, cela ne me fait rien.
De l'humeur que je sais la chère Marinette,
L'hymen ne ferme pas la porte à la fleurette.

MARINETTE.

Et tu crois que de toi je ferois mon galant ?

ACTE V, SCÈNE IX.

Un mari, passe encor, tel qu'il est on le prend ;
On n'y va pas chercher tant de cérémonie :
Mais il faut qu'un galant soit fait à faire envie.

GROS-RENÉ.

Écoute; quand l'hymen aura joint nos deux peaux,
Je prétends qu'on soit sourde à tous les damoiseaux.

MASCARILLE.

Tu crois te marier pour toi tout seul, compère ?

GROS-RENÉ.

Bien entendu : je veux une femme sévère,
Ou je ferai beau bruit.

MASCARILLE.

Hé ! mon Dieu ! tu feras
Comme les autres font, et tu t'adouciras.
Ces gens, avant l'hymen si fâcheux et critiques,
Dégénèrent souvent en maris pacifiques.

MARINETTE.

Va, va, petit mari, ne crains rien de ma foi ;
Les douceurs ne feront que blanchir contre moi,
Et je te dirai tout.

MASCARILLE.

O la fine pratique,
Un mari confident !

MARINETTE.

Taisez-vous, as de pique.

ALBERT.

Pour la troisième fois, allons-nous-en chez nous
Poursuivre en liberté des entretiens si doux.

FIN DU DÉPIT AMOUREUX.

RÉFLEXIONS

SUR

LE DÉPIT AMOUREUX.

Molière, dans l'Étourdi et le Dépit amoureux, n'avoit pas encore eu pour objet principal de peindre les hommes et leurs mœurs. Il se bornoit, comme Corneille l'avoit fait dans ses premières comédies, à offrir des tableaux amusants et comiques, des situations singulières et des scènes plaisantes. C'étoit le genre de Plaute et de Térence ; genre très-supérieur aux comédies héroïques et aux turlupinades, mais inférieur à celui que Molière eut la gloire de créer. Dans les Précieuses, qui parurent immédiatement après le Dépit amoureux, il suivit pour la première fois cette nouvelle route, et le succès extraordinaire de cet essai le détermina pour toujours à préférer l'étude du monde à celle des livres, sans néanmoins donner l'exclusion à cette dernière, car son esprit éminemment sage le préservoit de tout excès.

Cependant, guidé par un heureux instinct, il répandit, comme sans le vouloir, quelques peintures de mœurs dans ses deux premières comédies. Le Dépit amoureux en offre un plus grand nombre que l'Étourdi.

A cette époque, comme on l'a dit dans la Vie de Molière, les petits bourgeois ne faisoient pas apprendre le latin à leurs enfants. N'ayant aucune espèce d'ambition, ils se bornoient à leur transmettre leur état et leurs moyens d'existence : si les familles devenoient trop nombreuses, on recouroit pour les soutenir plutôt à des métiers qu'à des moyens où l'instruction est nécessaire. Molière, dans plusieurs pièces, a retracé cette ignorance presque générale de la bourgeoisie inférieure ; mais nulle part il ne l'a peinte d'une manière plus comique que dans le rôle d'Albert. C'est ce personnage qu'il fait parler :

> Mon père, quoiqu'il eût la tête des meilleures,
> Ne m'a jamais rien fait apprendre que mes heures,
> Qui, depuis cinquante ans, dites journellement,
> Ne sont encor pour moi que du haut allemand.

Quelques pères commençoient néanmoins à faire donner une certaine instruction à leurs enfants : il entroit dans cette conduite plus de vanité que d'ambition. Aussi ce même Albert, qui n'a jamais compris le *latin de ses heures*, a mis un précepteur auprès d'Ascagne, qu'on croit son fils ; et son choix, comme cela devoit être, prouve son défaut d'expérience et de discernement dans cette matière. Métaphraste offre un de ces pédants qu'on voyoit alors, qui, faisant abus des meilleures choses, citoient jusqu'à la satiété les passages des auteurs, les appliquoient mal, et n'avoient dans l'esprit que la ridicule attention de saisir les allusions les plus éloignées pour faire étalage d'érudition ; du reste, ne possédant ni talent ni bon sens, et incapables de soutenir la conversation la plus simple. La scène de ce pédant avec Albert est un modèle de dialogue : les idées se suivent et se pressent avec une étonnante rapidité. Cette scène a été imitée par plusieurs auteurs : aucun n'a pu la rendre aussi comique.

Un usage, qui entraînoit les abus les plus horribles, existoit encore à cette époque, quoique le cardinal Mazarin fût parvenu à rétablir l'ordre et la tranquillité en France. Un jeune homme qui avoit obtenu un rendez-vous de sa maîtresse n'y alloit qu'accompagné de gens armés, espèce de spadassins qu'il payoit pour le défendre en cas d'attaque. Les mémoires du temps, et principalement ceux du cardinal de Retz et de Bussy, font mention de cet usage, qui nous paroît aujourd'hui romanesque. Molière s'efforça d'en montrer l'horreur et le danger dans la scène de *La Rapière*, où Valère n'accepte point de pareils secours. Cependant cette scène, qui peint un abus existant alors, a été critiquée de nos jours. On ne sauroit trop le répéter, pour bien juger Molière, il faut connoître à fond l'état de la société pendant le dix-septième siècle.

Il paroît que l'auteur, dès cette époque, avoit la plus grande aversion pour les discussions métaphysiques de l'hôtel de Rambouillet, et pour les exagérations qu'on s'y permettoit. Le galimatias de Gros-René sur les femmes peut être considéré comme la première attaque qu'il porta à ce faux goût. On croit même y trouver une allusion assez directe contre l'un des héros de cette société. Voiture, dans un compliment, avoit dit à madame de Rambouillet qu'elle et la mer se ressembloient *comme deux gouttes d'eau* (*); il avoit épuisé les ressources de son esprit pour lui montrer la justesse de ce rapprochement. Gros-René, dans une tirade contre les femmes, où il s'embrouille d'une manière très-plaisante, fait la même comparaison:

> La tête d'une femme est comme une girouette
> Au haut d'une maison, qui tourne au premier vent;
> C'est pourquoi le cousin Aristote souvent
> La compare à la mer.

L'intrigue entière du DÉPIT AMOUREUX se trouve dans une comédie italienne de la fin du seizième siècle, intitulée, L'INTERESSE. L'auteur, Nicolo Secchi, peut passer pour l'un des meilleurs poëtes comiques de cette époque. Son dialogue est précis et naturel, sa diction pure : il évite les scènes trop indécentes qu'on trouve dans la CALANDRA et dans la MANDRAGORE (**).

Après la fameuse scène de dépit et de réconciliation, la meilleure dans la pièce de Molière est celle où Mascarille, tremblant de suivre Valère à un rendez-vous, se trouve seul, et, réfléchissant aux dangers qui le menacent, semble s'entretenir avec son maître. Cette espèce de dialogue, dont on n'avoit pas encore d'idée sur le théâtre fran-

---

(*) Voyez ce compliment dans le Discours préliminaire.
(**) De Bibiena et de Machiavel.

çais, et que Molière transporta ensuite d'une manière plus comique dans la première scène d'AMPHITRION, est imitée de Secchi.

Zucca, valet de Fabio, effrayé d'un rendez-vous nocturne où il faut qu'il suive son maître, s'occupe seul de cette entreprise.

(*) « Venez ici, monsieur; je veux vous parler
» comme si nous étions tête à tête : vous soutenez
» qu'il n'y a pas de danger à courir la nuit? *Oui.*
» Mais souvenez-vous un peu de tous ceux qui
» ont tenté pareille fortune : sur un qui a réussi,
» vous en trouverez cent auxquels il en est arrivé
» mal. *Oh! il n'y a point de danger : nous*

(*) Venite qua, padrone, ch'io voglio parlare con voi, come si fossimo presenti: diffendete l'andar di notte? *Si.* Ben, raccontate mi un poco tutti quelli, che per andarvi hanno avuta avventura, che per uno, voglio darvene cento, che sono capitati male. *Oh! non c'è pericolo, habbiamo intelligenza con Virginia, credi tu ch'ella non sappia quello ch'ella fa? È non guardi prima se le cose in casa sono bene sicure?* No, che le done non hanno intelletto per l'ordinario, e tanto meno poi quando sono innamorate : mi fate cosi ridere, quando mi dite ch'ella ha ingegno. Che ingegno sottopersi una giovine ben nata, si facilmente a voi, che non sapete se sete vivo. Io per me non consigliarei un amico che si fidasse nel cervello d'una donna, se fosse bene la sibilla. Non è donna bella che non habbi un essercito di innamorati : questo è il loro trafico, questa è la loro mercantia; e se bene è brutta, non gli mancano bionde, capegli posticci.... Allora dico: costei mette in vendita la mercantia. per che subito si vedono i mercanti, che sono i giovani, come sete voi, padrone, che col farsegli innanti e servirle, comprano sguardi, risi, cenni, saluti, lettere, chi più, chi manco. E rari sono della vostra età, che levino tutta la mercantia; e volete che Virginia si sia talmente data a voi, che altrui non gli ne habbia parte? *Sta soldo, Zucca. Andremo con buona provisione di arme, e essendo ben armati, huomini da bene, chi ci offendere?* Vorrei saper io se questi Zacchi e

SUR LE DÉPIT AMOUREUX.

» avons des intelligences avec *Virginie* : crois-tu
» qu'elle ne sache pas ce qu'elle fait, et qu'avant
» de donner un rendez-vous, elle n'examine pas
» si quelque chose dans la maison peut y porter
» obstacle ? Je n'ai pas cette confiance, monsieur.
» Les femmes en général n'ont pas de prévoyance;
» elles en ont encore moins lorsqu'elles sont amou-
» reuses. Vous me faites rire lorsque vous me
» parlez de l'esprit de votre maîtresse. Quel es-
» prit, dites-moi, pouvez-vous trouver à une
» jeune personne qui s'est livrée si facilement à
» vous ? Si j'avois un ami, je ne lui conseillerois
» jamais de se fier à une femme, fût-elle la sibylle
» de Cumes. Il n'y a point de femme tant soit
» peu jolie qui n'ait une armée d'amants : c'est
» son bonheur, c'est sa vie. Les laides n'en ont
» pas moins, à l'aide des moyens qu'elles em-
» ploient pour cacher leurs défauts.... Les unes
» et les autres ont grand soin d'étaler leur
» marchandise : aussitôt il se présente une multi-
» tude de jeunes amants, tels que vous, mon-
» sieur. Pour prix de leurs soins, de leurs ser-
» vices, ils achètent des regards, des souris, des
» signes, des révérences, quelques billets ten-
» dres, les uns plus, les autres moins ; mais pres-
» que aucun ne peut se flatter de tout avoir.
» Et vous voulez, monsieur, que Virginie soit

---

maniche che, con le dite si passano, riparano le punte, le palle
di piombo e altri diavoli che non solo segnano, ma ammazano gli
huomini ? E poi, per dir il vero, non mi dando il cuor a far
testa, a che saranno le armi ? A non mi lassar fuggire per il carico.
Volete ch'io vel dica : se io havessi tre arsenali in dosso, non
aspettarei una stoccata se mi fosse donata la pala di san Marco e la

» entièrement à vous, qu'un autre n'ait pas quel-
» que part à ses faveurs? *Sois tranquille à ce*
» *sujet; je n'ai point de rival: du reste, Zucca,*
» *nous irons au rendez-vous armés jusqu'aux*
» *dents: avec cette précaution, jointe à notre*
» *courage, qui osera nous attaquer?* Je vou-
» drois bien savoir si ces armes défensives dont
» vous me parlez me préserveront de la pointe
» d'une épée ou de la balle d'un fusil, qui non-
» seulement blessent, mais tuent leur homme. Au
» bout du compte, à quoi me serviront ces ar-
» mes? Leur poids m'empêchera de fuir. Voulez-
» vous enfin, monsieur, que je vous parle fran-
» chement? Quand j'aurois trois arsenaux pour
» me défendre, je fuirois un combat, dussé-je,
» pour récompense, obtenir le bâton de Saint-
» Marc et la tiare du pape? Non tentabis. *Mais*
» *on te prendra partout pour un poltron.* Pourvu
» que je mange et que je boive, peu m'importe.
» Suis-je sorti de la côte de Roland, et obligé de
» me maintenir par la lance et l'épée dans le
» rang de mes aïeux? Il me suffit, monsieur, de
» vous bien servir, etc. »

Il est aisé de voir que ce monologue est très-inférieur à celui de Mascarille; Zucca raisonne trop et parle trop long-temps. Le dialogue n'est ni assez rapide, ni assez naïf.

---

mitra del papa. Non tentabis. *O Zucca, tu sarai tenuto poltrone.* Mi sia, pur ch'io mangi e bea.... Forsi ch'io debbo essere della costa d'Orlando, o parente di Stoltofo, che con la lancia e con la spada mi bisogni mantener nel grado da miei maggiori. A me basta servir il mio padrone, etc. (INTERESSE, *att. I, scen. IV.*)

SUR LE DÉPIT AMOUREUX.

La scène du Dépit amoureux où les deux vieillards ont peur l'un de l'autre, et se méprennent sur la cause de leur crainte, est aussi dans l'Interesse. Pandolfe est celui qui a fait passer sa fille pour un garçon ; Richard est le père du jeune homme qui a eu un commerce secret avec l'une des filles de Pandolfe. Ce dernier exprime d'abord son inquiétude sur l'entrevue que Richard lui a demandée ; ensuite la scène commence :

(*) « Richard. Bonsoir, Pandolfe. Pandolfe. » Que veux-tu ? Richard. Je voudrois, Pandolfe,

---

(*) Ricc. Buona notte, Pandolfo. Pand. Che c'è Ricciardo? Ricc. Io vorrei, Pandolfo, che tu fossi venuto con un animo quieto e non turbato, si che lo sdegno non ti transportasse a far cosa indegna dell' età e gravità tua. Pand. Quando e dove feci io mai cosa indegna di me? Ric. Non dico così : dico ch'io non vorrei che tu fossi turbato per quella cosa, che si è scoperta adesso de tua figliuola. Pand. Che cosa? Ricc. Quasi che tu non la sapessi, vieni di grazia meco alla libera o ragioniamo su il fatto di tua figliuola, che già l.o risaputo il tutto, ne si può più tenere la cosa nascosa. Pand. Io non t'intendo, parla chiaro. Ricc. Pensati Pandolfo, ch'io non t'offesi mai, che per essere tu mercante del traffico, che sono io, di e quali facoltà meco, nato in Firenze commune patria, mio dimestico, mi spiacciono assai tutte le cose che portino pregiudizio, come questa, all' honor tuo. Pand. Che cosa? di omai. Ricc. Non star, sul duro, Pandolfo, ch'al ultimo sara peggio per te che per me, che a me non importa se non di non lasciare publicar una cosa si vituperosa per te, nella quale vi va ogni cosa. Perciò non mi nascondere quel ch'io so già, allagarti meco, che provederemo al disordine al meglio che potremo. Di me, tu ti puoi promettere quanto sara in mano mia per trarti d'affanno. Tu tremi e sospiri. Non stare adirato, Pandolfo, parla meco. Pand. Dico ch'io non t'intendo ; e sono huomo da bene, e che non e vero quel che tu vuoi inferire. Ricc. Tu tremi tutto per la colera la qual sforzi di simulare. Ascolta, Pandolfo, ti dei ricordare che siamo in questa vita come quelli che giocano a tavoliero, che si la sorte non da loro quel punto di che hanno bisogno, devono con l'industria ingegnarsi di farlo men cattivo che possono. Fa cento d'haver gettato am-

» que tu fusses venu à ce rendez-vous avec un es-
» prit tranquille, et que la colère ne te portât
» point à des actions indignes de ta sagesse et
» de ton âge. PANDOLFE. Ai-je donc jamais fait
» quelque chose qui fût indigne de moi? RI-
» CHARD. Je ne dis pas cela : je voudrois seule-
» ment que tu ne fusses pas irrité d'une décou-
» verte qui vient d'être faite sur ta fille. PANDOLFE,
» *troublé*. Et quoi? RICHARD. Tu ne sais rien.

---

bassi, bisognandoti dodici : basta che io non sono per aggravarti oltra il dovere nelle facoltà : e di qui conoscerai quanto mi doglia che sia seguito questo errore. PAND. Che errore? RICC. Qual che tu nol sappia, mi maraviglio di te : vien via da huomo da bene, che nella quantità del danaio e nella commodità del tempo da pagarlo, io la rimetto a te, che in nessun modo voglio la rovina tua. PAND. Che dinaro? che tempo? che rovina mentovi tu? Io non t'intendo ancora. RICC. Non sai tu quel che s'è scoperto di tua figliuola. PAND. Ohimè! qual figliuola? RICC. Come se n'havessi mille, non sai que Fabio mio, e Virginia tua si sono presi per moglie, e per marito da loro stessi. Che hai? que sospiri? PAND. Niente, niente. RICC. E la cosa è stata tra loro segreta un pezzo, non sospirate. PAND. C'è altro da dire? RICC. Ch'ella deve essere gravida : il che io so che ti è venuto all'orrecchie, e accioche per lo sdegno non ti venisse voglia di risentirti talora contra Virginia o contra Fabio, ho voluto parlarti e pregarti che tu sii contento, poi che la sorte glie la data, di lasciagliela, e non cercare di offender alcun di loro, per che a Fabio sono padre, à lei suocero, al figlio ch'ella ha nel ventre, avo. Tu gli stabilirai quella dote ch'a te e a me sara convenevole, e io l'accettaro in casa mia con honor tuo e mio; e non solo conservaremo l'amicizia, ma ci stringeremo in parentado. PAND. Non credo che Virginia habbia avuto ardire di maritarsi senza me, ma se pur sara vero, non mancaro di fare quello che mi conviene. Non ti voglio per hora dare riposta, fin ch'io non parlo seco e intendo la verità. Ti ringrazio bene del buon animo, che mostri di volere fermarti meco in parentado, et delle commodità che tu mi offeri, fra una hora ti rispondero. Trovati, qui. RICC. Va ch'io non t'ho detto menzogna, e fa buona deliberazione. PAND. Mi raccommando. (INTERESSE, atto *IV*, scen. *II*.)

» Eh bien, parlons à cœur ouvert : raisonnons
» tranquillement sur ce qui est arrivé à ta fille :
» j'ai tout appris, et cette histoire ne peut plus
» être cachée. PANDOLFE. Je ne te comprends pas,
» parle plus clairement. RICHARD. Souviens-toi,
» Pandolfe, que je ne t'ai jamais offensé : nous
» sommes tous deux dans le commerce, tous
» deux nés à Florence; et les choses qui, comme
» celle dont il s'agit, peuvent porter atteinte à
» ton honneur, me font la plus grande peine.
» PANDOLFE, *plus effrayé*. Quelle est cette
» chose ? Explique-toi, de grâce. RICHARD.
» Quitte, mon ami, ces manières dures et em-
» barrassées. Au bout du compte, cette affaire
» est plus désagréable pour toi que pour moi.
» Je ne m'occupe dans ce moment qu'à empê-
» cher qu'une histoire qui répand sur toi tant
» de honte ne devienne publique. Il t'importe
» beaucoup de ne me rien cacher de ce que je
» sais déjà. Ouvre-toi donc à moi : nous remé-
» dierons à ce désordre le mieux que nous pour-
» rons : tu peux être assuré que je ferai tous mes
» efforts pour te tirer de peine. Tu trembles,
» tu soupires : ne sois point irrité, mon cher
» Pandolfe : parlons ensemble librement. PAN-
» DOLFE. Je te répète que je ne te comprends
» pas, que je suis un homme de bien, et
» qu'il n'y a rien de vrai dans ce que tu pa-
» rois soupçonner. RICHARD. La colère te trans-
» porte, et t'empêche de répondre à ce que je te
» dis. Dans cette vie, Pandolfe, nous sommes

» comme ceux qui jouent au trictrac ; si le sort
» leur donne un mauvais dé, ils cherchent, en
» jouant bien, à réparer ce mal. Figure-toi donc
» qu'en jouant avec moi, tu as un double deux
» quand il te faut un double six, et que je suis
» loin de vouloir profiter de ton désavantage.
» Par-là tu sentiras combien je suis affligé de la
» faute qui a été commise. PANDOLFE. Quelle
» faute? RICHARD. Je suis étonné que tu ne t'en
» doutes pas. Viens-çà, parlons en honnêtes gens.
» Je m'en remettrai à toi sur la somme et sur le
» temps que tu prendras pour la payer : je ne veux
» pas ta ruine. PANDOLFE. De quel argent, de quel
» délai, de quelle ruine parles-tu ? Je ne te com-
» prends pas encore. RICHARD. Comment tu ne sais
» pas ce qui a été découvert sur ta fille ? PANDOLFE.
» O ciel! et quelle fille ? RICHARD. Tu parles comme
» si tu en avois mille. Ne sais-tu pas que mon fils
» Fabio et Virginie ta fille se sont mariés sans nous
» consulter ? Qu'as-tu donc? tu soupires ! PAN-
» DOLFE. Rien, rien. RICHARD. La chose a été
» quelque temps secrète. Ne soupire donc pas.
» PANDOLFE. Tu n'as rien de plus à me dire ?
» RICHARD. Rien, si ce n'est que ta fille doit être
» enceinte. Je sais que tu en es instruit; et pour
» que la colère ne te porte pas à quelque excès,
» soit contre Virginie, soit contre Fabio, j'ai
» voulu en causer avec toi, j'ai voulu te prier
» de confirmer des liens qui ne peuvent plus se
» rompre, et de ne point chercher à te venger
» de ces jeunes époux. Je suis le père de Fabio,

» le beau-père de ta fille, l'aïeule de l'enfant
» qu'elle porte dans son sein : tu donneras à
» Virginie une dot, et je la recevrai honorable-
» ment dans ma maison. Les liens d'amitié qui
» nous unissent seront encore resserrés par ce
» mariage. PANDOLFE. Je ne peux croire que Vir-
» ginie se soit ainsi mariée sans mon consente-
» ment. Mais, si tu dis vrai, je ne manquerai
» pas de faire ce qui convient. Je ne peux te
» répondre définitivement avant d'en avoir causé
» avec elle, et de m'être assuré de la vérité. Je te
» remercie de la bonté avec laquelle tu témoignes
» le désir d'unir nos deux familles, et des facilités
» que tu m'offres. Trouve-toi ici dans une heure ;
» je te répondrai. RICHARD. Va, je ne t'en ai
» point imposé, réfléchis à mes propositions.
» PANDOLFE. Adieu. »

La scène de Molière est plus vive et plus comique. Le dialogue n'est par traînant comme
dans la pièce italienne : l'idée de faire faire des
excuses aux deux vieillards, et de les mettre
aux genoux l'un de l'autre, appartient toute entière au poëte français.

Il y a un pédagogue dans l'INTERESSE ; mais
ce personnage n'a aucun rapport avec Métaphraste :
la scène où il s'entretient avec son élève ne roule
que sur des équivoques sans décence, tandis
que celle de Molière peint parfaitement les pédants du dix-septième siècle.

On voit qu'à l'exception de deux scènes fort
comiques, Molière n'a pris chez l'auteur italien

que le sujet romanesque d'une demoiselle élevée sous le nom d'un jeune homme : cette idée n'a rien de bien ingénieux. Mais il ne doit qu'à lui seul la belle scène de *dépit* dans laquelle il montra pour la première fois la profonde connoissance qu'il avoit du cœur humain. Riccoboni prétend que l'idée de cette scène est prise d'une pièce italienne intitulée : I SDEGNI AMOROSI ; mais cette pièce n'est qu'un canavas qui n'est point parvenu jusqu'à nous. Il existe une autre farce de ce titre, qui est un intermède en patois vénitien, où ne paroissent que deux personnages de la lie du peuple : on n'y trouve aucune trace des sentiments délicats de Lucile et d'Éraste (*). Il est plus probable que Molière a cherché à développer dans cette scène l'idée charmante de l'ode d'Horace : *Donec gratus eram...* Cette situation avoit beaucoup de charmes pour lui : il l'a reproduite sous des formes différentes dans quelques-unes de ses autres comédies, et principalement dans le LE TARTUFE, où elle est encore mieux peinte que dans LE DÉPIT AMOUREUX.

Molière ne regardoit cette pièce que comme un essai : elle ne fut imprimée qu'après sa mort.

(*) Je crois cet intermède plus moderne que LE DÉPIT AMOUREUX.

FIN DU PREMIER VOLUME.

TABLE
DES PIÈCES
CONTENUES DANS CE VOLUME.

Pages.

Avertissement....................... j
Discours préliminaire............. vij
Vie de Molière 75
L'Étourdi, ou les Contre-temps... 169
Réflexions sur l'Étourdi........... 292
Le Dépit amoureux................ 297
Réflexions sur le Dépit amoureux.... 396

FIN DE LA TABLE.